El arte de llevar la contraria

El arte de llevar la contraria

Cómo vencer la presión social y apostar por tus ideas

Todd Kashdan

Traducción de Àlex Guàrdia Berdiell

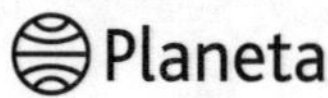

Obra editada en colaboración con Editorial Planeta – España

Título original: *The Art of Insubordination. How to Dissent and Deffy Effectively*

Bajo el sello editorial PLANETA M.R.
Avenida Presidente Masarik núm. 111,
Piso 2, Polanco V Sección, Miguel Hidalgo
C.P. 11560, Ciudad de México
www.planetadelibros.com.mx

Primera edición impresa en España: febrero de 2022
ISBN: 978-84-1100-052-9

Primera edición en formato epub en México: noviembre de 2022
ISBN: 978-607-07-9467-4

Primera edición impresa en México: noviembre de 2022
ISBN: 978-607-07-9456-8

Impreso en los talleres de Impresora Tauro, S.A. de C.V.
Av. Año de Juárez 343, Colonia Granjas San Antonio, , Ciudad de México.
Impreso en México – *Printed in Mexico*

A mis tres hijas: Raven, Chloe y Violet.

Solo espero que tengan la fuerza de rebelarse contra toda norma, regla, orden y figura de autoridad contra la que deban insubordinarse, y que vivan la vida como quieran vivirla.

Una de las cosas a las que aspiro en esta vida es procurar que eso pase.

ÍNDICE

Parte III
CÓMO SACAR PROVECHO
DE LA DESOBEDIENCIA

PREFACIO: ¿ESTE LIBRO ES PARA MÍ?

Este libro es para cualquiera que crea que hay que corregir urgentemente, si no todos, sí al menos algunos aspectos de la práctica y el saber convencional. Es para cualquiera que desee un mundo más justo. Con más libertad y estabilidad económica. Con mayor sentido. Más comunitario. Más humano. Es para cualquiera que entienda el valor del inconformismo y que sea consciente de lo que necesitamos como agua en tiempos de sequía: liberales dispuestos a romper las normas menos útiles en aras del progreso. (Ah, sí, y también es un libro para la gente que no se lo toma todo muy a pecho, gente que no tiene inconveniente en reír, maldecir y pasar un buen rato mientras cambia el mundo.)

PARTE I

UNA ODA A LA INSUBORDINACIÓN

1

LA CAPITAL IMPORTANCIA DE HACER UNA VOLTERETA EN LA BIBLIOTECA

Olvídate de lo que te enseñaron en la escuela: Charles Darwin no inventó la teoría de la evolución.[1] Bueno, igual sí, pero no lo hizo solo. En el prólogo[2] de *El origen de las especies*, un libro de título inusitado que iba a cambiar el mundo, Darwin citaba a treinta hombres que ya habían reunido el coraje antes que él para cuestionar los dogmas intelectuales y religiosos sobre la naturaleza.

Esos individuos pagaron un alto precio por su atrevimiento. ¿Has oído hablar de Abu Uthman Amr ibn Bahr al-Kinani al-Fuqaimi al-Basri (apodado Al-Jahiz)? No es que hagan muchos imanes de refrigerador con su nombre. Los intelectuales musulmanes llaman a Al-Jahiz «el padre de la teoría de la evolución», y por un buen motivo: perfiló la idea de la «supervivencia del más fuerte» mil años antes que Darwin, en el año 860. Al-Jahiz se preguntó por qué algunos animales importados de África y Asia al actual Irak se adaptaban con facilidad al nuevo hábitat, mientras que otros enfermaban y perecían.[3]

Como recompensa por este descubrimiento biológico, fue arrestado y desterrado de su lugar de nacimiento. Y aún tuvo suerte, porque el máximo dirigente musulmán de Bagdad hizo pleno alarde de su medievalismo con el rico mecenas que había financiado la investigación de Al-Jahiz. El patrón de Al-Jahiz[4] fue arrestado por un destacamento militar y fue ejecutado en una doncella de hierro,[5] un ataúd de metal lleno de clavos que ensartaba a las víctimas al cerrarse.

Lo normal sería suponer que los científicos entenderían la señal y se guardarían para sí sus extrañas y peligrosas teorías, pero no. Unos setecientos años más tarde, en el siglo XVI, un científico francés llamado Bernard Palissy osó cuestionar la premisa de la Iglesia católica de que la Tierra solo tenía unos pocos miles de años. Viendo que las mareas y los vientos tardaban largos periodos de tiempo en alterar visiblemente el paisaje, Palissy adujo que nuestro planeta era mucho más antiguo que unos pocos miles de años, aunque no se atrevió a decir cuántos. Palissy también propuso que un elefante de hace miles de años no sería igual que uno actual. Esta tesis de la transformación intergeneracional de las especies era una herejía. Su recompensa fue ser arrestado varias veces, recibir múltiples tandas de azotes y ver destruidos sus libros. Ah, y también lo quemaron en la hoguera.

Otros integrantes de la lista de Darwin[6] recibieron mejor trato, porque las autoridades no los condenaron a muerte ni al ostracismo, pero no todo el monte es orégano. Fueron denunciados por infieles. Fueron vigilados por la policía. Sus familias los desheredaron. Se les censuró, apaleó y amenazó de muerte. Y todo por dudar de las premisas bíblicas[7] de que animales y humanos sí fueron creados en seis días, que Dios fue realmente la única fuerza responsable de su evolución y que los humanos eran efectivamente el cénit de la obra divina, solo un peldaño por debajo de los ángeles. Cuestionar los postulados ortodoxos te convertía en un intruso, una amenaza y un hereje que merecía la tortura y la muerte.

Cito a los predecesores de Darwin para destacar el precio que pagan por el progreso muchos o casi todos los disidentes, iconoclastas, rebeldes y pioneros. A veces el progreso sucede por un feliz accidente, pero normalmente se da porque una persona valiente desafía las normas sociales. Alguien se da cuenta de que la norma preponderante es ligera o enormemente perjudicial, anquilosante o incluso peligrosa, y aboga por una hipótesis contraria.[8] Y entonces, miembros de la mayoría deciden apostar por las nuevas ideas en vez de enseñar el dedo. Por lo general, la disidencia implica progreso. Si ilegalizas la disidencia, ralentizas la evolución cultural.[9]

Los precursores de Darwin son relevantes porque plantean una pregunta: ¿por qué él triunfó donde otros fracasaron? Está bien, Darwin también recibió cartas llenas de odio y hubo troles anónimos decimonónicos que lo tacharon de pagano, pero sus ideas calaron en gran parte de la población. Los grandes científicos europeos del siglo XIX lo eligieron miembro de la Royal Society, la academia científica más antigua que existía, y fue galardonado con la prestigiosa Medalla Real por su investigación sobre la formación de los arrecifes de coral. Los lectores no iniciados cayeron embelesados con su libro de viajes y aventuras, pomposamente titulado

Crónica de los viajes de inspección de los barcos de su majestad Adventure y Beagle. En un mundo sin canales de viajes ni *National Geographic*, el libro de Darwin hacía volar la imaginación y avivaba no pocas sobremesas. Si hubieran existido los letreros de autopista, su rostro los habría adornado para anunciar tenis y malteadas de chocolate. Entonces ¿por qué su insubordinación fue mucho más efectiva que la de otros pensadores similares de todo el mundo y de otros siglos?[10]

Para responder bien a esta pregunta necesitaríamos muchos tomos, pues tendríamos que acometer un profuso análisis histórico tanto de Darwin como de sus predecesores. Pero podemos dar con algunas posibilidades interesantes recurriendo a la psicología social. En las últimas décadas, investigadores de diversos campos —emoción, autorregulación, creatividad, persuasión, influencia de las minorías, conflictos entre grupos, psicología política, dinámicas de grupo— han revelado la mejor forma de discrepar.[11] La ciencia también nos ha ayudado a entender cómo los miembros de la mayoría pueden escuchar a los disidentes y facilitar el arraigo de ideas fantásticas pero subversivas de los insubordinados.

Darwin no tenía la suerte de saber esto, pero intuitivamente siguió varias estrategias virtuosas de insubordinación.[12] Por ejemplo, sabemos que los disidentes tienen más posibilidades de convencer si miden con exactitud los prejuicios de la sociedad y calibran sus palabras y acciones de forma acorde. Darwin sabía lo provocador que era sugerir que la vida no se había originado con la chispa divina de Dios. Su propio abuelo, Erasmus Darwin, sufrió el azote del Vaticano, que prohibió sus libros por articular una teoría de la evolución. Para proteger su salud mental, el joven Darwin esbozó la teoría de la evolución y luego esperó no dos, ni cinco, ni diez... sino hasta quince años antes de publicarla. Solo entonces, después de que otra obra polémica, *Vestiges of the Natural History of Creation* [Vestigios de la historia natural de la creación], causara sensación en todo el mundo, pensó que la sociedad estaba preparada —o todo lo preparada que podría estar— para digerir ideas tan controvertidas como las suyas. «En mi opinión —escribió— [la obra *Vestigios*] ha prestado un servicio excelente erosionando prejuicios [...] y allanando el terreno para que se acojan opiniones análogas.»[13]

Los psicólogos subrayan lo importante que es para los rebeldes honestos comunicarse de formas que venzan la resistencia emocional de los oyentes.[14] Darwin reflexionó sobre cómo reforzar su argumentario. Por eso decidió escribir en un estilo accesible, sin tecnicismos, fácil de entender[15] para los lectores no iniciados, y no solo para los científicos. Echó mano a las analogías para ilustrar sus tesis.[16] Los lectores victorianos se enamoraron de las descripciones vívidas de Darwin de «perros sin pelo» y «palomas con patas plumadas». Aprendieron sobre la unión entre las hormigas esclavas y las reinas, sobre lo que ocurría cuando las jóvenes gallinas perdían el miedo a los perros y los gatos (no era bonito de ver) y sobre los hitos de la ingeniería de las abejas. Además de entretener a sus lectores, Darwin los hacía partícipes utilizando frases como «podemos ver», «entendemos» y «deberíamos hallar». Pedía al lector que se involucrara haciendo preguntas como: «¿Qué hemos de decir ahora ante estos diversos hechos?». No era un videojuego interactivo, pero para los estándares de la época, era apasionante.

Los investigadores que estudian la disidencia han descubierto que los aliados desempeñan un papel crucial para promover ideas poco convencionales.[17] En este aspecto, Darwin brilló con luz propia. Un año antes de publicar *El origen de las especies*, recibió un manuscrito de Alfred Russel Wallace en que se esbozaba una teoría idéntica. Al haber postergado la publicación de su libro, Darwin temía que Wallace se llevara todo el mérito por descubrir la evolución. Para reivindicar su propia tesis, Darwin dio permiso a sus amigos para que tomaran el mando y organizaran una presentación en un auditorio, donde se mostró el manuscrito de Wallace y una carta sellada con fecha anterior con la que se demostraba que Darwin había llegado antes a las mismas conclusiones. Ni Darwin ni Wallace estuvieron presentes, pero los cuatro secuaces científicos del primero —Charles Lyell, Joseph Dalton Hooker, Asa Gray y Thomas Henry Huxley (luego conocido como el Bulldog de Darwin)— lucharon a brazo partido en su nombre, revelando la credibilidad que le daban a la teoría. Darwin era un orador mediocre, pero sus amigos tenían la desenvoltura suficiente para enfrentarse a los críticos y convencer a expertos e inexpertos.

Darwin utilizó estrategias específicas para presentar su teoría a la opinión pública y cambiar radicalmente la manera en que hoy concebimos los orígenes del comportamiento humano. Estas estrategias, unidas a la investigación posterior, pueden ayudar a los inconformistas que nos rodean a ser más asertivos, persuasivos y efectivos a la hora de movilizar a otros. Lo sé porque a lo largo de la última década he liderado y publicado estudios y he colaborado en proyectos que analizan cómo pueden armarse de valor las personas con ideas nuevas. He urdido estrategias prácticas para defender ideas que otros consideraban disparatadas, peligrosas o directamente absurdas. He enseñado estas estrategias a ejecutivos, miembros de los cuerpos de inteligencia, líderes financieros y otras personas destacadas de todo el planeta. Estas intervenciones funcionan, y los estudios publicados aportan pruebas científicas de por qué. Con algo más de ahínco, todos podemos conseguir que lleguen a buen puerto nuestros esfuerzos por ayudar a la mayoría incrédula a vencer su oposición interna y dar una oportunidad al cambio, tanto si nuestras ideas son pequeños retoques al saber convencional como si son rupturas revolucionarias como la de Darwin.

Evidentemente, el éxito o el fracaso de una idea subversiva no depende solo de sus méritos. Los humanos somos criaturas tribales[18] y a menudo sacrificamos el sentido común para afianzar nuestras afiliaciones de grupo, tanto si son partidos políticos como equipos deportivos, religiones, géneros, razas, países de origen o géneros musicales. La mentalidad de tribu nos lleva a «sancionar por la novedad» a los pensadores que se salen del redil, sobre todo si los percibimos como «otros» o como intrusos. Para allanar el camino de la insubordinación, mis colaboradores y yo urdimos estrategias corroboradas para ayudar a la gente a pensar de manera más flexible a la hora de afrontar ideas desconocidas y, por tanto, potencialmente dolorosas. Estas estrategias fomentan la tolerancia y el diálogo civilizado, creando contextos en los que los inconformistas pueden prosperar y los miembros de la mayoría pueden sacar más provecho del pensamiento divergente.

Los rebeldes honestos desempeñan un papel más relevante que en ningún otro momento de la historia reciente. Entre ellos destacan Malala Yousafzai, que arriesgó su vida por defender la educación de las niñas en Pakistán; Peter Neufeld y Barry Scheck, que ayudaron a exonerar a más de 375 presos injustamente condenados en Estados Unidos; y Alekséi Navalni, que estuvo en prisión y ha sido víctima de múltiples intentos de asesinato solo por defender el voto ciudadano de la interferencia de Vladímir Putin. Todos ellos alzan la voz y piden el cambio, como hacen un sinfín de activistas menos conocidos. Pero muchos de nosotros no estamos logrando resistirnos. Ni la sociedad está recibiendo nuestra resistencia de forma sensata.

En 2020 empezó a circular por internet la fotografía de una anciana en una manifestación que enarbolaba una pancarta con el texto: «Es increíble que aún tengamos que protestar por esta tontería». Muchos simpatizamos con ese sentimiento. Pero por más lento que pueda ser el cambio y por más crudo que a veces parezca el mundo, no estamos condenados a ver cómo se ignoran, repudian o prohíben nuestras ideas polémicas. Aprendiendo a practicar la disidencia y a responder mejor a ella, podemos vencer el miedo y la desconfianza, sustituir las ideas mayoritarias por algo mejor y fundar equipos, organizaciones y sociedades más funcionales.

El arte de llevar la contraria es lo que los treinta predecesores desdichados de Darwin desearían haber leído antes de embarcarse en sus solitarias cruzadas. Escribí esta guía práctica para enseñar a los lectores a tener más posibilidades[19] de éxito como disidentes, inconformistas, rebeldes o, como suelo llamarlos yo, insubordinados. También la escribí para ayudar a los lectores a preparar el terreno para otros insubordinados, vengan de donde vengan y tanto si coincidimos con sus propuestas como si no. Por importantes y válidas que puedan ser sus ideas inconformistas, los insubordinados no pueden esperar que el mundo los reciba con los brazos abiertos. Si vas a alzarte en armas contra la gente o contra el sistema, debes planificar y protegerte con algún tipo de armadura o armamento, adoptando estrategias con base científica para defender tus ideas. Y debes prepararte y preparar a los demás para que reciban las ideas nuevas con mejor predisposición, en vez de rechazarlas de plano como solemos hacer.

El arte de llevar la contraria puede leerse como un manual lleno de recetas para cosechar los beneficios de una posibilidad no aprovechada de la vida y del lugar de trabajo. Recetas para permitir la disidencia, y para adoptarla cuando haga acto de aparición. Recetas para expresar ideas mal vistas y relevantes y la mejor manera de defenderlas. Recetas para superar el malestar de intentar rebelarse o interactuar con un rebelde. En los próximos capítulos encontrarás grandes recetas desglosadas paso a paso para espolvorear la novedad y hornear el cambio en el sistema. En la Parte I te preparo para rebelarte, ayudándote a entender por qué la mayoría nos resistimos a las nuevas ideas, y por qué la sociedad necesita tan imperiosamente a los rebeldes que se esconden entre nuestras filas. La Parte II del recetario, el corazón del libro, brinda tácticas para promover ideas nuevas y diferentes. Aprenderás a comunicarte de forma más persuasiva, a atraer a buenos aliados, a perseverar cuando encuentres resistencia y a actuar con responsabilidad cuando tus ideas entren en el ideario colectivo. La Parte III del recetario da consejos para erigir una sociedad más proclive a cuestionar ideas y a aprovechar las posibilidades que estas abran. En ella doy trucos para afrontar lo que nos indigna como personas, para aprovechar el saber de los inconformistas cuando se trabaje en equipo y para criar a una generación de niños insubordinados en nuestra condición de padres o maestros. La insubordinación es clave. Quiero zarandearte para que veas el mundo de un modo algo distinto, para que cuestiones a los demás con más esmero y arrojo, y para que bajes la guardia cada vez que otros quieran poner en duda tus creencias y suposiciones.

Los escépticos podrán acusarme de vender una imagen demasiado almibarada de la insubordinación. El diccionario, al fin y al cabo, define la insubordinación como «la negativa a obedecer a alguien que ocupa una posición superior a ti y que tiene la autoridad para decirte lo que tienes que hacer».[20] Muchas personas lo hacen, a veces en sentidos que no benefician a la sociedad o que incluso la menoscaban. La «insubordinación honesta» es una especie de divergencia que pretende mejorar la sociedad con mínimos efectos secundarios. Los insubordinados honestos quieren impulsar ideas respetables y trascendentales.

En un momento dado, deciden conscientemente dar ese primer y difícil paso para salir de la seguridad y el confort de la manada. Y no lo hacen por su propio beneficio, o al menos no exclusivamente, sino por el bien de la humanidad. Quiero que seamos más los que demos ese paso, y quiero que la sociedad no nos castigue por ello.

Definir la rebelión

No toda insubordinación nace igual. Al escribir este libro, he tratado de detectar y señalar qué personas son rebeldes por los motivos equivocados. Es porque son impulsivas. Porque no quieren que nadie les diga lo que tienen que hacer. Porque buscan atención. Espero llamar la atención sobre los rebeldes con integridad y principios. La «insubordinación honesta» es el nombre que doy a la tendencia rebelde de contribuir en positivo a la sociedad, y la podemos plasmar con una simple ecuación:

$$\text{Insubordinación honesta} = \frac{\text{Divergencia} \times (\text{Autenticidad} + \text{Contribución})}{\text{Presión social}}$$

Si no eres un nerd en matemáticas, no te preocupes, lo vamos a desglosar.

La **DIVERGENCIA** es el elemento más importante de la insubordinación honesta, y por eso lo he colocado como factor.

Ten en cuenta que estamos hablando de un tipo concreto de divergencia, una divergencia que asumes conscientemente. Las rebeliones que llegan a buen puerto no salen de la ignorancia, la coacción, la compulsión o el azar. No tiene nada de extraordinario ser diferente simplemente porque no estás acatando los patrones de conducta existentes (ignorancia), porque te obligan a discrepar (coacción), porque no puedes resistirte a la tentación de discrepar (compulsión o falta de autocontrol), o porque piensas poco en lo que haces en tu día a día.

Si decides rebelarte a conciencia, tu motivación es relevante. Incluyo la **AUTENTICIDAD** en la definición para garantizar que los actos de un insubordinado honesto dimanan de convicciones profundamente arraigadas, no de preferencias banales. Los insubordinados honestos actúan de corazón. No solo actúan como quieren los demás, ni imitan a otros que les precedieron. Se sienten seguros y fuertes en su propia singularidad e individualidad. El público detecta enseguida la hipocresía, así que tienes que ser auténtico si tu resistencia a la autoridad aspira a prosperar.

Añado la **CONTRIBUCIÓN** a la fórmula para cerciorarme de que los insubordinados honestos quieren crear valor social. A mi modo de ver, la insubordinación honesta es un acto de bondad y amor. Sus exponentes no cuestionan la autoridad con desprecio (sintiendo que están por encima de la norma), rencor (con la intención de perturbar el *statu quo* o la poderosa minoría porque sí) ni interés personal (como el beneficio económico de cometer un delito). Cuestionan la autoridad porque quieren dar algo a cambio. La contribución es lo que distingue a los insubordinados con causa de sus parientes cínicos, destructivos y superficiales. Conlleva un estudio atento de los daños colaterales que pueden derivarse de cuestionar y atacar la ortodoxia social.

Otro elemento clave de la contribución es ser respetuoso y comprensivo con los que puedan discrepar. La contribución no es feudo de los supremacistas blancos o de los asesinos de policías. Sí, esos son insubordinados, pero sus ideas destilan siempre odio e intolerancia y la historia demuestra que no traen nada bueno a la sociedad. Probablemente has conocido a personas de todo el espectro político y a creyentes de varias religiones que albergan opiniones honestas. Esas personas pueden tener buena intención, en cierta medida, pero si en el fondo sus opiniones son intolerantes y obstinadas, no son insubordinados honestos como yo los concibo.

Y no olvidemos el denominador esencial de nuestra fórmula: la **PRESIÓN SOCIAL**. A menos que haya trabas, la insubordinación significa poco. La prueba del algodón de tus principios es si te mantienes fiel a ellos cuando las cartas están en tu contra. Los actos de rebelión empiezan con un único y difícil paso para salir de la seguridad que brinda el rebaño. Asimila bien la historia de Charles Darwin y no subestimes los riesgos de expresar al mundo exterior tus ideas. Si no, te convertirás en presa fácil de los malentendidos, las críticas, el desprecio e incluso el odio: una secuela desagradable de la insubordinación honesta tal como yo la defino.

Puestos a pedir, me gustaría que la sociedad recompensara y fomentara la insubordinación honesta, como mi madre y mi abuela hicieron conmigo. Con doce años, le pregunté al rabino por qué los judíos pueden comer camarones, pero no atún. ¿En serio nuestro dios, o nuestra diosa, tenía tan pocas cosas en las que pensar como para perder el tiempo proyectando engorrosas y específicas normas sobre lo que podemos comer? Aquel hombre erudito se me quitó de encima sin siquiera valorar la pregunta legítima, aunque provocadora, que yo le había formulado. (Los judíos no pueden comer camarón, y yo cambié deliberadamente el camarón por el atún para demostrar que, más allá de cuál sea el alimento prohibido por la fe, la norma es absurda.) En el coche de vuelta a casa, sin apartar la mirada de la carretera, mi madre musitó: «Sigue cuestionando las normas hasta que te den buenas respuestas».

Mi madre murió al año siguiente, pero mi abuela, que se convirtió en mi tutora legal, también veneraba la insubordinación. Fue una de las primeras mujeres en trabajar en Wall Street y sabía que, aunque las figuras de autoridad suelen ser sabias, deberíamos juzgarlas por lo que hacen, no por lo que dicen. La gente se rinde pronto a los poderosos, decía. Deberíamos dar las gracias a los valientes renegados que se oponen a las figuras de autoridad en sus equipos, organizaciones y grupos sociales. Y nosotros también deberíamos tratar de manifestar esa valentía.

He escrito este libro en honor a mi madre y mi abuela. Lo he escrito para animar a la gente que merece ser escuchada, pero a quien le está costando hacerse oír o a quien quizás le queda poco para tirar la toalla. En mi opinión, no es solo nuestro progreso continuo lo que está en juego, sino también nuestra cordura, siendo francos. Si nadie se apartara de los derroteros éticos que marca la sociedad en sus cánones, la vida civilizada sería menos interesante e inspiradora, además de ser menos justa, segura y próspera. Sería menos graciosa y divertida.

He empezado este libro con el relato de un varón blanco fallecido que sacudió las ramas de la convención y salió victorioso. He aquí una anécdota sobre una mujer blanca que sigue con vida. Una tarde, en mi primer año de universidad, estaba estudiando con unos amigos en la biblioteca y me estaba costando mucho mantener la conversación. De repente, apareció una hermosa mujer rubia. Pero no estaba paseándose tranquilamente por los pasillos en busca de un libro, sino que estaba dando volteretas y venía rápido hacia nosotros. Cuando se hubo acercado bastante, se detuvo y me miró a los ojos: «Dame el libro», dijo, e hizo un gesto con la mano. Perplejo, se lo entregué. Lo abrió en una página al azar y anotó algo. «Toma. Cuando llegues a este capítulo, llámame.» Y antes de que pudiera contestar, se fue con una vuelta acrobática.

Me quedé pasmado. Con un único y pequeño acto de insubordinación honesta, esa mujer quebró muchas de las arraigadas y sexistas reglas del cortejo. Por una parte, la sociedad lleva mucho tiempo enseñando a las mujeres a ocultar su cuerpo, a suprimir sus deseos sexuales y a esperar pasivamente a que los hombres se les acerquen. Por otra, la sociedad felicita a los hombres por buscar audazmente parejas bien predispuestas. Esa mujer no solo me pidió una cita; lo hizo a su manera, como nadie más lo haría. Se apoderó de la sala de estudio de la biblioteca y me regaló una anécdota sobre la que sigo reflexionando hoy. Imaginemos una sociedad desprovista de personas como ella, que experimentan con ideas y prácticas poco convencionales, incluso en aspectos relativamente fútiles, porque la etiqueta social parece ahogarnos. Sin esas almas atrevidas y llenas de imaginación, ¿con qué frecuencia sentiríamos emociones como la curiosidad, la inspiración, el asombro, la admiración, el entusiasmo y la euforia?

La llamé al cabo de unas semanas y salimos un día, pero la cosa no llegó a más. Pasó un año y me trasladé a otra universidad. Durante la semana de orientación, crucé el patio central y me la encontré de nuevo: la increíble dama de las piruetas. Me acerqué a ella, le di una palmadita en el hombro y le pregunté si le parecería extraño estar estudiando en la biblioteca y que alguien hiciera gimnasia por ahí y le dijera simplemente: «Llámame». Sonrió y dijo algo del estilo de: «No se me ocurre una forma mejor de pedir una cita a un chico». Volvimos a citarnos y salimos durante más de un año. Fue la primera mujer a la que amé.

Si tienes una idea excepcional u ocupas una posición subalterna, te animo a que alces la voz y te hagas escuchar. No esperes. No pidas permiso a los que dirigen la reunión. Hazlo ahora. Deja tu huella. Edúcanos e ilumínanos a todos. Cambia el mundo. Escucha a aquellos que intenten hacer lo mismo. Pero por el amor de Dios, haz lo mismo que Darwin. Sé inteligente.

LA RECETA PASO A PASO

1. *Actúa con prudencia y disciplina.* Los rebeldes ilustres como Charles Darwin usaron estrategias específicas para presentar sus teorías a la opinión pública, y tú también puedes.
2. *Aprende a diferenciar entre la insubordinación temeraria y la honesta.* Si sumas a la sociedad y actúas de forma auténtica, tu rebelión puede considerarse honesta.
3. *No des por sentados a los rebeldes.* La rebelión honesta es vital para mejorar la sociedad. También es parte de lo que enriquece, alegra y llena tu vida y la vida de los que te rodean.

2

LAS LOCURAS QUE HACEMOS PARA GUSTAR

Estamos programados para encajar

Como sabe cualquier niño al que le guste jugar al básquetbol en el recreo, hay una manera simple y otra menos simple de lanzar el balón desde la línea de tiro libre. La manera sencilla es el tiro a cuchara. A seis metros de la canasta y sin nadie que te defienda, pues los demás jugadores han de esperar quietos a que tires, se balancea el balón hacia delante y hacia atrás entre las piernas y se acaba soltando para que el esférico trace un arco hacia la canasta. No es estético, pero car*jo, sí funciona. Uno de los mejores jugadores de la historia de la NBA lanzaba así los tiros libres: Rick Barry, miembro del Salón de la Fama. Firmó un impresionante 90 % de acierto a lo largo de los diez años que jugó en la liga. Solo en sus dos últimas temporadas lanzó 322 tiros libres y falló solo 19, con un increíble 94.1 % de acierto.[1] En comparación, el mejor jugador actual de básquetbol, LeBron James, falló 132 tiros libres en una sola temporada lanzando de la forma ortodoxa, lo que supone un 73.1 % de acierto.[2]

La manera menos simple y, según muchos científicos del deporte,[3] menos efectiva de lanzar un tiro libre es hacerlo por encima de la cabeza. Se agarra el balón con ambas manos y se eleva a la altura de los ojos, con una mano sujetando la pelota y la otra equilibrándola desde arriba. Con la mirada fija en la canasta, se mueve la muñeca inferior para que el balón vuele hacia el aro. Las manos cooperan, pero soportan pesos diferentes y desempeñan funciones distintas. Sobre todo confías en la mano que hace el lanzamiento para propulsar el balón con fuerza considerable, mientras utilizas la otra como guía. Para conseguir una trayectoria óptima, cuando la muñeca se dobla y el balón se desliza suavemente entre los dedos, el arco hacia la canasta debe rondar los 45-52 grados. Si consigues que el balón rote hacia atrás, la velocidad y la energía se reduce al entrar en contacto con el aro, con lo que se consigue un tiro más suave que podría dar en el tablero y caer. Podría seguir con la descripción, pero ya se hacen una idea. Si analizas al detalle la mecánica de un tiro libre, se convierte en un alucinante experimento de física. Así pues, no es de extrañar que traiga de cabeza a jugadores que, por lo general, son excelentes en lo suyo. Otros miembros del Salón de la Fama: Wilt Chamberlain solo anotó el 51.1 % de los tiros libres que lanzó en su carrera; y Shaquille O'Neal, un 52.7 %.

Viendo el estupendo porcentaje que logró Rick Barry lanzando los tiros libres a cuchara, lo normal sería pensar que un buen puñado de jugadores profesionales y universitarios probarían este método, sobre todo esos que, a pesar de practicar durante horas y horas, obtienen porcentajes mediocres siguiendo el modo convencional. Pues se equivocan. En treinta y cinco años, ni un equipo de la NBA ha contactado con Rick Barry para que lo asesore en el lanzamiento de tiros libres. En el básquetbol universitario solo hay dos jugadores que tiren de esta forma más simple, a cuchara, y uno de ellos es el hijo de Rick Barry. El mundo del básquetbol ve esta forma de tirar como «femenina» y «de abuelas», o sea que a los jugadores les da vergüenza hacerlo. El gran Shaquille O'Neal, famoso por su pobre porcentaje de tiros libres en la NBA,[4] afirmó que prefería «tener un 0 % de éxito antes que tirar a cuchara»,[5] que era demasiado genial para tirar de esa forma. Otro deplorable lanzador desde la línea de tiro libre, Andre Drummond, se niega por completo a adoptar el tiro a la abuela: «Que quede claro: no voy a lanzar los tiros libres a cuchara».[6]

Hay que decir que Wilt Chamberlain sí intentó el lanzamiento a cuchara por un tiempo durante la temporada de 1962, cuando llevaba ya unos diez años en la competición, y eso lo honra. Le fue asombrosamente bien. Esa temporada promedió 50.4 puntos por partido, el récord de la liga,[7] y mejoró el porcentaje de tiros libres: de un pésimo 38 % pasó a un 61 %, que no es estelar, pero sí respetable. En un partido memorable anotó la cifra astronómica de cien puntos,[8] acertando 28 de los 32 tiros libres.[9] Pero en vez de seguir lanzando de esta manera más simple, volvió al método convencional y su porcentaje decayó de nuevo. ¿Cómo pudo volver a un sistema que no funcionaba? «Tirando a cuchara me sentía como un idiota, como un marica —explica en su autobiografía—.[10] Ya sé que me equivoqué, que algunos de los mejores lanzadores desde la línea de tiros libres han tirado así. Incluso ahora, el mejor tirador desde la línea de la NBA, Rick Barry, lanza a cuchara. Pero me resultó imposible».

Reflexionemos un momento. A los jugadores profesionales de básquetbol se les paga sumas desorbitadas de dinero por anotar y ganar partidos. Wilt sacrificó puntos, y de paso falló a sus compañeros y decepcionó a los aficionados, solo para no hacer el ridículo. Desde entonces, miles de jugadores profesionales y universitarios han seguido sus pasos. De media, un jugador de la NBA anota cerca del 75 % de los tiros libres; los universitarios, un 69 %. No está mal, pero no son las fascinantes cifras de Rick Barry. Y esas medias llevan décadas estancadas.[11] Por mucho talento que tengan, esos jugadores no tienen las agallas de rebelarse contra la norma y acometer un acto simple de insubordinación honesta que mejoraría su rendimiento.

Pero tampoco deberíamos flagelar a los basquetbolistas. Los actos osados de inconformismo son trágicamente raros. Conocemos los nombres de grandes inconformistas y renegados como Nelson Mandela, Susan B. Anthony, Harriet Tubman, Leonardo da Vinci, Martha Graham y Jesucristo, no solo por sus triunfos, sino porque fueron de los relativamente poquitos de su generación que rechazaron las ideas convencionales y buscaron el progreso. En las últimas décadas, psicólogos sociales y expertos de otras disciplinas han expuesto lo fuerte que es nuestra tendencia a la conformidad.[12] Los científicos han indagado en las dinámicas emocionales específicas que nos llevan a realizar actos estúpidos y autolesivos solo para gustar. Antes de ver cómo podemos romper con la convención de forma más efectiva, debemos observar más de cerca por qué nos cuesta armarnos de valor para apartarnos de la normatividad,[13] y por qué cuesta tanto convencer a otros para que cuestionen las normas y prácticas anticuadas y censurables.

LA IDEA PRIMORDIAL

Para desobedecer y no morir en el intento, es útil conocer a nuestro enemigo: la motivación humana fundamental de encajar, de formar parte del rebaño, de aceptar el saber común y de «seguir el juego para gustar».

LAS VIRTUDES DE LA «VIEJA ESCUELA»

Este enemigo puede ser más omnipresente de lo que cabría imaginar. De hecho, podría emponzoñar a la última persona imaginable: a ti. Los demás actúan como corderos que se tirarían de un acantilado si la fe y la práctica así lo dictaran. Pero tú no. Tú eres de los que leen. Tú cuestionas las cosas. Criticas. Analizas. Desafías. Asumes riesgos. Piensas de modo diferente.

Antes veía las cosas así, hasta que descubrí la investigación de Scott Eidelman y Chris Crandall, de la Universidad de Arkansas y la de Kansas respectivamente, sobre cómo decidimos sobre el valor de las ideas y las prácticas.[14] En un estudio, los científicos dijeron a diferentes grupos de participantes que la acupuntura databa de hacía 250, 500, 1,000 y 2,000 años, respectivamente.[15] Cuanto más antigua creían que era la acupuntura los participantes, más confiaban en que fuera «una buena técnica» que «debería usarse para aliviar el dolor y recuperar la salud». Pensaban que habían analizado racionalmente los beneficios de la acupuntura. Pero lo cierto es que habían dictado sentencia basándose en gran medida en la antigüedad o aceptación de la práctica. La acupuntura resultaba un 18 % más atractiva si los participantes sabían que era antigua, pese a que no se les diera información sobre su efectividad. Por más pensamiento crítico que nos atribuyamos, los humanos solemos preferir el *statu quo* arraigado.

En otro estudio, los científicos dijeron a un grupo de participantes que una pintura tenía un siglo;[16] a otro grupo, que tenía solo cinco años. Los que pensaban que el cuadro era antiguo lo consideraron de mayor calidad y más agradable. Y en otro estudio se demostró que los ciudadanos estadounidenses eran más propensos a apoyar el uso de violentas y perfeccionadas técnicas de interrogación a sospechosos de terrorismo en Oriente Próximo si sabían que dichas técnicas llevaban más de cuarenta años siendo una práctica militar estándar, en vez de ser una práctica nueva.[17] Y eso era cierto tanto para los liberales como para los conservadores.

Justificamos el estado de las cosas cuando consideramos que una situación indeseable es «psicológicamente real». Pensemos en el extraño cambio psicológico que se da en los votantes desde el momento en que un candidato gana las elecciones presidenciales hasta la ceremonia de inauguración, que marca el día uno de su mandato. En un destacado estudio longitudinal, la doctora Kristin Laurin de la Universidad de la Columbia Británica descubrió que incluso los norteamericanos que no sentían apego por el presidente y que no lo habían votado albergaban opiniones cada vez más positivas sobre él.[18] El poder del «realismo psicológico» se extiende más allá de las elecciones. Cuando el Tribunal Supremo de Estados Unidos decretó que la segregación racial era inconstitucional en 1954, sucedió algo extraño. Después de la decisión vinculante del tribunal, incluso los alumnos de una universidad solo para afroamericanos —que «se oponían sin fisuras a la segregación»— empezaron a albergar opiniones cada vez más negativas respecto a ese tipo de universidades, a diferencia de unas pocas semanas antes.[19] La doctora Laurin proponía «que es esta sensación de realismo, el reconocimiento de que una cierta condición de las cosas forma parte esencial de su vida, lo que lleva a la gente a reflexionar». Sentir el «realismo psicológico» y las consecuencias inevitables del estado actual de las cosas nos impulsa a intercambiar la resistencia por un nuevo trío de estrategias de afrontamiento: conformidad, racionalización y legitimación.

LA IDEA PRIMORDIAL

Las personas asumen ciegamente que el sistema prevalente es mejor. La próxima vez que quieras convencer a alguien de una idea o estrategia, recuérdale su extensa e ilustre historia.

POR QUÉ LA MAYORÍA DE LA GENTE NO INICIA UNA REVOLUCIÓN

Una cosa es tener un sesgo pro sabiduría popular en cuestiones como la acupuntura, el arte o la tortura, pues no influyen directa ni ostensiblemente en nuestra vida. Pero nuestra predisposición a la conformidad es tan fuerte que nos insta a aceptar sistemas o regímenes consolidados que sí nos afectan y que, en realidad, nos oprimen. Como candidato a la presidencia en 2015, Donald Trump expresó su menosprecio por los inmigrantes mexicanos, afirmando que «cuando México envía a su gente, no nos envían a los mejores. Nos envían a personas con muchos problemas... Traen drogas. Traen más delincuencia. Son violadores».[20] Lo lógico sería pensar que los norteamericanos de origen hispano que oyeran estas palabras se sintieran consternados, en especial porque un 76 % de los latinoamericanos que viven en Estados Unidos son mexicanos, pero no se horrorizaron.[21] Más de un 25 % coincidían con la declaración de Trump.

Según una encuesta a 6.637 norteamericanos adultos seleccionados al azar, el 33 % de los ciudadanos negros afirmaban recibir un trato igual que los blancos del sistema de justicia penal.[22] Parece tener sentido hasta que tienes en cuenta que el sistema penal de Estados Unidos tiene un largo y sórdido historial de discriminación contra la población negra, y que actualmente representa quizás el ejemplo moderno más evidente de racismo institucional. Según datos imparciales del Departamento de Justicia de Estados Unidos recabados durante los últimos cuarenta años, los adultos negros tienen casi seis veces más posibilidades de ser encarcelados que los blancos.[23] Pese a suponer solo el 13 % de la población, más del 33 % de los presos estatales y federales son de raza negra. Y aun así, el 41 % de los afroamericanos encuestados en 2001 dijeron que se les dispensaba un trato idéntico al que recibían los blancos, o que los blancos eran los que eran tratados injustamente.[24] Las encuestas realizadas desde entonces han arrojado resultados similares.[25]

Si tienes la tentación de desacreditar a la comunidad negra o hispana por rechazar un sistema que los oprime, hazme un favor y presta especial atención a los sesgos psicológicos que estamos comentando.[26] Todos tendemos a apoyar los sistemas en los que estamos, incluso si nos perjudican. Desde su nacimiento, el campo de la psicología ha tenido dificultades para explicar esta tendencia. Los profesores John Jost de la Universidad de Nueva York y Mahzarin Banaji de la Universidad Harvard han abierto el camino postulando una teoría de la justificación del sistema.[27] Según sus observaciones, las personas viven un conflicto interno cuando los sistemas de los que son parte las tratan con indiferencia u opresión. La gente hace denodados y esperpénticos esfuerzos por justificar y proteger el sistema social que los perjudica. Con frecuencia, los desfavorecidos hacen tanto o más por reafirmar la validez del sistema como los que ocupan posiciones de privilegio dentro del mismo.

Como explica el doctor Chuma Owuamalam de la Universidad de Nottingham, rechazar todo un sistema es mucho más difícil de lo que aparenta, y es un paso que muchas veces resulta excesivo incluso para los más desfavorecidos que viven en él. Dice textualmente: «La alternativa de aceptar un sistema social es rechazarlo. En la mayoría de los casos, es probable que ese rechazo se considere poco realista porque implica una revolución y la anarquía, lo cual podría sembrar mucha más incertidumbre y representar una amenaza mayor que la alternativa de la discordancia. Por eso las personas que se identifican con un grupo y tienen intereses pueden optar por explorar todas las opciones antes de barajar el rol revolucionario que implica rechazar el sistema».[28] Los ciudadanos con lazos con México vejados por los comentarios de Donald Trump quieren creer que Estados Unidos es su hogar, un lugar donde pueden sentirse seguros y tener dignidad. Una vez tienes familia, amistades y tal vez un trabajo, irse de Estados Unidos deja de ser una opción tan sencilla y realista. La fuerte dependencia del sistema provoca que las minorías de la sociedad respeten el *statu quo* e incluso acepten principios, normas o reglas que las oprimen o las perjudican.

En el último cuarto de siglo los psicólogos han creado un corpus gigantesco de estudios que respaldan la teoría de la justificación del sistema, arrojando luz sobre nuestra tendencia a apuntalar y sostener sistemas opresivos.[29] Parece ser que muchos impulsos racionales e irracionales desembocan en nuestra lealtad inflexible a prácticas estandarizadas y arraigadas cuando podría haber alternativas mejores. Para ser breve, he extraído de la literatura algunos mecanismos clave que nos inducen a amoldarnos la mayor parte del tiempo.

LA IDEA PRIMORDIAL
Hay cuatro «estímulos» psicológicos que potencian nuestra conformidad voluntaria.

1. Conocer el *statu quo* nos apacigua

Nos gusta creer que conservamos el control sobre nuestras vidas. Queremos sentirnos personas autónomas, con poder de decisión sobre lo que nos sucede, y no peones a merced de fuerzas externas. Los huracanes, los ataques terroristas y las demás crisis minan nuestra confianza en la predictibilidad y estabilidad del mundo. Incluso en una vida «normal» hay muchas cosas que no están en nuestras manos. Cuando el pasajero sentado a tu lado en un avión repleto de gente empieza a toser violentamente mientras se come un acre bocadillo de crema de cacahuete y cebolla cruda, no hay gran cosa que puedas hacer. La Madre Naturaleza, los kamikazes al volante, el hecho de que el vecino sea un cretino insignificante, los errores del pasado, cualquier cosa que ya haya sucedido... todo eso escapa a tu control.

Sin control, tendemos a hallar confort en las partes conocidas y entendidas de nuestra vida, pues nos infunden estabilidad y seguridad.[30] De ahí que mostremos relativamente poca resistencia a los sistemas existentes, como gobiernos, religiones y empresas, aun cuando nos puedan oprimir. En un estudio, los investigadores instaron a un grupo de sujetos a sentirse temporalmente impotentes[31] pidiéndoles que reflexionaran sobre un incidente concreto del pasado en el que hubieran perdido el control. Otro grupo de sujetos recibió instrucciones de imaginar un futuro en el que sucedieran incidentes incontrolables, y también sintieron impotencia por un tiempo. Luego, los investigadores calibraron la predisposición de los participantes a defender la sociedad actual y sus logros, o a aducir que el sistema era defectuoso y necesitaba una reforma. En comparación con el grupo de control, los participantes del grupo experimental estaban más dispuestos a defender la sociedad y todo lo logrado hasta entonces. Los científicos detectaron un 20 % más de predisposición a defender el estado de las cosas.

Al buscar un sistema coherente y lógico, a menudo preferimos aceptar consecuencias negativas antes que someternos a sentimientos de incertidumbre. Cuando nos sentimos impotentes, no solo respaldamos a los líderes que prometen ley y orden. Intentamos rodearnos de personas que sostienen el sistema contra los detractores que lo critican.[32] Procuramos afirmar nuestra creencia fundamental de que el mundo funciona de manera perfecta y que, por tanto, no necesitamos prescindir de las figuras de autoridad ni cuestionar las normas.

2. Ante las amenazas sistémicas, mano a la visera

El 10 de septiembre de 2001, el presidente George W. Bush gozaba de un índice de aprobación del 51 %, mientras que un 38 % de los estadounidenses decían que no aprobaban su gestión. Apenas dos semanas más tarde, tras los ataques del 11S, la aprobación de Bush se encaramó hasta el 90 %,[33] el nivel de apoyo al presidente más alto que se haya registrado desde que Gallup empezó a registrar datos hace casi un siglo. Y siguió por las nubes durante dos años enteros antes de volver a disminuir hasta los niveles previos.[34] Los conservadores reforzaron su respaldo (que ya era considerable) por el presidente, en tanto que los liberales mostraban su aprecio por políticas que chocaban con su propio sistema de valores.

Los sucesos que amenazan la supervivencia del grupo del que dependemos suelen suscitar una reacción de defensa. Nuestro instinto inicial es proteger lo que amamos, sobre todo si el autor del ataque es foráneo. Pocos elementos resultan más útiles para unir a las personas que una némesis común.[35] Nos rebelamos contra el intruso. Compartimos la consternación con los demás miembros del grupo y apoyamos a los poderes internos del sistema. Tomar las armas para proteger un sistema en estado de sitio parece una causa encomiable. Aunque seamos ambivalentes, hay un momento y un lugar para criticar, pero no es este. Hoy es dos de mayo. Lo tomas o lo dejas, cariño.

Muchas veces, las autoridades y organizaciones evocan a propósito vínculos simbólicos con sistemas de creencias sólidos y dominantes a fin de fortalecer la legitimidad.[36] Saben que las personas imbuidas de fervor patriótico se olvidan enseguida de que el sistema que están justificando es el mismo que las ha estado expoliando y vapuleando. La presencia de amenazas al sistema y nuestras reacciones identitarias a ellas explican perfectamente por qué los seres humanos favorecemos el *statu quo*, incluidas las mismas organizaciones que ponen en entredicho nuestro bienestar.[37]

3. Creemos depender del *statu quo*

Si alguna vez has estado en prisión, sabrás que tienes muchas más posibilidades de sobrevivir si te unes a una banda. Si te colocas cerca de un grupo de gente con una camiseta del color indicado o con los tatuajes apropiados, otros presos potencialmente homicidas te identificarán como parte de esa pandilla, de modo que estarás lo bastante protegido para ir sin miedo por el comedor y los patios exteriores. Quizás hasta puedas dormir profundamente, en vez de sufrir a manos de otro preso. Al unirte a esa banda, te adentras en una relación de dependencia con el grupo y es normal dudar a la hora de expresar miedos sobre las reglas, la jerarquía y el liderazgo.[38] La banda te mantiene sano y salvo. Los demás miembros del grupo te tratarán como una mierda, pero es mejor que ser asesinado o violado. Y con el tiempo, esa banda se vuelve parte de tu identidad. Dejas de ser solo una persona para ser un miembro.

El pacto con el diablo que firmamos en la cárcel no dista tanto de los que firmamos con otras estructuras jerárquicas de nuestra vida. Corremos a amparar el *statu quo* porque el grupo del que formamos parte satisface nuestras necesidades básicas de sentirnos comprendidos, validados y competentes. Como nos identificamos con el grupo, ya no tenemos que pensar siempre solos: sabiendo lo que prefieren los miembros de alto rango del grupo, nos es más fácil elegir cómo vestirnos, qué música escuchar, qué ideas creer, qué políticos respaldar, etcétera. Nuestra sensación de pertenencia nos calma porque sabemos que los demás miembros del grupo nos antepondrán a los miembros ajenos cuando lo necesitemos.

Como han confirmado varios estudios, las personas están dispuestas a renunciar a recompensas materiales para sentir el vínculo con figuras vigorosas de autoridad.[39] Los individuos que son pobres, que no han recibido educación y que viven en barrios con mucha delincuencia votan en contra de sus propios intereses y se oponen a la redistribución económica cuando se identifican firmemente con la nación y su poder. En la medida en que perciben el país como una extensión directa de su propia identidad, renuncian voluntariamente a su propio interés personal porque su conexión con el país satisface otras necesidades, otorgándoles una sensación de seguridad y pertenencia, sumada a un sentimiento estable de propósito. Te recuerdas a ti mismo que este es tu país, y es mucho mejor que países que consideras inferiores. Puedes justificar la corrupción como unas pocas malas hierbas de un sistema que, si se dirigiera bien, sería el mejor que cabría imaginar. ¿Puede haber algo más estadounidense que sentirse decepcionado a la vez que se dibuja una ridícula sonrisa?

Según los investigadores, la conformidad se intensifica a medida que la gente depende más del sistema.[40] En Malasia, las autoridades maltratan sistemáticamente a la minoría china que reside en el país. Como los miembros de esta minoría pertenecen a clases acomodadas, el Gobierno reserva las becas universitarias solo para los malasios, no para los chinos. Gracias a las cuotas fijadas por el Estado, las universidades solo asignan unas pocas plazas a los ciudadanos chinos. Hay préstamos públicos para comprar viviendas y fundar negocios, pero muchos se reservan para los malasios. Y si perteneces a la minoría china y tienes la suerte de asegurarte un préstamo, lo normal es pagar un interés extra.

Lo lógico sería pensar que la minoría china está que trina, pero no. En un estudio, el doctor Owuamalam pidió a adultos chinos de Malasia que reflexionaran sobre las trabas fraguadas por el Estado. Descubrió que los miembros de esa minoría expresaban un apoyo férreo al Ejecutivo. ¿Por qué? Aunque los chinos recibían un trato más denigrante, dependían del Gobierno para el transporte, la salud y la supervivencia diaria. No es fácil defender el maltrato que dispensa el sistema prevalente. Las minorías chinas que participaron en el estudio tenían que esforzarse más que los malasios a nivel cognitivo cuando se les pedía que redactaran comentarios favorables al Gobierno. Pero por más agotador que sea mentalmente vivir oprimido en Malasia, la minoría china mostraba un apoyo incondicional a la autoridad.

Esto no quiere decir en absoluto que a las personas oprimidas les guste ser parte del sistema. Claro que no. No es fácil para una mujer aceptar, en pleno 2021, que el mundo empresarial esté infestado de misoginia: los cargos directivos están ocupados por los hombres, con lo que sus amigotes tienen ventaja cuando se ultiman los preparativos para la sucesión en el cargo. Y sin embargo, pese a todas las sórdidas injusticias, Estados Unidos aún ofrece más autonomía, más oportunidades económicas y más seguridad a las mujeres que la mayoría de los demás países. Muchas veces los seres humanos hacen lo que pueden con las cosas tal y como son. No se complican la vida intentando conseguir el mundo en que les gustaría vivir, porque podría acabar en algo sin importancia.

No es raro que la gente acabe mostrando aprecio y cariño cuando se le obliga a operar en un sistema social, defendiendo los beneficios e ignorando el dolor. En un estudio canadiense, los investigadores dijeron a los participantes que el Gobierno estaba endureciendo las políticas de inmigración y que no iban a poder irse del país.[41] Cuando la gente creía que no se podía huir del sistema, se replanteaban el sexismo endémico de Canadá. En lugar de considerar el sexismo un problema sistémico, los ciudadanos canadienses empezaban a atribuirlo a diferencias biológicas entre hombres y mujeres. Al creer que no había escapatoria de Canadá, pasaron de criticar un *statu quo* injusto a legitimarlo. Los investigadores obtuvieron resultados similares en otro experimento en el que dijeron a universitarios que iban a tener dificultades para pedir el traslado del expediente a otra institución.[42] Los universitarios que pensaban que era imposible salir de su universidad mostraban menos interés y menos ganas de ayudar a un grupo de estudiantes que criticaban y formulaban sugerencias a la administración para mejorar la universidad. Los alumnos que se creían facultados para pedir el traslado en cualquier momento apoyaban más al grupo de estudiantes.

La restricción de los movimientos no despertaba un mayor escrutinio de las autoridades o del sistema opresor, sino que las personas defendían la legitimidad de las figuras poderosas, eminentes y decisorias de su vida. Y lo que es peor, los reticentes a reconocer problemas en el sistema también exhibían peores actitudes hacia los disidentes que clamaban contra el sistema y lo criticaban. Cuando juzgamos como problemática e inmóvil una jerarquía social y ocupamos un escalón inferior, ostentando poco poder e influencia, manifestamos un sesgo respecto al *statu quo*. Curiosamente, avalamos políticas que perpetúan las desigualdades.[43] Sucede con los grandes problemas, como las desigualdades económicas que escinden nuestra sociedad, y sucede con las menudencias, como cuando nos sentimos incapaces de cortar una amistad o una relación infructuosa.

4. Albergamos la esperanza de que vendrán días mejores

La esperanza mueve montañas. Pese a los prejuicios reiterados en el aula, un universitario de tendencia conservadora se puede inscribir para un semestre más si ve indicios de progreso, como la creación de un club para conservadores o un comunicado del periódico de la universidad en que se afirme que dará voz tanto a opiniones liberales como a conservadoras. Un soldado de bajo rango movilizado en el extranjero puede silenciar su desacuerdo con las órdenes de un superior si sabe que la situación acabará. Podemos ganar tiempo dentro de un mal sistema si creemos que nuestra situación es pasajera y que las desventajas están menguando.

Cuando tenemos esperanza, no solo toleramos el sistema actual, sino que lo aceptamos, defendemos, justificamos y protegemos.[44] La investigación de Chuma Owuamalam demuestra lo que pasa cuando un país empieza a exhibir muestras de igualdad de género durante un plazo de quince años. A medida que las mujeres escalan en la pirámide social y logran más autonomía y una mayor representación en los consejos de administración, respaldan más las tesis del *statu quo* de que el sexo es irrelevante para gozar de oportunidades y triunfar.[45] La esperanza del ascenso social ayuda a entender por qué actualmente las mujeres respaldan hipótesis, políticas y representantes que parecen contravenir sus intereses. Otros experimentos han llegado a conclusiones similares.[46] Tras saber que el prestigio de su universidad se había desplomado, los alumnos no pedían el traslado ni escribían ardientes reprensiones contra la institución. Si pensaban que la reputación podía mejorar poco a poco y que el valor del título universitario volvería a subir, conservaban un alto grado de confianza y estima por su hogar académico.

Si lo piensas, hay algo noble en poder ser fiel a un programa con la esperanza de que el futuro mejore. Los optimistas defensores de los sistemas opresivos poseen auténtico tesón, un factor que suele traducirse en el éxito educativo, económico y laboral y que se ha mostrado más efectivo que la curiosidad o la inteligencia.[47] Pero no cometamos la frivolidad de alegrarnos por nuestra capacidad de soportar un sistema dañino.[48]

A ver, ¿cuál de estas siete afirmaciones se ajusta mejor a ti?

1. Siempre he tenido la sensación de que podía hacer casi todo lo que quisiera en la vida.
2. Una vez me propongo algo, persevero hasta que lo consigo.
3. Cuando las cosas no me salen como me gustaría, me motiva para esforzarme todavía más.
4. No siempre me resulta fácil, pero consigo hacer las cosas que tengo que hacer.

5. En el pasado, incluso cuando las cosas se veían mal, nunca perdí de vista mis objetivos.
6. No dejo que mis sentimientos se interpongan entre yo y lo que tengo que hacer.
7. El esfuerzo me ha ayudado mucho a avanzar.

Si te describen muchas de estas frases, seguramente te alegrarás de ser tan tenaz. Pero a pesar de las apariencias, estas ideas no reflejan tesón, sino algo llamado «john henryismo». Acuñado por el doctor Sherman James, el john henryismo denota la tendencia de las minorías raciales oprimidas a esforzarse en exceso. De esta forma consiguen la victoria a corto plazo, pero acaban contrayendo problemas de salud a largo plazo.[49] Según el antiguo cuento popular, John Henry era el hombre más fuerte en un radio de cientos de kilómetros. Para discernir quién rompía antes las rocas y abría un túnel para el tren, se organizó una carrera entre él y una perforadora de vapor, de la que salió victorioso el ferroviario, solo para morir de fatiga. John Henry es un símbolo legendario y sobrehumano de determinación. Perseveró en su objetivo a corto plazo con una resolución inquebrantable, con incansable vitalidad y haciendo caso omiso de los impedimentos emocionales y físicos. Y aun así, su historia sirve como una parábola de los posibles costos de esforzarse al máximo para lograr la aprobación social y el éxito cuando se está dentro de un sistema disfuncional.

Los científicos analizaron a 3,126 jóvenes veinteañeros durante veinticinco años y descubrieron que los que perseveraban hasta el extremo sufrían a nivel físico, justo igual que John Henry.[50] Sufrían hipertensión y un mayor riesgo de contraer una enfermedad cardiovascular. Y veinticinco años después, seguían sufriendo. Tenían menos rapidez mental y menos memoria. Sus funciones ejecutivas eran inferiores, pues carecían de atención, capacidad de planificación y flexibilidad mental. El costo fisiológico y psicológico de perseverar ante las dificultades es especialmente pronunciado en personas que provienen de entornos desfavorecidos. Se les dice que solo tienen que abrocharse el cinturón y apretar los dientes y que el futuro les sonreirá. Está bien, la esperanza tiene sus beneficios, pero recordemos los costos potenciales de creer que la opresión remitirá y que todo saldrá bien.

ABRE LA MENTE AL CAMBIO

En un libro que promueve la insubordinación, puede resultar extraño leer acerca de la presión que se ejerce sobre los oprimidos para que se amolden a sistemas injustos e imperfectos. ¿Estoy culpando a las víctimas por su falta de clarividencia? ¡Qué va! Estoy describiendo con pelos y señales la realidad psicológica. Defender las estructuras sociales opresivas tiene sentido si, como miembro de un grupo desfavorecido, te sientes psicológicamente vulnerable. Es difícil abrazar una visión optimista del futuro cuando te acechan peligros inminentes, cuando te resulta inviable escapar de un grupo y cuando albergas esperanza por la promesa de un futuro mejor.[51] Como hemos visto, en tiempos de incertidumbre todos solemos claudicar ante el saber convencional.

LA IDEA PRIMORDIAL
Está en nuestra naturaleza atenernos a prácticas y creencias asentadas y mayoritarias. Los potenciales insubordinados deben admitir esta realidad para poder hacerle frente y acabar superándola. El resto de nosotros también, con tal de poder vencer nuestra resistencia interna al cambio y así apoyar el progreso.

Cuesta mucho ser diferente, discrepar y apartarse del pensamiento tradicional. Encajar aporta un breve respiro a la confusión de ser objeto de animosidad y rechazo. Si sufres bajo el yugo de un sistema injusto, a veces solo ansías un descanso para no pensar en ello. Pero mantenerse fiel al sistema acaba mostrándose inviable, porque compromete tu bienestar a largo plazo haciendo imposible el cambio.

Volvámonos todos más conscientes de nuestra tendencia a la conformidad y abramos la mente a la perspectiva del cambio. Esta guía esconde recetas psicológicas para los rebeldes y los renegados, los que han encontrado una misión por la que vale la pena luchar. También lo he escrito para el resto, para los que somos menos propensos a resistirnos, pero que también aspiramos a vivir mejor que ahora. Como veremos, los inconformistas pueden sumar más personas a su causa alterando ligeramente su conducta. Y el resto podemos adoptar tácticas que nos ayuden a cosechar el máximo beneficio de los inconformistas y de sus valientes intervenciones. Pero antes de pasar a todo eso, sentemos un poco más las bases. Ya conocemos las locuras que hacemos para gustar y algunos mecanismos psicológicos clave que sustentan y perfilan nuestra conducta. Ahora observemos por qué es necesaria la insubordinación. Veamos en concreto por qué caen bien los renegados.

LA RECETA PASO A PASO

1. *Identifica el costo de la inacción.* Los adultos nunca o casi nunca cambian de marca de jabón, yogur o plataforma de suscripción, incluso si no les gusta lo que consumen. En unos comicios, los votantes indecisos suelen votar de forma masiva al candidato que vuelve a presentarse. Cuando seguimos fieles a bienes, servicios y decisiones que no nos gustan, permitimos que los sucesos negativos dominen nuestra vida diaria, aun existiendo alternativas más saludables y atractivas. La próxima vez que quieras convencer a alguien de una idea o estrategia, recuérdale que no hacer nada cuando hay problemas perjudica nuestro estado de salud.
2. *Conoce los cuatro estímulos psicológicos.* Ahondar en el conocimiento de los mecanismos que alimentan nuestra conformidad voluntaria nos ayuda a resistir las presiones para amoldarnos a las cosas. Entre las cosas que alientan a la conformidad y la legitimación de la corrupción están la falta de control de uno mismo, las amenazas al sistema, la dependencia del sistema y la esperanza del ascenso social.

3. *Reconoce tu sesgo respecto al* statu quo. Está en nuestra naturaleza atenernos a prácticas y creencias asentadas y mayoritarias. Los potenciales insubordinados deben admitir esta inclinación para poder hacerle frente y acabar superándola.

3

LOS RENEGADOS SON GENIALES

Por qué importa tanto la rebelión honesta

En la historia de Estados Unidos, el racismo institucional fue siempre una cosa sureña. Los norteños eran guerreros honrados que luchaban por la libertad y la igualdad. Ese es el estereotipo, ¿no? Pues Elizabeth Jennings, una maestra joven y rebelde, no diría lo mismo. El racismo institucional también era propio del norte. Los moretones y cortes que sufrió dan fe de ello. Y los 225 dólares también.

La fecha era el 16 de julio de 1854. El lugar, Nueva York. Jennings iba camino de la iglesia, donde tocaba el órgano, y estaba demasiado lejos para ir a pie, así que hizo una seña a uno de esos vehículos modernos y cero contaminantes tirados por caballos: un tranvía de sangre. Nada más subirse, el revisor le recordó tres cuestiones convenientes: (1) que era una persona negra; (2) que según la política del sistema de transportes de Nueva York, cualquier pasajero blanco que fuera racista podía solicitar que se echara del tranvía a una persona negra; y (3) que si un usuario blanco lo pedía, el revisor haría cumplir la regla número dos. Jennings no recibió ningún respeto, ninguna justificación cortés, solo una orden a gritos del revisor: si alguien se opone a tu presencia, ya puedes bajarte e ir a pie.

Jennings podría haber asentido, haberse sentado y haber disfrutado del trayecto.[1] Pero la habían molestado mucho. Ya eran demasiadas las veces que alguien le decía lo que podía hacer y lo que no por el color de su piel. Y estalló: «Soy una persona respetable, nacida y crecida en Nueva York, ¡y nunca me habían insultado yendo a la iglesia!». Por no mencionar que, en su humilde opinión: «Es usted un insolente que insulta a personas honradas que van a la casa del Señor».[2]

El revisor no estaba acostumbrado a que las personas negras rechistaran. Solían callarse. Agarró a Jennings y, con la ayuda de un agente de policía que andaba por ahí, la arrastró fuera del tranvía y la dejó en la calle. Intentaron desasirla de las escalerillas, pero ella se resistió. A raíz del forcejeo, le ensuciaron el vestido y le llenaron el cuerpo de cortes y moretones.[3] Cuando llegaron más dotaciones de policía, no la ayudaron. La detuvieron.

El único abogado que aceptó representar a Jennings durante el juicio oral fue un muchacho alegre y blanco de veintiún años llamado Chester Arthur, que más tarde se convertiría en el vigesimoprimer presidente de Estados Unidos. Según un experto, Chester lucía «el bigote más poblado y osado de todos los presidentes»[4] e hizo lo que de él se esperaba. No solo consiguió que se absolviera a Jennings de pagar una multa o de ir a la cárcel, sino que demandó al servicio de transporte. El tribunal concedió a Jennings una indemnización de 225 dólares, una suma bastante espléndida para la época, casi tanto como el salario anual de un funcionario. Pero eso no fue todo. La noticia del incidente se propagó y la población negra de la ciudad montó en cólera. Más personas se opusieron a la política racista del servicio de transporte. Al año siguiente, como respuesta a otro caso que llegó a los tribunales, la autoridad adoptó una política racialmente neutral con la que se concedía a los ciudadanos afroamericanos el mismo derecho a acceder y seleccionar el asiento dentro del transporte público.[5]

Hay algo que tenemos que aclarar ya. Aunque la segregación en el sur no acabó hasta la segunda mitad del siglo XX, los estados norteños no eran precisamente modelos de virtud. El estado de Nueva York abolió la esclavitud en 1827, casi tres décadas antes del altercado de Jennings en el tranvía. Y a pesar de eso, Nueva York conservó leyes, reglamentos y políticas racistas durante décadas una vez derogada esa práctica.[6] Hubieron de llegar almas valientes como Elizabeth Jennings para desafiar a las autoridades y mostrar a la sociedad un camino nuevo y mejor. Más de cien años antes de que Rosa Parks fuera presuntamente pionera en la táctica de la desobediencia civil, rehusando sentarse en la parte trasera de un autobús de Alabama, Elizabeth Jennings ya estaba abriendo el camino.[7]

No se ha inmortalizado a Jennings en ningún sello postal, ni se la menciona en los libros de historia. Las escuelas de primaria no enseñan a los niños su historia, pero los actos olvidados de insubordinación como el suyo marcan una gran diferencia. La sociedad necesita instigadores, y nuestras organizaciones y nuestros equipos también. Como veremos en este capítulo, la mera presencia de inconformistas nos impulsa, aunque discrepemos de ellos y aunque las soluciones que nos proponen sean incorrectas. Dejando hueco para la insubordinación honesta puede arraigar una espiral ascendente, un discurso que diga que nada es «definitivo» y que siempre deberíamos aspirar a mejorar. La insubordinación honesta vuelve más racionales a las personas, y más creativos y productivos a los grupos.

Eso no significa que sea fácil flanquearnos de insubordinados honestos. Más bien lo contrario. Como dijo Bill Clinton a un auditorio en 2016: «Estados Unidos ha avanzado mucho. Somos menos racistas, sexistas, homófobos e intolerantes con las demás religiones que antes. Pero aún conservamos un rasgo chovinista: no queremos rodearnos de gente que disiente de nosotros».[8] El público rio. Pero no es algo de lo que reírse. La humanidad sigue lastrada por la injusticia y nos enfrentamos a desafíos existenciales, desde el calentamiento global a las armas nucleares y las pandemias. Si nuestro fin es sobrevivir, ya podemos mejorar, y rápido. Eso se traduce en buscar a personas valientes, heroínas anónimas como Elizabeth Jennings y famosas como Rosa Parks para identificar problemas, dar con los mejores clavos para resolverlos y convencer a otros para que hagan lo mismo.

LA IDEA PRIMORDIAL

Para inculcar valentía no solo debemos aprender a tolerar a la gente que no piensa como nosotros, sino recibirlos con los brazos abiertos y animarlos a discrepar.

DISIDENCIA EQUIVALE A PROGRESO

La fuerza de la insubordinación honesta se hace patente en las situaciones en que los inconformistas han acabado con sistemas injustos como la segregación. Lo que no resulta tan obvio es el sinfín de formas en que el ánimo del inconformista insufla aire al progreso social, consiguiendo que la vida cotidiana sea más eficiente, productiva, próspera, segura y, en un sentido amplio, mejor.

No me gusta nada ser un aguafiestas, pero necesitamos desesperadamente más progreso. Es cierto que tenemos *Los Simpson*, acuarios con función de autolimpieza y la posibilidad de imprimir en 3D una guitarra acústica que se escuche muy bien. Aun así, otras dimensiones importantes de la vida diaria son el acabose; otras son un acabose a medias, pese a alguna reciente mejora; y otras solo son un pequeño acabose, aunque podrían ser mejor. Tal vez los médicos ya no abran boquetes en el cráneo de la gente, ni drenen la sangre de los cuerpos, ni den elixires venenosos de mercurio y arsénico como tratamiento (me guardaré los ungüentos de excrementos del Antiguo Egipto para las notas al final).[9] No obstante, en Estados Unidos un mínimo de 44,000 pacientes mueren cada año por errores médicos evitables.[10] La astronomía ha mejorado desde la época en que los humanos creían ser el centro del universo. Aun así, en 2019 los científicos descubrieron que se habían equivocado un poco al estimar la edad del universo... o sea, en más de mil millones de años.[11] Nuestro sistema educativo es mejor que en tiempos de Elizabeth Jennings, cuando casi no había alumnos negros en la escuela y solo la mitad de los niños blancos de entre cinco y diecinueve años estaban escolarizados.[12] No obstante, en 2019 un 22 % de los ciudadanos norteamericanos era incapaz de nombrar un solo poder del estado; y solo un 39 % se sabía los tres.[13] Por no mencionar que la educación física en la escuela solo prevé dieciséis minutos de movimiento corporal por clase, «unos cuantos saltos de tijera y, después, un partido de sóftbol a medio gas».[14] ¿Con 960 segundos de ejercicio impediremos que los niños acaben padeciendo obesidad mórbida de adultos? ¡Vamos, hombre!

La manera de mejorar, en estos aspectos y casi en cualquier otro, es reclutar de forma activa a personas como Elizabeth Jennings. Con más frecuencia de la que imaginas, la variedad de puntos de vista desemboca en ideas frescas y aparentemente ilógicas, así como en soluciones muy válidas.

Pensemos en el problema de cómo prevenir o acabar con los tiroteos. Una de las soluciones más populares promulgada en este país es permitir a los maestros y otros empleados llevar armas. Así, los maestros podrían defenderse si un tirador amenazara sus clases y no tendrían que esperar a que llegaran las fuerzas del orden.

Después del ataque de 2013 a un edificio de alta seguridad, el Washington Navy Yard, en que fueron asesinadas doce personas y otras ocho resultaron heridas, los FLETC (unos centros de formación de fuerzas y cuerpos de seguridad) reunieron a un panel de expertos para conocer sus opiniones. El objetivo del equipo era encontrar nuevas soluciones para prevenir futuras tragedias y, en concreto, conseguir que ningún lugar de trabajo amenazado por terroristas superara la cifra de una baja por ataque. En vez de invitar al elenco habitual de burócratas, los FLETC convocaron a un conjunto de personas externas, incluido un psicólogo forense, un psiquiatra, un cirujano, un arquitecto, un soldado de la armada y personal de emergencias con experiencia en tiroteos masivos.

El psicólogo forense sugirió una idea creativa, pero aparentemente extraña: enseñar a los niños de la escuela a ir directo al baño de las chicas. «Casi todos los tiradores son hombres —dijo— y, si nos fijamos en las imágenes, siempre pasan de largo del baño de las chicas.» El soldado de la armada dio con una idea completamente diferente: «Yo tomaría un extintor», describiendo lo que él haría en una situación real de tiroteo. Otros participantes asumieron que su consejo era golpear al atacante en la cabeza con el extintor para derribarlo, pero eso no era lo que tenía en mente. «Lo rociaría todo para crear una cortina de humo. Además, las sustancias químicas vacían el aire de oxígeno, con lo que a los tiradores les cuesta más respirar y son más fáciles de abatir.» Estas ideas, extraordinarias por su simplicidad y pragmatismo, requerían saltos mentales que seguramente solo pueden hacer los inconformistas, en este caso ajenos a la cuestión.

Por supuesto, es posible que estas tácticas no funcionen. Pero tampoco es que armar a los profesores sea una idea brillante. Cuando los investigadores preguntaron a 15,000 profesionales de las fuerzas del orden qué soluciones tenían para resolver la violencia con armas de fuego, el 86 % creía que armar legalmente a los ciudadanos reduciría la mortalidad.[15] En realidad, cuando los agentes de policía de Nueva York mejor formados participan en enfrentamientos, los tiradores yerran el 82 % de los disparos.[16] Cuando solo disparan agentes normales, se sigue fallando el 70 % de las veces. Cada bala perdida podría matar o herir sin querer a una persona inocente. ¿No deberíamos dejar que los profesores de poesía se limitaran a la rima y a la métrica?

En este caso, como en tantos otros, la sabiduría popular se equivoca. Hay margen de mejora. Quizás los baños de las chicas y los extintores funcionarían mejor que pedir a los profesores de poesía que jugaran *Call of Duty* en la vida real, o quizás no. Pero hay una verdad que parece incontestable: difundir el inconformismo probablemente nos permita hallar soluciones que podrían servirnos y que nadie ha imaginado o tenido los ovarios (o los testículos) de plantear.

Como se ha demostrado, los grupos rinden mejor cuando se promueve la insubordinación honesta. En 2012 Google dio el pistoletazo de salida a una iniciativa de investigación anunciada a los cuatro vientos: el Proyecto Aristóteles, que pretendía encontrar qué distinguía a los equipos con mejor desempeño. Google, una empresa que suele ser elegida entre las mejores para trabajar, quería saber por qué solo algunos equipos cumplen su promesa y generan trabajo de mayor calidad que el que podría hacer cualquier persona. Al cabo de dos años, los investigadores encontraron la respuesta: la seguridad psicológica. En los equipos excepcionales concurrían condiciones que animaban a sus integrantes a participar sin miedo al ridículo, al castigo, al robo intelectual, a los revéses profesionales y demás. A los medios les encantó. El *New York Times* publicó un artículo en la portada: «What Google Learned from Its Quest to Build the Perfect Team» [Lo que descubrió Google mientras buscaba cómo crear el equipo perfecto]. En junio de 2019 se habían publicado 10,600 artículos y videos sobre los resultados del Proyecto Aristóteles. Las organizaciones han iniciado una revolución ofreciendo garantías a sus trabajadores, todo con vistas a estimular la motivación, el aprendizaje, el rendimiento y la innovación.

Y aun así, a Google le faltaba la mitad de la historia. Un año después de finalizar el Proyecto Aristóteles, dos psicólogos diseccionaron 51 estudios sobre la importancia de la seguridad psicológica para la productividad de los equipos.[17] El resultado fue que no existía una correlación entre la seguridad psicológica y el rendimiento. A veces, a los equipos que invertían grandes sumas en formar y contratar pensando en la seguridad psicológica les iba todo viento en popa. Otras veces, fracasaban. Pero hay un factor que sí determina el éxito de la seguridad psicológica: la insubordinación honesta. Los miembros de un grupo quieren sentirse psicológicamente seguros. Pero como ha puesto de relieve la ciencia, la seguridad psicológica solo se traduce en una mayor productividad cuando hay suficientes puntos de vista minoritarios, y si los permitimos y celebramos cuando existen.[18] Quizás toleres la discrepancia de una minoría, pero eso no significa en absoluto que su estimulación influya sobre otros miembros del grupo. Como enfatizaron los psicólogos de las organizaciones Katherine Klein y David Harrison, «no es suficiente con que un miembro del grupo perfeccione la solución de otro; también debe conseguir que los demás aprueben la solución perfeccionada como la mejor línea de acción».[19] Son demasiadas las personas que desaprovechan la ocasión de estimular la insubordinación honesta. Antes de poder abrirse al pensamiento divergente, de tomar decisiones mejores y con mayor conocimiento de causa y de ser innovadores, los equipos necesitan seguridad psicológica así como tolerar la discordancia y la discrepancia constructivas.

Si la insubordinación honesta es tan importante, ¿cómo funciona exactamente? He aquí tres de las mejores explicaciones de los psicólogos:

Primera razón: la insubordinación honesta neutraliza los sesgos cognitivos

Por muy listos que seamos los seres humanos, nos cuesta emitir juicios racionales. Cuando se nos presenta información que amenaza nuestros principios más profundos, respondemos instintivamente a la defensiva, rechazando los puntos de vista que desentonan con nuestra forma de ver las cosas. Una razón de peso son los sesgos cognitivos. Nuestros espaciosos cerebros *sapiens* poseen una capacidad de procesamiento limitada. Solo podemos prestar atención a un número limitado de estímulos a la vez. Para arreglárnoslas en un mundo con información infinita, nuestros cerebros toman atajos cognitivos y nos someten a los sesgos.

También preferimos sentir ciertas emociones y creencias, y evitar otras. Queremos tener razón. Queremos gustar. Intentamos que validen nuestra identidad. Nos importan personas, objetos, ideas y equipos deportivos concretos por lo que dicen de nosotros. Defendemos lo que amamos profundamente ante los detractores. Nuestro sentido de la realidad cae en el sesgo y la distorsión.

Hasta la fecha, los psicólogos han identificado unos cien sesgos cognitivos que nos afectan, divididos en tres categorías. La primera categoría de sesgos alude a nuestra necesidad de sentirnos parte de un endogrupo.[20] Nos encantan los endogrupos. Gracias a nuestra experiencia evolutiva, el cerebro nos dice que es mejor evitar por error a un desconocido bondadoso, compasivo y altruista que congeniar por error con alguien peligroso. Así que juramos fidelidad a todo tipo de endogrupos, incluidos algunos basados en la raza, el sexo, la nacionalidad, el estatus, las opiniones políticas e incluso la dieta (vegetariana). A los miembros de nuestro endogrupo, los tratamos mejor que a los forasteros. Les aplicamos un rasero moral diferente, interactuamos más con ellos, sopesamos sus ideas y propuestas con mayor generosidad. Y lo que resulta más importante para nuestro propósito, solemos asociar las ideas desconocidas con los desconocidos que las promulgan, con lo que nos volvemos reticentes a cambiar de opinión.

La segunda categoría de sesgos guarda relación con lo que los científicos llaman «razonamiento motivado», un tecnicismo para decir que no tendemos a barajar los indicios de una forma perfectamente objetiva, sino en función de la conclusión que esperamos extraer. Cuando nos llega información que confirma lo que creemos saber, la aceptamos antes que la información que no lo hace. Solemos evitar la información que no casa con nuestras opiniones. Es decir, solemos codearnos con personas que piensan igual que nosotros y que dicen cosas parecidas a las que decimos nosotros. Nos engañamos y nos convencemos de que nuestro punto de vista es el único que encarna plenamente la rectitud y la verdad. Engañándonos a la hora de adquirir y procesar información, interferimos con nuestra habilidad para reconocer y aceptar ideas alternativas que nos convendrían más.

La tercera categoría de sesgos atañe a lo que algunos científicos llaman «certeza motivada».[21] Como señalan los psicólogos políticos Cory Clark y Bo Winegard, el razonamiento motivado alude a «la esencia de una opinión; [mientras que] la certeza motivada concierne a la "fuerza" de esa opinión». Dicho llanamente, los humanos solemos sentirnos demasiado seguros de nuestras posturas y no vemos los costos de adoptarlas. Todos nos creemos lumbreras, o al menos creemos estar en lo cierto. Por ejemplo, podemos pensar que se debería permitir a los inmigrantes cruzar las fronteras con libertad y vivir donde quieran, que cualquier ser humano debe poder decidir sobre su género por el motivo que sea, y que la genética no aclara qué diferencias hay entre los hombres y las mujeres. En un mundo de ensueño, sostener esas tesis no nos cuesta nada. Pero en el mundo real, sostener una tesis tiene costos. Invertimos dinero, atención y emoción a nuestras ideas y a su implementación, con lo que nos volvemos más propensos a considerar verdaderas nuestras opiniones. Es raro, pero nos volvemos más propensos a ello y más seguros de nuestras opiniones a medida que aumenta la incertidumbre. Nuestra comprensión de la realidad se diluye sin que ni siquiera nos demos cuenta.

Diez sesgos que lastran nuestro raciocinio

1. **Sesgo de confirmación:** solemos preferir la información que concuerda con nuestras opiniones.
2. **Efecto laguna de exposición:** preferimos las cosas o personas que ya conocemos.
3. **Realismo ingenuo:** solemos pensar que percibimos el mundo objetivamente, tal cual es, y que las personas que discrepan de nosotros son ignorantes, irracionales o parciales.
4. **Ilusión del conocimiento:** creemos saber lo que están pensando los demás.
5. **Sesgo de correspondencia:** atribuimos los errores y defectos de los demás a su identidad, pero cuando nos equivocamos, nos apresuramos a culpar a las circunstancias o a la mala suerte.
6. **Sesgo de autoconsistencia:** solemos creer que nuestras actitudes, opiniones y conductas son siempre estables, cuando lo cierto es que cambian.
7. **Efecto del falso consenso:** pensamos que los demás suelen compartir nuestras preferencias, opiniones y conductas más de lo que en realidad lo hacen.
8. **Sesgo de autoridad:** nos gustan más las ideas que expresa alguien con poder o prestigio.
9. **Estereotipo:** cuando observamos un rasgo en un miembro de un grupo, asumimos que algu-

nos o todos los miembros de dicho grupo lo comparten.

10. **Prejuicio de punto ciego:** nos consideramos capaces de detectar con facilidad sesgos en otros, aunque no reconozcamos los propios.

Si los prejuicios son tan abundantes y sesgan y esposan nuestra mente, es lógico pensar que estamos bastante condenados a ser estúpidos, ¿no? Pues no necesariamente. Entre nosotros vive una hueste de heroicos iconoclastas que se rebelan contra el sesgo. Son los llamados inconformistas. Gracias a personas como Elizabeth Jennings, que piensan diferente y que no tienen miedo a decirlo, identificamos y corregimos mejor nuestros propios sesgos. Mostramos más curiosidad por el mundo, en vez de seguir encerrados y en un estado de esterilidad intelectual.

El doctor Stefan Schulz-Hardt llevó a cabo un experimento para estudiar la mejor forma de acabar con los sesgos cognitivos de los directivos alemanes. Schulz-Hardt se centró en el sesgo de confirmación (definido arriba, en el apartado entre líneas). Dividió a la gente en pequeños grupos y les encargó que escogieran entre dos países para invertir. Para tomar la decisión, los grupos debían valorar catorce factores diferentes, como la fiscalidad de cada estado, el crecimiento económico, la normativa medioambiental y cosas por el estilo. Podían consultar hasta doce artículos escritos por expertos economistas que conocían ambos países. La mitad de esos artículos destacaban uno de los países como inversión ideal, mientras que la otra mitad señalaban al país contrario.

¿Los grupos iban a buscar información que confirmara su decisión inicial de dónde invertir, ignorando el resto? ¿Cómo avanzaría la deliberación de cada grupo al poblarlo con voces discordantes o con voces unívocas? Schulz-Hardt descubrió que los grupos de ejecutivos en los que se expresaban opiniones discordantes eran el doble de propensos a pedir artículos que contradijeran la decisión inicial que los grupos homogéneos y formados por individuos con ideología similar. Si quieres vencer el impulso de pensar en términos extremadamente polarizados o parciales, inocula un poco de positiva discrepancia de la de toda la vida.[22]

Naturalmente, la discrepancia dentro de un grupo no está exenta de costos. Los grupos con voces discrepantes discuten el doble que los grupos homogéneos, pues en ellos se intercambian puntos de vista alternativos. En ese estudio se vieron afectados tanto el optimismo como la cohesión y la toma de decisiones. A falta de discrepancia, los grupos homogéneos caían en las garras de férreos sesgos de confirmación, sobre todo al buscar información que justificaba sus conclusiones prematuras e ignorando información trascendental que contradecía el instinto del grupo. Aunque los grupos homogéneos y libres de discrepancia solo recurrían a la mitad de la información disponible para decidir dónde invertir, denotaban un grado de confianza peligrosamente alto en comparación con la actitud más flexible y contestataria de los grupos con personas discrepantes.[23] Los estudios de hospitales, tribunales, producciones musicales de Broadway y movimientos sociales llegaron a conclusiones parecidas. Si introduces la discordancia, la confianza decrece y aumenta el número de discusiones: un precio relativamente simbólico que pagar por mejorar la resolución de problemas y la creatividad del grupo.[24]

LA IDEA PRIMORDIAL
Cuando hay una sola persona que discrepa en el grupo, sucede algo especial. No asumes mecánicamente que esa persona tiene razón, sino que te gustaría sopesar bien la cuestión y considerar que puede tener razones de peso para sostener una tesis contraria.

Al exponerte al punto de vista de alguien que discrepa de ti, te vuelves más hábil a la hora de evaluar la información que respalda tesis contrarias a las tuyas. Te prestas a examinar la realidad y a plantear preguntas sobre tus propias posiciones. Dejas de claudicar ante el razonamiento motivado y la confianza y te vuelves más crítico y moderado. Ya no piensas en términos tan polarizados, sino más como un científico imparcial en busca de la verdad. En general, la presencia de una voz discordante insta a los miembros del grupo a abandonar los atajos mentales fáciles y a procesar la información de forma elaborada y meticulosa. Así, las tres grandes categorías de sesgos cognitivos lo tienen difícil.

Segunda razón: la insubordinación honesta dispara la creatividad

He aquí la cuestión: ¿qué factor es más determinante para saber si los actuales alumnos de primaria serán reconocidos como creadores innovadores dentro de cincuenta años? La clave no es si les gusta formar extrañas figuras con plastilina. No son sus niveles de curiosidad o inteligencia. El *quid* está en si se sienten «cómodos siendo una "minoría de uno"». En un estudio publicado por Mark Runco y otros investigadores de la Universidad de Georgia, los adultos de sesenta años cosechaban más éxitos de cariz creativo si, de niños, habían estado cómodos siendo una voz minoritaria. Publicaban libros y obras, fundaban empresas rentables, se granjeaban el reconocimiento del público y ejercían una mayor influencia sobre los demás. Es cierto que esos jóvenes insubordinados sufrieron a nivel emocional por su tendencia a desafiar el *statu quo*, perdiendo amistades, siendo perseguidos, etcétera. Pero como colectivo les fue de maravilla y marcaron tendencia con su creatividad, mucho más que sus homólogos conformistas.[25]

Otras investigaciones han descubierto que la exposición a la insubordinación honesta mejora la toma de decisiones creativas, pues estimula el pensamiento divergente. En un estudio, los científicos escogieron varios equipos de trabajo y eligieron al azar a una persona para formarla en la insubordinación honesta. Durante un periodo de diez semanas, el grupo acometió una serie de tareas creativas, como crear nuevos productos y abordar situaciones empresariales moralmente cuestionables. Los compañeros de esos equipos tuvieron ideas más originales para productos, según el criterio objetivo de especialistas externos, que los miembros de otros equipos que carecían de una persona instruida en la insubordinación. En esos equipos podía haber debates encarnizados y algunos de los rebeldes se sentían solos y oprimidos. «No fue fácil», informaba un rebelde. «Un miembro del grupo y yo estuvimos peleando casi todo el tiempo», decía otro. Pero al final los miembros del equipo reconocieron las aportaciones de los rebeldes. Los compañeros valoraron mejor el rendimiento de los rebeldes que el de los demás. Al principio habían ralentizado al grupo e interferido en la cohesión. Pero con el tiempo, la presencia de insubordinados honestos ayudó a aclarar el papel de cada persona y, por ende, avivó el rendimiento y la creatividad.[26]

Muchos de nosotros nos consideramos personas tolerantes que aprecian el valor de la diferencia, la discrepancia y la divergencia. Pero si añadimos uno o dos rebeldes a la mezcla, nos empieza a salir urticaria porque la tensión se dispara y el grupo pierde cohesión. Por nuestro propio bien, tenemos que sobreponernos a esa irritación y acoger la insubordinación.

LA IDEA PRIMORDIAL

La creatividad no es un don innato. Es una manera de pensar. Interactuar regularmente con los inconformistas nos lleva a adoptar una mentalidad creativa. Cuando los rebeldes expresan sin ambages opiniones diferentes y polémicas, los grupos se vuelven mejores que la suma de sus partes.

Tercera razón: la insubordinación engendra más insubordinación

Como vimos en el segundo capítulo, la presión para la conformidad es de lo más intensa. Pero la insubordinación honesta también tiene mucha fuerza de persuasión. Mete a un rebelde en un grupo, déjalo a su bola durante un tiempo y, seguramente, aparecerán más rebeldes de los que tenías al comenzar. Eso lo sabemos gracias a una de mis investigaciones favoritas, un experimento encabezado por la doctora Charlan Nemeth. Planteándose qué llevaba a algunas personas a desafiar a la autoridad y a la presión del grupo, Nemeth y sus colaboradores mostraron a los participantes del estudio veinte diapositivas de tono azulado y les instaron a decir el color en voz alta. Cuando se les hacía la prueba a solas, los participantes afirmaban que todas las diapositivas eran azules. Pero luego, los investigadores dividieron a los participantes en grupos de cuatro e infiltraron en cada cuarteto a un actor con un rol sencillo: discrepar de la mayoría. Cuando era su turno, el actor afirmaba con bastante convicción que las imágenes azules eran verdes. Ante la evidente realidad objetiva de que las diapositivas azules eran de ese color, y que era obvio que el actor se equivocaba, los participantes ignoraban a la voz discordante y determinaban que absolutamente todas las diapositivas eran azules.

Pero entonces es cuando la cosa se pone interesante. Como parte del experimento, se llevaba a cada sujeto a una sala privada para formar parte de un nuevo cuarteto. Tú no podías ver a los tres nuevos miembros, pero había un micrófono para comunicarse. Entonces se mostraba a los participantes otra ronda de diapositivas, todas ellas rojas, y en esa ocasión, cuando se les preguntaba por el color de cada diapositiva, los tres otros miembros del grupo decían la misma palabra por el micrófono: naranja. Las condiciones para la conformidad eran más que propicias. Los investigadores querían saber qué iban a hacer los participantes. Los que no habían presenciado ninguna discrepancia en la primera parte del estudio se mostraban reacios a cuestionar el juicio erróneo de la mayoría. Solo el 29.6 % de ellos eran capaces de mascullar tímidamente la palabra «¿rojo?». Sin embargo, los participantes que habían visto como un actor discrepaba de ellos en la primera parte del estudio se transformaban y entonaban valientemente la respuesta correcta: «Es roja, ¡claramente!», el 76.1 % de las veces. Y atención a esto: *la transformación se daba aunque en la primera parte del estudio la mayoría tenía razón y los discrepantes daban respuestas equivocadas. Y eso que los participantes no habían coincidido públicamente con esos amotinados en la primera parte del estudio*. Piensa en eso. Los actos de los insubordinados afectaban a personas que en un principio los habían ignorado. De algún modo, la exposición a un acto de insubordinación había alterado el modo de ver el mundo.[27]

LA IDEA PRIMORDIAL

Por lo general, los actos de insubordinación no seducen de inmediato a la mayoría. Lo que hacen es plantar semillas de duda que acaban madurando y germinando en nuevos puntos de vista.

El doctor Robert Cialdini, uno de los expertos más notables del mundo en materia de persuasión, descubrió que, a aquellos que se oponen al *statu quo*, suele costarles cambiar de actitud o de opinión a otras personas, al menos al principio. Pero al cabo de unas semanas o meses se observan cambios en la manera de pensar y actuar de los demás.[28] Aunque al comienzo nos escandalice, la insubordinación acaba dejando una huella mucho más profunda, cambiando la imagen que se forma la gente de sí misma, de los demás y del mundo.

DEBES SER TOLERANTE POR NATURALEZA

Con este estudio sobre los beneficios de la insubordinación, espero inspirarte de dos maneras. Primero, quiero que seas más rebelde. Que pienses diferente. Que digas lo que piensas. Que actúes. Y también quiero inspirarte para que veas a las personas divergentes con una mente más abierta, en especial cuando discrepes. Como me gusta decir tras tomarme un par de copitas de whisky, la insubordinación es una puerta de entrada a lo adyacente posible. Nos permite acceder a nuevas posibilidades que por culpa de los prejuicios, la inexperiencia o la necedad, no cultivamos por nuestra cuenta. Como hemos visto, la insubordinación honesta posibilita que se produzcan cambios sociales de más o menos enjundia. No tienes por qué estar de acuerdo con todos los inconformistas. Pero eso sí, escúchalos. En vez de aferrarte a tus opiniones cuando te enfrentes a un nuevo punto de vista, haz algo radical e intenta ser tolerante y comprensivo por naturaleza.

La tolerancia de los no rebeldes es importante porque, como han documentado los científicos, los rebeldes solitarios no llegan muy lejos sin apoyos. Los investigadores quisieron saber lo que costaría conseguir que un grupo de personas cambiara una norma social consolidada y por eso idearon un experimento. Tras clasificar a 194 participantes en grupos de veinte o treinta personas, mostraron a los diferentes grupos la imagen de un desconocido y dejaron que decidieran qué nombre dar a ese extraño. Los investigadores estimulaban las conversaciones para elegir el nombre. Lo que ignoraban los participantes era que algunos de ellos eran rebeldes a los que se había asignado la tarea de vetar cualquier nombre que el grupo estuviera a punto de acordar sugiriendo nombres alternativos. Los investigadores descubrieron que si más del 25 % de un grupo estaba formado por rebeldes, se terminaba optando por el nombre alternativo. Si menos del 20 % del grupo eran rebeldes, esa minoría no afectaba a la selección final. Uno o dos rebeldes valientes como Elizabeth Jennings podrían provocar el cambio de una política específica, pero hace falta que un bloque sólido de cerca de un cuarto de la población adopte una posición minoritaria para transformar las opiniones o el comportamiento del grupo.

Más tarde te enseñaré a brillar como parte de ese 25 %, volviéndote más transigente con los inconformistas a tu alrededor y aprovechando al máximo sus disparatadas ideas. Pero primero veamos cómo los rebeldes pueden convencer a más gente para superar ese umbral del 25 % y lograr el cambio. Buena parte de ello radica en tu forma de hablar. Puede que tengas las ideas más prometedoras y rompedoras del planeta, pero si te equivocas comunicando las cosas, no llegarás lejos. Los científicos han dado con técnicas fascinantes sobre cómo los más débiles pueden presentar sus tesis y convencer a los dudosos. Si tienes una idea controvertida que crees que podría contribuir a la causa del progreso, hazme un favor: detén el video de YouTube, deja de mirar Instagram y presta mucha atención. El mundo te necesita.

LA RECETA PASO A PASO

1. *Incorpora a tu equipo a personas que disientan.* Exponiéndote al punto de vista de alguien que discrepa de ti, te prestas a probar la realidad y cuestionar tus propias opiniones. Con un solo rebelde que articule tesis alternativas y controvertidas, disminuyen el sesgo de confirmación y el razonamiento motivado de un grupo y aumenta la producción creativa.
2. *Sé paciente.* Al principio, a los insubordinados honestos les suele costar cambiar de actitud al resto. Pero con el tiempo la insubordinación deja una huella mucho más profunda, y cambia la manera en que la gente se ve a sí misma, a los demás y al mundo.
3. *Ábrete siempre, siempre tolerante.* No tienes que coincidir con todos los inconformistas. Pero escúchalos, en lugar de aferrarte a tus opiniones actuales.

PARTE II

EL RECETARIO DEL INCONFORMISTA

4

HABLA CON PERSUASIÓN

Cómo convencer a los conformistas escépticos

Lo que me gustaría es que prestaras mucha atención a una cosita llamada Fugazi. Fuga... ¿qué? No, no es una marca de coches deportivos italianos de 150,000 dólares, ni una palabrota dicha por una abuela italiana que esgrime el puño amenazadoramente. Según el diccionario inglés de argot Urban Dictionary, es un término que usan los veteranos de las fuerzas armadas para referirse a una situación «jodida».[1] (Ahora que lo pienso, supongo que una abuela italiana lo podría usar.) Pero los Fugazi que quiero que conozcas son una banda de *punk rock* de cuatro músicos, probablemente los más influyentes de los últimos treinta años.

Es una afirmación osada. ¿Y Nirvana? ¿O Jay-Z? Sí, claro que han sido músicos influyentes, pero piensa que Fugazi influyó directamente a Nirvana, y también a Jay-Z, Pearl Jam, Rage Against the Machine, Red Hot Chili Peppers, Lorde, Blink-182, Kesha, Foo Fighters o Billie Eilish (gracias a los gustos musicales de su hermano mayor). Todos ellos son grandes fans de Fugazi. Cuando piensas que muchos músicos marcados a fuego por Fugazi son grandes influyentes, te das cuenta de que la escena musical actual tendría una imagen radicalmente diferente de no haber sido por esta formación con un nombre tan singular.

Según un periodista musical, Fugazi bebió de un variopinto repertorio de artistas de *reggae*, *funk* y *jazz* y se presentó «como una vía de escape con la que canalizar la confusión, la rabia y la ansiedad que suscitaba la hostilidad hacia la absurda seguridad de la cultura del conformismo».[2] A diferencia de gigantes como los Beatles, Led Zeppelin, U2 o Garth Brooks, que se convirtieron en máquinas de hacer billetes, Fugazi defendía la integridad artística, un activismo político valiente, el anticonsumismo, el anticorporativismo y una mentalidad «hazlo tú mismo» (DIY, por sus siglas en inglés). Sus enemigos representaban la prepotencia, la teatralidad y «el hecho de venderse». Más que cualquier grupo de *rock* o de pop de finales de los ochenta y de los noventa, Fugazi se dejó de tanta pomposidad y elevó a los fans del público para que fueran participantes activos, más que devotos pasivos y serviles.

Eran artistas de pleno derecho, con alma. Incluso después de saltar al estrellato, Fugazi solo cobraba cinco dólares a los fans por entrar en sus conciertos y diez dólares por disco, casete o CD. Para que no se dispararan los costos, la banda mandó al carajo a los *presumidos*, los agentes de contratación, los distribuidores, los contadores y otros profesionales usureros cuyos servicios se veían forzados a contratar los músicos. Grababan sus propios álbumes. Trasnochaban en los salones de sus fans. Simplemente no les importaba ser estrellas del *rock*.[3] Conocían bien la decepción que te llevabas por no poder entrar en los conciertos como adolescente, y por eso se negaban a tocar en sitios donde no pudiera asistir público de todas las edades. Se adherían a los principios generales de la inclusión y daban la bienvenida a fans de toda clase, desde mujeres (a las que no cosificaban sexualmente) hasta personas de otras razas (a las que no trataban como «diferentes»). Gran parte de la música de moda actual planta cara a injusticias de todo tipo, como la misoginia, la homofobia, la violencia, la desigualdad económica, el materialismo, la intrusión inmoral del gobierno... lo que se te ocurra. Ese gesto ya es cosa de Fugazi.

Los miembros de la banda se negaban a tocar en bares porque no querían que la experiencia musical se enturbiara con la intoxicación. Rechazaban a las grandes revistas que publicaban anuncios de compañías de alcohol y tabaco que tenían como público objetivo a los influenciables lectores adolescentes. Para mantener el control sobre sus creaciones, desecharon ofertas millonarias de grandes sellos. Pasaban de los videoclips porque el contenido hipersexualizado que impregnaba las plataformas como MTV les repugnaba. A fin de minimizar las relaciones mercantiles con los fans, no vendían camisetas, calcomanías ni chapas en las funciones. Las prioridades de Fugazi estaban claras: primero la música, luego los fans. La banda apoyaba continua e incondicionalmente al pequeño ante la gran empresa.

La gente asume que la integridad artística y el éxito comercial son mutuamente excluyentes, pero Fugazi hizo pedazos esa suposición. Vendieron más de tres millones de discos durante los diecisiete años que estuvieron en activo. Ahora mismo escuchan su música más de 1.5 millones de personas al mes, aunque la banda está en un paréntesis desde 2003.[4] En términos más profundos, Fugazi triunfó donde muchos otros artistas musicales fracasaron: sus miembros alteraron las normas culturales y crearon un movimiento de base, el DIY, un arte musical con conciencia social. La banda amplió el abanico de inquietudes morales que se debatían en la música, y es por eso que famosos músicos como Kurt Cobain y Eddie Vedder citaban a los miembros de Fugazi en las entrevistas, con la esperanza de que calara algo de su integridad.[5]

¿Cuál fue el secreto de los Fugazi como insubordinados honestos? Una respuesta es la pura determinación. Entre 1987 y 2003 Fugazi tocó en más de mil directos, actuando más o menos cada cinco días, ¡durante diecisiete años seguidos! No es poca visibilidad... Pero hay una segunda respuesta más determinante. Fugazi marcó un antes y un después porque sus miembros despuntaron en lo que podríamos llamar «la guía a la influencia del paria». Como Charles Darwin, poseían un misterioso don a la hora de transmitir sus ideas y convencer a integrantes de la mayoría, incluyendo auténticas instituciones de la industria musical y fans que nunca se habrían identificado con la comunidad *punk*.

Los científicos han determinado que las personas con estatus de minoría, una designación que se aplica por definición a los rebeldes, instigan más fácilmente el cambio si son consistentes en lo que dicen y no son demasiado inflexibles. Fugazi cumplía esa condición. La banda se regía por un modelo de valores llamado *straight edge*, que prohibía las drogas, el alcohol, el tabaco, el consumo de carne y el sexo sin consentimiento. Y aunque los miembros de la banda vivían conforme a esos valores, nunca trataron de imponérselos a sus fans. En el escenario, en las entrevistas y en las conversaciones informales, los miembros de Fugazi aclaraban que la suya era solo una manera más de vivir, no la única. Rehusaban juzgar a los que optaban por otro camino, y tampoco esperaban que los fans los emularan u obedecieran. Como el público no veía a Fugazi como una bola de predicadores, eran más propensos a escuchar sus opiniones y a adoptar e incorporar los hábitos *straight edge* a su vida.

Los científicos han llegado a una serie de conclusiones fascinantes sobre cuál es el mejor sistema, para los que albergan opiniones minoritarias, de persuadir a los demás. Esas técnicas se vertebran en diversas teorías psicológicas, como la teoría de la conversión,[6] la teoría de elaboración del conflicto,[7] el modelo contexto/comparación,[8] el modelo fuente-contexto-elaboración[9] y el modelo de probabilidad de elaboración.[10] Abriéndome paso por este mar de jerga académica, he descubierto ciertos principios rectores que pueden usar los rebeldes para maximizar su potencial de persuasión. Si ignoras estos principios, el fracaso está asegurado. Si los persigues como han hecho Fugazi y otros insubordinados honestos, te colocas en una posición mucho mejor para hacerte oír.

Si me preguntas cuál es mi grupo favorito, la respuesta sigue siendo la misma que cuando tenía trece años: Fugazi. Siempre me encuentro miradas de desconcierto, por lo que me lanzo a describir su historia y luego pongo su mejor álbum: *Repeater*. Los escucho mientras hago ejercicio, si hago largos trayectos en coche o cuando necesito un golpe de vitalidad. Mis tres hijas conocen al grupo. Entre los regalos que me han hecho para el Día del Padre están un termo con el nombre de la banda, puntos de libro con dibujos a mano de portadas de sus álbumes y una taza de cerámica con letras de sus canciones. Cuando me mudé a las afueras de Washington conocí al vocalista Ian MacKaye en un concierto de la iglesia, en que el cien por ciento de lo recaudado se destinaba a adquirir jeringas limpias y anticonceptivos para las mujeres que se prostituían. Al acabar este capítulo, procura apreciar la catártica fusión de sonidos musicales, y no solo sus aportaciones culturales. Da una oportunidad a estas bellas canciones (una por álbum): «Waiting Room», «Repeater», «Reclamation», «23 Beats Off», «Bed for the Scraping» y «Break».

LA IDEA PRIMORDIAL

Hay **cinco principios esenciales** que los rebeldes pueden utilizar para maximizar el potencial sugestivo de su mensaje.

PRINCIPIO 1: ABORDA LA CUESTIÓN DESDE DENTRO

Atención, rebelde: es más probable que el público te escuche si te ven como un miembro de su endogrupo, y no como un intruso. En parte, eso lo sabemos gracias a estudios como el que se llevó a cabo en la Universidad de Arizona a mediados de los noventa. Por aquel entonces la legalización del matrimonio homosexual parecía una quimera y se había adoptado la infame política del «*don't ask, don't tell*» («no preguntes ni lo digas»), que permitía a los gays servir en el ejército siempre que ocultaran su orientación sexual. En ese contexto social, los investigadores pidieron a una serie de alumnos favorables a los derechos homosexuales que leyeran un artículo titulado «The Case Against Gays in the Military» [Un alegato contra los gays en el ejército]. A algunos alumnos se les dijo que el autor del artículo era la asociación de estudiantes de la Universidad de Arizona; dicho de otra manera, reflejaba una opinión mayoritaria de la comunidad estudiantil. A un segundo grupo se le dijo que lo había escrito una pequeña organización radical y conservadora de la Universidad de Arizona; en otras palabras, una minoría dentro de la familia de dicha universidad. Y a un tercer grupo se le dijo que el artículo había sido obra de un grupo radical de personas de otra universidad.

Los estudiantes que se oponían al artículo homófobo y que lo consideraban contrario a sus opiniones más profundas expresaban el doble de ideas positivas sobre los argumentos cuando creían que lo había redactado un miembro de la propia Universidad de Arizona, expresando el sentir general. Sin embargo, si los sujetos creían que lo habían escrito las minorías del cuerpo estudiantil, solían invertir más tiempo en procesar el mensaje del artículo y retenían más información. Las minorías tienen capacidades especiales de persuasión, pero solo si subrayan la identidad común entre ellos mismos y los lectores.

Los mecanismos tras este fenómeno son bastante interesantes. Cuando un miembro de un endogrupo difiere del resto, esa voz disonante despierta una chispa de curiosidad en la mayoría. Hay dos preguntas que cobran forma en la mente de quienes escuchan: «¿Por qué esta persona piensa diferente del resto de nosotros?» y «¿Qué información tiene esta persona que yo no tenga?». A corto plazo, la discrepancia puede inquietar al grupo, provocando tensión o conflicto. Pero acaba avivando la innovación atrayendo el foco sobre nuevas ideas, problemas por resolver o una lista más larga de opciones. Los miembros del grupo escuchan atentamente para saber más. Vuelven a examinar sus opiniones, conductas y políticas para determinar cuáles se han vuelto anticuadas e inviables. Como el disidente es uno de ellos y posee la credibilidad de la que carece alguien que viene de fuera, pueden catalizar mejor el cambio.[11]

LA IDEA PRIMORDIAL

Si antes de hablar dedicas un tiempo a entablar vínculos comunes con las personas que han de escucharte —y en especial, a respaldar las normas del grupo y una identidad de grupo positiva—, acumulas lo que las ciencias sociales denominan «créditos de idiosincrasia». Se acumula capital cultural, por así decirlo. Y al proponer ideas innovadoras, se puede «gastar» ese capital cultural para conseguir el respaldo de los otros miembros del grupo.

Si eres conservador y estás intentando convencer a tus amigos, también conservadores, para que apoyen una ley más restrictiva con la posesión de armas de fuego, recuérdales que piensan igual y que muchas veces han votado por el Partido Republicano. Y entonces, sí, presenta tu argumentación. Los predicadores callejeros no suelen seducir a los transeúntes porque no establecen o no pueden establecer un vínculo común, de «miembros de un mismo grupo»; su mensaje se disipa antes de que lo pueda oír nadie. Se puede hacer mejor, y deberías hacerlo mejor.

PRINCIPIO 2: DESPIERTA SU CURIOSIDAD, NO SU MIEDO

Puedes ser la persona más inteligente del planeta y tener la mejor idea del mundo, pero si pones los pelos de punta y alienas a la gente, no te concederán ni un segundo de su tiempo. El doctor Ignaz Semmelweis es un buen ejemplo. En 1847, antes de que la medicina supiera gran cosa sobre las bacterias, Semmelweis adujo que lavarse las manos era un buen método para prevenir enfermedades. En ese momento, el saber popular decía que las dolencias aparecían por un desequilibrio entre el volumen de sangre, flema, bilis negra y bilis amarilla, también conocidos como los «cuatro humores».[12] Semmelweis manejaba información que apuntaba en otra dirección. Trabajando en la Clínica Obstétrica Primera del Hospital General de Viena, reparó en que las madres de una clínica de maternidad morían con mucha mayor frecuencia que en otra clínica, así que realizó una autopsia de todas las madres fallecidas para encontrar la respuesta. Resultó que pequeñas partículas de materia orgánica de otros cadáveres estaban supurando y contaminando a las madres. En aquella época, los mismos médicos que asistían el parto realizaban autopsias y, como no se lavaban las manos, los restos afectados de los cadáveres se propagaban a las nuevas madres. La solución: lavarse las manos con hipoclorito antes de ayudar a dar a luz.[13]

Los médicos lo probaron y la tasa de mortalidad se desplomó hasta llegar casi a cero.[14] ¡Impresionante! Pero lo más increíble y trágico de todo aquello fue que nadie escuchó. Tuvo que pasar otro siglo para que el gremio médico adoptara el lavado de manos como un protocolo estándar.[15] A los reputados y sabelotodos médicos les costaba creer que sus manos sucias pudieran ser letales. Aunque Semmelweis tampoco se hizo ningún favor. No hizo ningún intento por cuadrar sus hallazgos con la teoría patológica de los cuatro humores. Y atacó ferozmente a los médicos que rechazaron su tesis, consagrando nada más y nada menos que sesenta y cuatro páginas de una de sus publicaciones a cantar las cuarenta a un obstetra de Praga que había cuestionado los resultados.[16]

Semmelweis asumió que los datos y los sólidos argumentos bastarían para persuadir a una clase médica que vivía en el error. Pero no fue suficiente. También debes hacer todo lo posible para presentar el mensaje de modo que el resto no se sienta amenazado, por muy furioso que estés. Es dificilísimo hablar desde la posición de una minoría, porque los miembros de la mayoría escudriñarán mucho más tus argumentos que los de los integrantes de la propia mayoría. Cuando personas que se identifican enérgicamente con un grupo ven tu mensaje como una amenaza personal, muchas se adherirán con más fervor si cabe a las opiniones y prácticas de los miembros exclusivos y populares del grupo, por más que tus argumentos sean irrefutables. En general, tu margen de influencia disminuye cuando emociones como el miedo, la vergüenza y la culpa se sobreponen al asombro y la curiosidad.[17]

LA IDEA PRIMORDIAL
Como insubordinado honesto, debes adoptar una estrategia de conciliación y un tono amistoso. No vejes, culpes ni hieras a entusiastas del *statu quo*. Debes ver a los exponentes de la ortodoxia como futuros aliados.

PRINCIPIO 3: PROYECTA UN AURA DE OBJETIVIDAD

Tanto si nos identificamos con la mayoría como si no, todos resultamos más persuasivos si nuestras afirmaciones parecen objetivas y corroborables.[18] ¿Por qué crees que hay tanto argot científico en este libro? Gracias a una serie de experimentos creativos, se ha confirmado que los insubordinados honestos en concreto tienen una mejor oportunidad de influir en la corriente mayoritaria cuando hay hechos objetivamente corroborables.

Precisamente, en un estudio se pidió a los participantes que fingieran ser empleados de la universidad encargados de valorar nuevas solicitudes de admisión.[19] Todos recibían la misma información sobre los candidatos. A la mitad de los responsables de admisión, se les decía que la decisión de aceptar o rechazar era objetiva y se basaba en datos fiables; a la otra mitad, se les decía que la decisión era subjetiva y que había un amplio abanico de información por interpretar. Los responsables de admisiones decidían primeramente en privado, antes de valorar las valoraciones de los demás miembros del grupo (una de las muchas prácticas óptimas para evitar el pensamiento de grupo).

Pero la vuelta de tuerca fue que los investigadores pidieron a los participantes que requirieran una segunda opinión del responsable de admisiones que quisieran. Podían pedir la segunda opinión de otra persona, y esta podía estar de acuerdo o en desacuerdo con su punto de vista. Cuando los responsables de admisiones creían que las decisiones eran subjetivas, se rodeaban adrede de personas que pensaban igual. Si creían que las decisiones eran objetivas, buscaban la discrepancia, el desacuerdo y opiniones alternativas que ofrecieran una presunta protección contra los sesgos.

Estos resultados sugieren que, cuando una disensión parece basada en hechos objetivos, tendemos a abrir la mente y a buscar oportunidades para crecer, barajando opiniones diferentes a la nuestra. Cuando esa disensión es subjetiva, nos cerramos por completo. Es fácil entender por qué. Cuando oímos que una disensión está sustentada en pruebas, nos sentimos llamados a saber más para no parecer necios, irresponsables o perezosos, adoptando lo que podríamos llamar una mentalidad «preventiva» o «defensiva».[20] También podemos tratar de recabar esas pruebas contradictorias en nuestro afán por encontrar la mejor respuesta, en vez de intentar tan solo minimizar los errores. Es lo que algunos científicos llaman «mentalidad de promoción».

LA IDEA PRIMORDIAL

Como rebelde, tendrás muchas más posibilidades de atraer a oyentes receptivos si estos adoptan una mentalidad de promoción. Para reforzarla, identifica claramente cuándo estás aportando hechos constatados y cuándo estás simplemente expresando una opinión. Haz hincapié en el conocimiento objetivo. Insiste para que los oyentes vean que, en vez de aferrarse a ideas mayoritarias que quedaron anticuadas hace tiempo, les puede convenir más seguir un camino nuevo y mejor.

PRINCIPIO 4: PROYECTA UN ALTRUISMO VALIENTE

En los capítulos anteriores hemos reflexionado sobre los graves riesgos que asumen los rebeldes al romper con el *statu quo*. Pensemos en el triste sino de los desgraciados predecesores de Darwin. O recordemos el sentido del ridículo que llevó a Wilt Chamberlain a poner fin a su breve experimento con el lanzamiento a cuchara de los tiros libres. La vida de un rebelde puede ser un auténtico calvario. Pero hay un aspecto positivo: cuando tratan de convencer a los demás de que sus ideas valen la pena, los rebeldes pueden sacar jugo del escarmiento psicológico que padecen y de los peligros sociales que afrontan.

LA IDEA PRIMORDIAL

Normalmente, los demás nos parecen más de fiar si los vemos como personas heroicas y atrevidas. Los rebeldes pueden alterar las percepciones si hacen «alarde» de su coraje, de modo que se vuelvan patentes los sacrificios y costos personales que conlleva destacar de la multitud.

En los experimentos con jurados de causas penales, los investigadores han descubierto que las personas de una minoría que parecen muy incómodas expresando su opinión, pero que la expresan de todas formas, ejercen una mayor influencia. Cuando unos pocos miembros del jurado discrepan e impiden un veredicto unánime, las mofas que expresa la mayoría se vuelven a favor de los discrepantes. En ese caso, los miembros de la mayoría verán que se menosprecia injusta o excesivamente a los que discrepan, respetarán su coraje, dedicarán más tiempo a valorar sus opiniones y se mostrarán más predispuestos a aceptar sus puntos de vista.

Pero hay un matiz: si la mayoría presenta argumentos sólidos, convincentes y constatados, tanto las opiniones mayoritarias como las minoritarias resultan igual de persuasivas para los miembros del jurado. Pero si los miembros del jurado que conforman la mayoría presentan argumentos endebles, las personas que discrepan se vuelven más y más persuasivas, aunque se encuentren en situación de desventaja e impotencia. ¿Por qué? Porque los miembros del jurado consideran más comprometidos, sinceros y creíbles a los que discrepan de la línea mayoritaria.[21]

Y otro matiz: a pocas personas les importa lo difícil que es reunir el coraje para hablar si creen que un discrepante es un cretino escéptico. ¡Así que no seas un cretino escéptico! Si discrepas, muestra solidaridad con la mayoría cuando esta presente un argumento convincente. Así conseguirás «crédito» por tu simpatía y podrás gastarlo en alguna discusión futura, cuando discrepes con mayor vehemencia.

La exposición al ridículo no es el único criterio por el que se rige la gente a la hora de atribuir valentía. Los investigadores descubrieron que solemos otorgar una mayor credibilidad a los que discrepan de nosotros cuando pagan un claro costo económico por expresar ideas controvertidas. Nos sorprendemos positivamente de la abnegación y nos volvemos más propensos a aplicar la propuesta de esa voz discordante.[22] En cambio, cuando los miembros de una minoría discordante tienen evidentes conflictos de interés, pierden credibilidad. Los delatores que parecen honrados pierden reputación si tienen un interés económico... no sé, en un lucrativo contrato editorial. Los miembros de la mayoría lo saben, y muchas veces intentan desacreditar a los críticos buscando cualquier cosa que huela a beneficios ocultos.

Como rebelde, has de subrayar los sacrificios que estás haciendo sin pasarte, o te saldrá el tiro por la culata.

Cuando expongas tu opinión, exhibe tu vulnerabilidad psicológica. Di en voz alta: «Me incomoda muchísimo discrepar». Que la gente sepa que te has pasado la noche en vela planteándote si hablar. Si tus puntos de vista calan, no te jactes de ello ni te muestres eufórico, y sigue destacando los grandes sacrificios que estás haciendo. La gente sabe el miedo que da cuestionar el *statu quo* en público.[23] Mejora tus dotes de persuasión evocando cándidamente el arduo camino que has emprendido.

PRINCIPIO 5: SÉ CONSISTENTE, PERO TAMBIÉN FLEXIBLE

Los Fugazi lo pueden hacer, ¡y tú también! En 1994 la doctora Wendy Wood de la Universidad Duke y sus colaboradores[24] utilizaron una potente herramienta estadística para sintetizar 143 experimentos que analizaban la capacidad de influencia de las minorías (sí, ¡llevamos ya tiempo estudiándola!). Lo mejor que podía hacer una minoría era presentar un mensaje consistente a lo largo del tiempo. Si una minoría capitulaba y mostraba signos de inconsistencia —o peor aún, de hipocresía—, firmaba su sentencia de muerte. Los mensajes sólidos y consistentes son el factor decisivo para saber si la insubordinación honesta hará que los demás cambien de opinión.

Para hacer realidad el cambio, se te debe ver como alguien que cree de verdad en la causa; y en el mejor de los casos, debes creer realmente en ella. Cuando el cambio es drástico, la gente busca pretextos para no subirse al carro. Y eso también pasa cuando los rebeldes vigilan su retaguardia y muestran falta de convicción. Cuando la gente ve a un rebelde como la personificación de una causa, siempre se siente impresionada. Enlazando con el cuarto principio, la consistencia significa que probablemente los rebeldes sufran castigo social y persecución a raíz de su profundo compromiso con la causa. Aun así, como hemos visto antes, los auténticos creyentes no pueden tomar y obligar a los demás a transigir con sus ideas, a menos que quieran ofender a quienes los escuchan y sembrar el miedo (segundo principio). La solución es una consistencia flexible.

LA IDEA PRIMORDIAL

Para ti, algunas causas pueden ser tan importantes que estés dispuesto a morir por ellas. Otras, no tanto. Aprende a diferenciarlas y sé coherente.

Cuando persigues metas importantes, la consistencia es vital. Los rebeldes se tienen que aferrar obstinadamente a sus posiciones y deben proyectar un frente unido como grupo. Una sola deserción pone su credibilidad en entredicho. En aquellas cuestiones que te parezcan menos importantes, intenta ceder. Que no te cueste dar la razón; los estudios demuestran que las pequeñas concesiones animan a los demás a corresponder con generosidad. Muestra una preocupación genuina por los miembros de la vieja guardia. Empatiza con el esfuerzo y los sacrificios que se exige de ellos para cambiar. Que los oponentes se sientan estupendamente tras interactuar contigo. Sé tolerante con ellos. Verás, como han visto los investigadores, que esos esfuerzos por tu parte harán que los demás se acostumbren a tu perspectiva, de modo que podrán admirar aún más tu discurso consistente.[25]

EL CAMBIO ES POSIBLE, SI LE ABRES LA PUERTA

Como hemos visto en este capítulo, no hace falta que los rebeldes hagan histriónicos aspavientos para intentar convencer a otros de su punto de vista. Numerosos estudios recientes nos enseñan a mejorar nuestras posibilidades de influir en partidarios del *statu quo* con ideas honestas: presentándonos como miembros del propio grupo; despertando la curiosidad, no el miedo; exponiendo que los elementos en los que creemos son objetivamente ciertos; evocando una imagen de altruismo valiente; comportándonos con una consistencia flexible. Nada de eso es especialmente complicado. Solo tenemos que dedicar algo de tiempo a pensar en quienes nos escuchan cuando vayamos a exponer nuestra idea, empatizar con sus miedos y necesidades y amoldar nuestra presentación de forma acorde.

Las estrategias del arte de la insubordinación honesta no son garantía de éxito. Es posible que apliques bien estas técnicas y sigas sin cosechar los resultados que buscas. No desesperes: tu impacto podría ser mayor del que crees. El cambio perdurable es lento, y muchas veces borbotea bajo la superficie mientras los demás reflexionan sobre algo que dijiste o expusiste. Ante las nuevas ideas, algunos miembros de la sociedad tiran la casa por la ventana y abandonan sus opiniones previas. Pero la mayoría se adhiere públicamente al *statu quo* y nota en privado cómo le carcome la duda. En términos psicológicos, es difícil cambiar nuestra identidad, sobre todo si hay una larga retahíla de proclamaciones públicas que documentan lo que pensamos, lo que nos gusta y lo que no nos gusta. La primera reacción ante una nueva idea no tiende a ser ni positiva ni negativa, sino más bien ambivalente: una mezcla de resistencia e intriga, confusión y tristeza, esperanza y decepción.[26]

Esa ambivalencia no es negativa. Por lo común, los miembros de la mayoría se sienten inseguros y quieren resolver esa incertidumbre sopesando los pros y los contras de cambiar de rumbo.[27] Si en tu condición de rebelde despiertas suficiente incertidumbre, tus oyentes podrían sentirse obligados a dar una oportunidad justa a tu idea, aunque sea solo para arrepentirse de su error *a posteriori*. Con el tiempo, la ambivalencia se disipa y las opiniones y los comportamientos cambian. Es lo que los científicos llaman «efecto del durmiente».[28] Los investigadores descubrieron que la ambivalencia hacia mensajes inesperados de fuentes minoritarias atípicas son un primer heraldo del cambio. Las personas ambivalentes actualizan sus opiniones cuando aprenden lo suficiente para determinar si una idea es buena o no.[29] Gracias al impulso de las minorías, las personas, los grupos y las sociedades pueden adquirir ese conocimiento y, a su vez, revisarlo y pulirlo.[30]

Como rebelde, quieres un cambio inmediato. Lo entiendo, pero normalmente no será así. Ahora bien, cuando sea así, el cambio tenderá a ser duradero. Como los miembros de la mayoría ostentan el poder, a menudo se ven en la prerrogativa de obligar a la gente a cumplir sus ideas, pero les cuesta convertir a la gente en lo más hondo. Los rebeldes sí pueden convertir a miembros de la mayoría. Al principio, es posible que se salgan con la suya solo con desbancar algunos de los marcos conceptuales que sustentan el pensamiento mayoritario. Más adelante, a medida que los miembros de la mayoría empiezan a escudriñar las posturas discordantes, acaban estando más de acuerdo. La evidencia se vuelve arrolladora, los rebeldes ganan en credibilidad y sus discursos se hacen más influyentes. El comportamiento empieza a cambiar, primero sutilmente y, luego, de forma más ostensible.

La ciencia ha confirmado que la minoría de un endogrupo puede influir en el colectivo a cambiar de postura. Y no solo cuando se escucha su mensaje, sino también más adelante, cuando se ha interiorizado por completo la idea.[31] Tras escuchar a activistas abogar por que se prohíban los experimentos con animales, quizás no nos apuntemos a lanzar cócteles Molotov a un laboratorio de una empresa de perfumería. Pero sí escuchamos, pensamos y enseguida empezamos a boicotear el perfume. Denunciamos públicamente los programas de televisión y las páginas web que anuncian los perfumes. Votamos a políticos que pretenden acabar con las pruebas con animales. El cambio es un hecho tan imperceptible como inexorable.

Como rebelde, debes mantenerte firme. Los resultados individuales pueden variar, y la raza, el sexo, el género y algunos rasgos visibles de la personalidad influyen en cómo van a interpretar los demás tus expresiones de insubordinación honesta. No esperes levantar pasiones. Juega pensando a largo plazo. Busca la evolución, no la revolución. Y haz de los cinco principios tu manual de instrucciones. El pensamiento mayoritario sí evoluciona. Con cada acto de insubordinación honesta que arraiga, nos acercamos más a un mundo mejor. Como rebelde, es tu llamada y un privilegio ser el responsable de ese cambio. Acepta esa misión.

Y he aquí una buena noticia: no tienes por qué andar solo. Para tener más posibilidades de éxito, puedes llamar a otros a filas para que luchen contigo en las trincheras. Como veremos en el próximo capítulo, hay estrategias con las que convencer mejor a aliados clave. Gracias a nuevas investigaciones científicas que han estudiado cómo optimizar las relaciones sociales a la hora de desobedecer, hemos obtenido respuestas válidas para aquellas personas bienintencionadas y honestas que quieren derrocar una opinión mayoritaria errónea.

LA RECETA PASO A PASO

1. *Invierte energía en establecer vínculos con otros miembros del grupo, avalando las normas del grupo y sumando a la identidad positiva del mismo.* Acumularás lo que las ciencias sociales llaman «créditos de idiosincrasia» y podrás «gastar» ese capital cultural en apoyo social y en oportunidades para hacerte oír.
2. *Exhibe tu valentía.* Los insubordinados honestos pueden alterar la percepción que se tiene de ellos

haciendo gala de los sacrificios que han hecho para acabar con el sistema. Por supuesto, no te pases o será contraproducente.

3. *No esperes dejar a todo el mundo asombrado la primera vez que expreses una idea inconformista*. Por lo general, las reacciones a una nueva idea no son ni positivas ni negativas, sino ambivalentes. Si te rebelas y siembras suficientes dudas sobre el saber popular, las personas que te escuchan podrían ser proclives a dar una oportunidad a tu idea.

5

ATRAE A GENTE QUE TE CUBRA LA ESPALDA

Cómo librarnos de parte de la presión mientras desafiamos el *statu quo*

Es una mañana radiante de verano, es temprano y estás a punto de iniciar una ruta de tres días. Eres un novato en eso de caminar y, para qué engañarnos, en cualquier ejercicio que no sea ir del sillón al refrigerador y del refrigerador al sillón. El ejercicio físico no va contigo. Pero el médico dijo que tenías que bajar el colesterol porque lo tenías por las nubes, así que ahora, de mala gana, te estás poniendo en forma. Te has comprado unas botas nuevas de montaña y ropa impermeable y has llenado la mochila con trece kilos de comida y tres tipos diferentes de repelentes de insectos. Ya estás listo. ¿O no? Al inicio del camino, se te cae el alma a los pies porque estás en la falda de una colina bastante alta... tanto, que parece una montaña. ¿Cómo vas a llevar los trece kilos de peso hasta la cima de ese Everest, y cómo vas a seguir caminando tres días más?

Ante este dilema no podemos hacer nada con la vertiente de la preparación física, porque no es de lo que trata este libro. Pero puedo compartir información gracias a la cual las tareas difíciles de cualquier clase, incluidos los actos atrevidos de insubordinación honesta, resultan mucho más fáciles de afrontar. En una fascinante investigación, el doctor Dennis Proffitt de la Universidad de Virginia acompañó a un grupo de personas hasta el pie de una cuesta y les pidió que se prepararan para caminar. El doctor y su equipo descubrieron que los participantes del estudio habían sobrestimado mucho la pendiente y la dificultad de la subida que se les presentaba. Aunque la cuesta solo dibujaba un ángulo de diez grados, habían imaginado una pendiente de treinta grados.[1] Luego, los investigadores pidieron a la gente que se acercaran a la cuesta cargando con una mochila con pesas, y la colina les pareció aún más inclinada.[2] Y cuando se acercaron personas que no estaban en forma, vieron todavía más empinada esa misma subida de diez grados.[3]

Esa percepción errónea se debe a una sutil decisión presupuestaria del cerebro. Para sobrevivir, nuestros cuerpos evolucionaron para no gastar energía metabólica. Al afrontar una tarea, el cerebro calcula cuánta energía usaríamos para llevar a cabo esa acción y cuánta emplearíamos si optáramos por alternativas razonables. Al juzgar mayor la altitud del promontorio, nuestro cerebro nos manda el mensaje de que tendríamos que priorizar opciones que nos expriman menos. De hecho, la pereza es el mecanismo de supervivencia secreto de nuestra especie. Para los que sean jefes, quizás eso no sea ningún secreto.

Y esta pereza esconde otra dimensión bastante alucinante. A continuación, Proffitt pidió a los participantes que miraran a la cima en compañía de un amigo de confianza. Increíblemente, esos participantes atribuían a la cuesta una pendiente un 13 % inferior, y gastaban menos energía en subirla que las personas que habían contemplado la colina sin un amigo. El reto físico parecía más accesible.[4] La mera presencia de un amigo cercano cambiaba la percepción visual de la realidad e insuflaba más confianza a los participantes, convenciéndolos de que podían vencer ese obstáculo físico. Y no es un resultado extraordinario de un experimento. En otro estudio se probó a colocar a varios hombres acompañados de amigos delante de un terrorista barbudo que les apuntaba con un arma. Al parecer, lo percibían como más bajo, menos musculoso y menos peligroso que los hombres que se enfrentaban al terrorista a solas.[5]

Cuando nos acechan desafíos y tribulaciones, los amigos se convierten en sostenes esenciales. Eso también tiene que ver con cómo están formateados nuestros cerebros; tendemos a nutrirnos de nuestros amigos para mantener la pereza. No es un comportamiento especialmente heroico, pero a la hora de invertir los recursos físicos y mentales, basamos nuestras decisiones en una «línea de base social»: la proximidad que atribuimos a relaciones sociales sólidas y fiables. Ante el deber de asumir una tarea, realizamos un rápido examen mental para determinar si podemos acceder a útiles recursos sociales. Si podemos, nuestro rendimiento se eleva. El cerebro interpreta la presencia de un aliado como un par extra de manos y varios sesos más para ayudar a llevar la carga cuando haya que afrontar retos mentales, físicos y sociales. Menos mal... ¡podemos respirar un poco! En el cerebro, nuestros aliados están codificados literalmente como parte del «yo».[6] Asumimos que nuestros colegas arrimarán el hombro y nos ayudarán con parte de esa carga, así que se indica al cerebro que baje la marcha y conserve energía. Tomamos prestados literal, que no metafóricamente, los recursos de aliados cercanos y fiables como si fueran nuestros.[7]

Igual que escalar una cuesta o enfrentarse a alguien que amenaza tu integridad, acabar con el sistema e intentar persuadir a la gente para que acepte una nueva idea consume gran cantidad de energía mental.[8] Sumando aliados de confianza, nos libramos de parte de la presión de preparar el asalto al *statu quo*. Uno de nuestros amigos nos recordará qué importante es empezar con cuestiones con las que las demás personas de la sala puedan coincidir. Alguien nos brindará una sonrisa de ánimo o asentirá para insuflarnos energía mientras hablemos. Otra persona nos ayudará a refutar la objeción imprevista de un escéptico. Con aliados, no tenemos que recordarlo todo. No hace falta medir a la perfección cada palabra. No tenemos que sobresalir en todo.[9] Así pues, el *quid* para los potenciales rebeldes es buscar y conservar los aliados más proclives a ayudarnos. La ciencia apunta hacia tres principios básicos.

LA IDEA PRIMORDIAL

No hace falta que cambies el mundo tú solo. Haz una lista con los aliados en quienes confíes para que te ayuden a superar los malos momentos.

PRINCIPIO 1: SACA EL MÁXIMO DE TU CAPITAL SOCIAL

Si eres un rebelde en busca de alianzas, te interesa tener buen ojo a la hora de escoger, aunque en un sentido aparentemente contrario a la lógica. Tal vez pienses que, como disidente, te resulta ventajoso elegir a gente en función de su influencia, poder, riqueza o información privilegiada. Sí, los ricos y poderosos pueden ser amistades muy convenientes. Si vas a urdir un plan para convencer de tus ideas a la mayoría, es más grato hacerlo desde el superyate de sesenta metros de eslora con jacuzzi que tu aliado tiene amarrado en las Galápagos (que conste que mío no es). Pero según la ciencia, te valdría más buscar aliados que puedan elevar tus capacidades intelectuales o emocionales.[10] ¿Esa persona te aportará ideas y saber?, ¿gracias a ella podrás formular mejores preguntas?, ¿te ayudará a resolver problemas o a conocerte mejor a ti mismo? Si es así, es un gran candidato para convertirse en tu aliado, al margen del dinero o del poder que posea.[11] Si te estás rebelando contra el *statu quo*, es esencial ampliar el yo entablando relaciones estrechas con otras personas. Los libros de superación personal con métodos probados son geniales para crecer.[12] Lo mismo pasa con los documentales, sobre todo *The Imposter*,[13] *Spellbound*[14] y *Searching for Sugar Man*.[15] Pero la manera más rápida y efectiva de estirar y afianzar el yo es por medio de las relaciones.[16]

A su vez, este consejo significa que los rebeldes deberían buscar a personas diferentes para que sean sus aliados de confianza. Si alguien come lo mismo, lee los mismos libros, escucha la misma música y se mueve por los mismos círculos sociales que tú, probablemente piense como tú. Te sentirás validado, pero no mejorará tus aptitudes. ¿Te suena ese viejo eslogan que reza: «Las grandes mentes piensan igual»?. Pues no es verdad. Las grandes mentes (aliadas) piensan diferente.

LA IDEA PRIMORDIAL

Busca a personas que te complementen, socios que sean interesantes, que te pongan en aprietos y que sean una fuente de iluminación. Lo mejor es rodearte de personas que te hagan estallar la cabeza, en el buen sentido, con su habilidad para ofrecerte nuevas ideas y puntos de vista.

Y busca aliados que puedan expandir tu bagaje emocional. La doctora Elaine Cheung propone el concepto de la *emotionship*[17] (o 'emoción-relación'), palabra compuesta que engarza los términos en inglés de *emotion* y *relationship* y que utiliza para aludir a las personas que te ayudan a gestionar ciertas emociones. Cuantos más aliados tengas que puedan ayudarte a abordar diferentes necesidades emocionales, mayor será tu satisfacción vital y, posiblemente, tu empaque como rebelde. Siguiendo esa misma línea, busca a aliados que puedan actuar como «estimulantes netos positivos», término usado por el doctor Kim Cameron de la Universidad de Míchigan.[18] Hay personas que cuando están contigo te llenan de energía. Otros te la absorben hasta el punto de que solo quieres hacerte bolita y rehuir la especie humana mientras ingieres litros y litros de whisky. Cuando te enfrentas a figuras de autoridad ansiosas de poder, quieres que a tu lado haya fuentes de energía, no cenizos nihilistas. Los estimulantes netos positivos muestran interés en ti, entablan relaciones contigo, cumplen lo prometido, están alerta a las nuevas posibilidades y tienen curiosidad por las discrepancias. Te incitan a probar, asumir riesgos e innovar. Son como el Red Bull del crecimiento personal de cada uno.

La prueba de las emociones-relaciones

¿En tu vida hay personas que te puedan ayudar a regular emociones importantes? Entre tus vínculos, ¿en quién puedes confiar para que...

- te alegre el día?
- te aporte energía?
- te apacigüe hasta que recuperes la calma?
- saque tu instinto alegre?
- te compadezca los días tristes?
- combata la opresión contigo, codo con codo?
- te haga reír?
- discurra contigo en debates profundos e inteligentes?

Con suerte, conocerás a gente que te puede ayudar en cada uno de esos aspectos. Aunque puedes empezar una rebelión tú solo, con un grupo variado de amigos con aptitudes y tendencias emocionales concretas puedes dejar una huella imborrable.

¿Es tu amigo un estimulante neto positivo?

Cuando socializa, ¿se implica mental y físicamente?

Las personas estimulantes no solo fingen que te escuchan. Muestran un interés genuino en los demás y en los gustos ajenos.

¿Antepone el crecimiento de la relación?

A las personas estimulantes les preocupa la gente. No tratan a los demás como medios para lograr un fin.

¿Mantiene los compromisos que adquiere?

No hay mejor forma de decepcionar a alguien que prometer algo y luego no cumplirlo. A las personas estimulantes ni se les pasaría por la cabeza.

¿Busca posibilidades? ¿O solo encuentra trabas?

Las personas estimulantes no son aguafiestas que echan por tierra cada idea brillante que se te ocurre. Son personas que empiezan cada frase con un: «Sí, y además...».

Cuando surgen desavenencias, ¿se muestra curioso o se pone a la defensiva?

Las personas estimulantes no necesitan ganar todas las discusiones. «Hum —piensan—, es posible que no lo sepa todo». Y cuando se mantienen firmes en sus ideas, no fuerzan a los demás a cavar una trinchera.

¿Utiliza bien sus conocimientos y habilidades?

En lugar de buscar una solución deprisa y corriendo o dominar una conversación para exhibir su intelecto, las personas estimulantes están encantadas de que las ideas se vayan forjando solas a través de la colaboración.

¿Es propenso a generalizar? ¿O a individualizar?

Más que exigir a los demás que acepten su filosofía, las personas estimulantes atraen a los demás a diálogos y proyectos, encontrando oportunidades para que puedan contribuir. Más que asumir lo que necesita una persona durante sus malos momentos, preguntan si en realidad prefieres que te escuchen o te echen una mano. Procuran adaptar la conversación a las personas que tienen personalidades y preferencias particulares para explotar el potencial de los demás.

No es fácil buscar personas que amplíen nuestros horizontes. Es arriesgado tratar de iniciar una relación, romántica o de otro tipo, que pueda ampliar nuestras posibilidades. En el primer estudio de investigación en el que participé, llevamos a cabo un experimento para determinar si (o cuándo) la gente escoge parejas diferentes, en vez de optar por personas parecidas.[19] Por medio de una web falsa de citas, mis colegas y yo dividimos a los participantes del estudio en dos grupos. Algunos creían que estaban viendo perfiles de personas con sus mismos intereses y valores. Otros pensaban que se les mostraban personas con una personalidad y un perfil de intereses completamente diferentes. Y atención: si decíamos a los participantes que habían caído en gracia a una persona atractiva y que esa persona quería conocerlos, los sujetos preferían a todas luces a gente diferente. Si no les decíamos que habían gustado a una persona atractiva, preferían mil veces a personas como ellos. Los humanos ansiamos la inclusión aún más que ampliar los propios horizontes y explorar (pronto vamos a desarrollar esta idea). Cuando vamos «de compras» en busca de una relación y dudamos de que vayan a aceptarnos tal como somos, es factible que renunciemos a las oportunidades para crecer y que nos conformemos con alguien similar. Si no tenemos esas dudas, o si da la casualidad de que estamos cómodos con nuestra forma de ser, buscamos a una pareja que nos ayude a aprender y a crecer.

El rechazo duele y dura más cuando las personas que nos han rechazado nos parecen atractivas e interesantes. Y puede que nuestro carácter tienda más o menos hacia la fobia social, tomándonoslo como una afrenta personal cuando otros reaccionan negativamente a nuestras insinuaciones.[20] La ansiedad social es muy normal, sobre todo en las fases iniciales de una relación. Si eres un rebelde en busca de aliados, espera a que se disipen tus miedos al rechazo antes de hacer un intento con un posible aliado deseable. O ármate de coraje y lánzate a la alberca a pesar de tus miedos. No le des demasiadas vueltas; tú hazlo. (En el próximo capítulo voy a dar más trucos para superar la ansiedad.) Para prepararte, recuerda durante unos minutos las ventajas de ampliar tus propios horizontes.

Los estudios demuestran que sopesar el valor de las oportunidades de crecimiento nos motiva, incluso en las vacilantes primeras interacciones con desconocidos.[21] Las buenas alianzas empiezan con una predisposición a tragarse el orgullo, asumir un riesgo y sondear a las personas indicadas para que se sumen a tu proyecto.

DE ESNOBISMO NADA, ¡EL OBJETIVO ES CRECER!

A diferencia de las personas que solo piensan en su estatus, los que buscan crecer ven las interacciones sociales con desconocidos como un desafío apasionante y una oportunidad para expandir horizontes. Estate atento a oportunidades para aprender de personas con historias diferentes a la tuya, o que hayan aprendido cosas distintas. Cada vez que te expongas a una nueva persona o idea, puedes desarrollarte y crecer como persona. Puedes elegir. En lugar de intentar desesperadamente impresionar a todo el mundo con tu inteligencia y sabiduría, trata de buscar maneras de cultivarte y crecer. Te volverás más fuerte y más sabio y te tendrán por alguien mucho más simpático y atractivo.[22]

PRINCIPIO 2: CABALGUEN JUNTOS PARA SUPERAR LOS MALOS MOMENTOS

Cuando hayas definido tus potenciales aliados, tendrás que entablar relaciones sólidas y valiosas con ellos. El mejor sistema es afrontar penurias juntos. Michael Argyle y Monika Henderson han analizado al detalle numerosos estudios científicos sobre las relaciones interpersonales y han extraído seis rasgos esenciales de la amistad.[23] Los buenos amigos: (1) te acompañan cuando necesitas apoyo emocional; (2) se ofrecen a ayudarte en momentos de necesidad; (3) te defienden cuando no estás presente; (4) confían en ti y te cuentan cosas; (5) se esmeran por que seas feliz con ellos; y (6) comparten sus logros y éxitos. Al infringir estas reglas, las amistades se desintegran. Pero fíjate en que las primeras cuatro normas no aluden a la felicidad. Consisten en no juzgar, en mostrar compasión y en estar ahí cuando alguien sufre. Esas virtudes resultan útiles cuando los dos afronten desafíos comunes. Las dos últimas también atañen a la idea de afrontar problemas comunes. Cuando estás en apuros, agradeces que alguien cercano se interese por tu felicidad. Y después de eliminar a tus adversarios, también es positivo contar con alguien con quien compartir la gloria.

Otros estudios han descubierto que los animales sociales están llamados a conectar a través del dolor.[24] En una amistad, tu dolor es mi dolor. Cuando sentimos dolor, se iluminan las mismas zonas del cerebro que cuando sufren nuestros amigos. Compartirlo es una estrategia para conectar. La mayoría cree que deberíamos empezar generando confianza con los demás y, luego, revelar nuestros defectos, inseguridades, taras y penas. En realidad, ese razonamiento está anticuado. Expertos como Patrick McKnight, Simone McKnight, Lisa Alexander y un servidor hemos llegado a la conclusión de que la confianza surge al afrontar adversidades con otros.[25] Cuando no estamos seguros de que vayamos a lograr un objetivo que consideramos importante y creemos que necesitamos recurrir a alguien, acabamos confiando en los demás. Primero aparece la vulnerabilidad y, después, viene la confianza.

El dolor constituye un atajo a formar relaciones mutuamente beneficiosas acelerando el arraigo de la intimidad. En un estudio, los científicos descubrieron que los desconocidos que afrontaban un puñado de arduas tareas juntos sentían una mayor conexión que los que colaboraban en trabajos sencillos. Los compañeros de infortunio también solían cooperar más unos con otros.[26] Otros experimentos descubrieron que, en los grupos que se encargaban de actividades laboriosas, los miembros establecían más contacto visual entre ellos y se ayudaban, se animaban y se confortaban mutuamente más que los miembros que no afrontaban penas juntos.[27] Fuera del laboratorio, esas dinámicas se ven continuamente. Los hombres y las mujeres que se someten al intensísimo entrenamiento BUD/S de la Armada de Estados Unidos, un programa de veinticuatro semanas que prepara para el combate terrestre y subacuático, forjan un vínculo tan intenso que, pasadas unas décadas, aún asisten a sus respectivos casamientos, nacimientos y funerales. Y las empresas con emotivos programas de formación de líderes también dan lugar, sin quererlo, a amistades duraderas.[28]

LA IDEA PRIMORDIAL
Si quieres sumar aliados a tu causa, no receles de afrontar problemas difíciles y compartir momentos penosos juntos. En la medida de lo posible, no dudes en afrontar la adversidad junto a otros. No es fácil mostrarnos vulnerables con los demás, pero al hacerlo nos sentimos conectados y valientes.

Como dijo el filósofo Alain de Botton, «es patético que tengamos que dedicar tantos esfuerzos a intentar parecer fuertes ante el mundo cuando, en verdad, solo al revelar esas partes un tanto embarazosas, tristes, melancólicas y ansiosas de nosotros mismos conseguimos devenir atractivos para los demás y convertimos a los desconocidos en amigos».[29]

PRINCIPIO 3: BUSCA EL EQUILIBRIO ENTRE CONFORMIDAD Y ORIGINALIDAD

Buscar un aliado es una cosa. Pero crear un equipo entero es una meta mucho más audaz. ¿Cómo puedes integrar a miembros del equipo para que todo el mundo se sienta alentado a contribuir?

La psicóloga social Marilynn Brewer aduce que las personas se definen tanto por quiénes son como por los grupos sociales a los que pertenecen. Cuando nos identificamos como parte de un grupo social, intentamos satisfacer dos necesidades psicológicas contradictorias.[30] Primero, tenemos que sentir que encajamos y pertenecemos. Y segundo, queremos sentir que no somos prescindibles, copias exactas de otros miembros del grupo. Queremos saber que hemos vivido una serie de experiencias distintas y que hemos adoptado una personalidad distinta. Queremos ser nosotros mismos, aportar nuestras perspectivas, nuestras experiencias y nuestros puntos de vista únicos. Por más maravillosa que sea esa sensación de camaradería, nunca queremos perder de vista quiénes somos, qué pensamos y qué nos preocupa dentro de un grupo.

Si quieres motivar a un equipo de aliados para acabar con el *statu quo*, ayúdalos a equilibrar esas necesidades discrepantes. Por una parte, debes hacer que se sientan bienvenidos. Ahuyenta sus fantasmas, diles que es normal no saber si encajamos, o temer por la seguridad de nuestra posición en el grupo (un montón de gente oculta sus inseguridades). Incluso puedes esgrimir algunos datos factuales: el 34 % de los norteamericanos están un poco o muy insatisfechos con su vida social.[31] Dos de cada cinco afirman no tener ningún amigo íntimo.[32] En una encuesta a 20,096 adultos mayores de dieciocho años, ¡más de la mitad de los encuestados dijo que nadie los conoce bien ni los entiende de verdad![33] Cuando los investigadores preguntaron a 148,045 adolescentes de 52 países con qué frecuencia se sentían solos, un 10 % dijo que, en el año precedente, se había sentido así siempre o casi siempre.[34] Subraya esa idea cuando alguien dude de si encaja: sí forma parte del grupo. Cuando esto vaya calando, pueden resolver el dilema de su pertenencia al grupo mientras siguen siendo ellos mismos.

Una manera de aumentar el sentido de pertenencia es conectar con los miembros del grupo en algunas cuestiones comunes. Busca experiencias de tu pasado y del pasado de tus aliados que puedan generar una sensación inmediata de conexión. Congenien preguntándose cosas del pasado que generen intimidad, como: «De niño, ¿qué hacías con tus mejores amigos?»; «Cuando eras pequeño, ¿qué te gustaba y te obsesionaba?»; «¿Por qué cosas memorables te felicitaron y te castigaron de niño?»; «Si pudieras revivir un momento, ¿cuál sería y por qué?». Las cosas que nos pasan en el momento y que se comparten también fortalecen el sentido común de pertenencia. Pregunta cosas como: «¿Qué significa para ti la amistad?»; «Si supieras que vas a morir repentinamente dentro de un año, ¿qué es lo que cambiarías y lo que no en tu forma de vivir?»; «¿Qué cosas te han salido mal y, aun así, has sacado de ellas algo de valor?». Y no te olvides de preguntar sobre el futuro:[35] «¿Qué harías si ganaras la lotería?»; y «¿Hay algo que lleves mucho tiempo soñando con hacer? ¿Por qué no lo has hecho?».

Esas preguntas estimulan conversaciones con las que surgen puntos en común y un sentido de pertenencia. El objetivo no es intercambiar historias curiosas para cautivarse mutuamente. El objetivo es más bien resaltar que ambos pertenecen a la misma familia y, en un modesto sentido, comparten algunos principios. Para perfeccionar aún más tu técnica, utiliza los siguientes trucos.

Dieciocho trucos para suscitar en los demás una rápida sensación de pertenencia

1. Trata a los demás mejor de lo que esperan.
2. Presta toda tu atención a los demás cuando hablen e interrúmpelos mostrando interés:[36] ¿y qué más? ¿Por qué crees que fue? ¿Qué habrías hecho de otra manera?
3. Después de hacer una pregunta, escucha la respuesta.
4. Aporta energía y entusiasmo a la conversación.
5. En lugar de preguntar cómo puedes ayudar, ayuda.
6. Haz un esfuerzo por sonreír o reírte cuando alguien intente ser gracioso.
7. Procura por todos los medios dejar el celular a un lado antes de entablar una conversación.
8. Ignora los mensajes y las llamadas cuando estés con alguien.
9. Cuando hables, intenta no voltear la cabeza cuando pase otra gente.
10. Busca un momento para hacer tonterías, aunque solo sea con un efecto sonoro.
11. Destaca las cosas que te gustan de la persona con quien estás.
12. Describe las cosas que hizo la otra persona que te gustaron.
13. Si pensaste en alguien mientras hacías algo divertido o relevante, díselo luego a esa persona.
14. Comparte cosas que sepas y que creas que le podrían interesar a esa persona.

15. Cuenta chistes sin burlarte de nadie.
16. Sé comprensivo cuando la otra persona comparta algo raro o peculiar sobre sí misma.
17. Revela cosas apasionantes de ti, como lo que buscas, tus envidias, lamentos o sueños.
18. Expresa los sentimientos positivos que alguien ha despertado en ti, tanto en el mismo momento como más tarde.

Con esta efusión de inclusión y pertenencia, no te olvides de ayudar a tus aliados a satisfacer su propia necesidad de sentirse únicos. Ayuda a los miembros del grupo a sentirse cómodos discrepando, animándolos a hacerlo de forma explícita. Afirma el valor de la discrepancia dentro del grupo. Recuérdales que las personas que discrepan protegen al grupo de los planes descabellados, y que mejoran el rendimiento aportando soluciones únicas e ideas nuevas. No seas simplemente hospitalario con la desavenencia. Al indagar activamente en el valor único que aporta cada miembro al grupo, normalizarás la fuerza de la discrepancia. Incorpora a la cultura una serie de preguntas auténticas para cada miembro del grupo: ¿en qué cosas crees y sobre qué cosas lees y piensas que no inquieten a la mayoría? ¿En qué sentido difieren tus opiniones, filosofías y valores de los de otras personas del mismo sexo, raza, edad y partido político?

Cuando pedimos a alguien que se plantee en qué se diferencia del resto del grupo, le instamos a que rompa las cadenas y vaya a lo suyo.[37] Otra estrategia es promover gestos pequeños pero notorios de discrepancia.[38] Piensa en los directores ejecutivos de Silicon Valley que acuden a las sesiones del Senado en jeans y sudadera de algodón, en vez de ponerse un traje y una corbata. Piensa en la catedrática de la Harvard Business School que da clases con un traje caro, hecho a medida y perfectamente entallado, pero que lo luce con un pequeño símbolo de rebeldía: unos Converse rojos.[39] Anima a la gente a expresar en público sus gustos personales extraños en lo tocante a la música, la literatura y los pódcast. Instaura una cultura en que la gente busque sistemáticamente la diversidad de opinión como proceso integral de la toma de decisiones.

LA IDEA PRIMORDIAL

Para unir a un grupo de aliados, vale la pena considerar las necesidades psicológicas de las personas. Ayudando a los demás a que se sientan parte de un grupo y que se sientan personas únicas, los ayudamos a crecer y, por ende, a mantener su interés por seguir aportando como aliados. Mantener ese equilibrio no es flor de un día. Hay que perseverar y prestar atención a los cambios en la conducta individual, las normas del grupo y los éxitos y fracasos del colectivo.

HAZ DE TRIPAS CORAZÓN Y VE A DONDE NUNCA HA IDO NADIE

Los lectores canosos de este libro quizás recuerden ese momento estelar de la historia de la televisión en que el apuesto capitán Kirk y la bella teniente Uhura de la Starship Enterprise se besaron en la pantalla. El año era 1968 y la serie, *Star Trek*. El actor blanco William Shatner y la actriz negra Nichelle Nichols cruzaron el istmo racial, aventurándose a donde nunca se había aventurado ninguna otra serie de televisión. Hoy, la mayoría de la gente no le daría más vueltas a un beso interracial. Pero entonces, en pleno apogeo de la lucha por los derechos civiles, era un acto sumamente provocador. Apenas un año antes, el Tribunal Supremo había fallado en contra de dieciséis estados del sur en una causa que cuestionaba la legalidad del matrimonio interracial. La serie corría el riesgo de ser penalizada por el público, sobre todo en el sur.

¿De dónde sacaron el valor los dos artistas para seguir adelante con el beso? Varios amigos de Shatner lo alentaron a hacerlo. Gene Roddenberry, creador y productor de *Star Trek*, también estaba entusiasmado con el beso. Nichols, en su condición de mujer negra y actriz menos consolidada, tenía más que perder. Pero fue el mismísimo Martin Luther King quien le aconsejó seguir en el programa y besuquearse con el capitán Kirk. Total, ¿quién puede resistirse a un chico con uniforme ceñido y futurista? Con este lujo de detalles recuerda Nichols la conversación:

> «No te puedes ir. ¿Lo entiendes? Lo ha ordenado Dios... Has cambiado el rostro de la televisión para siempre porque no es un papel negro, no es un papel femenino. Cualquiera puede desempeñar ese papel. Lo puede hacer cualquier mujer de cualquier color, cualquier hombre de cualquier color. Lo puede representar otro klingon o extraterrestre... Es un papel único y un instante único que exhala justo aquello por lo que marchamos: la igualdad. Además, eres la cuarta tripulante en la cadena de mando», me dijo. Y yo pensé... bueno, nadie me lo había dicho. «Además, Nichelle, no tienes ni idea del poder de la televisión. Este hombre nos ha enseñado en el siglo XXIII lo que acaba de nacer. Ha creado una realidad. Y como es el siglo XXIII y tú eres la principal oficial de comunicaciones, cuarta tripulante al mando de una nave estelar que va a emprender una misión de cinco años para ir a donde ningún hombre ni mujer han ido jamás, eso significa que lo que estamos haciendo hoy es solo el principio del camino que hemos de recorrer. Nos queda mucho por andar. No puedes irte. Además, *Star Trek* es la única serie que mi esposa, Coretta, y yo dejamos que vean nuestros hijos, por más que tengan que acostarse tarde. Y Nichelle, no puedo llegar a casa y decirles esto, porque eres su heroína».[40]

Alterar el *statu quo* consume mucha energía mental, por no hablar de otros recursos. Es mucho más fácil cuando tenemos amigos a nuestro lado que nos animan, nos apoyan, escuchan nuestros miedos y recelos, comparten nuestro dolor. No solo llegamos a cotas más altas; somos más felices y estamos más realizados gracias a esos lazos. Aun así, pese a lo importantes que son los amigos para los insubordinados honestos, solo nos ayudan a recorrer parte del trayecto. ¿Cómo manejas mentalmente el hecho de saber que te espera un camino largo, arduo e incierto? Pues adquiriendo una fuerte resistencia al viejo uso... usando útiles técnicas reveladas por la ciencia.

LA RECETA PASO A PASO

1. *Apóyate en los aliados.* Rodéate de personas que puedan complementar tus aptitudes, tus puntos fuertes y tus puntos de vista; así podrás mejorar y librarte de parte del esfuerzo necesario para desafiar el *statu quo*.
2. *Genera confianza con los aliados mostrándote vulnerable.* La confianza brota a medida que afrontamos adversidades con otras personas. Si quieres sumar aliados a tu causa, aborda problemas difíciles y comparte momentos penosos. El dolor compartido actúa como argamasa social.
3. *Cuando forjes alianzas, cuida de las necesidades psicológicas dobles y opuestas de los miembros de cada grupo.* Ayuda a la gente a sentirse segura de su pertenencia al grupo y valorada por expresar su punto de vista. Subraya que lo que distingue a un miembro ideal no es la conformidad, sino la discrepancia para hacer mejor al grupo. Procura satisfacer regularmente estas dos necesidades psicológicas y motivarás a la gente para que haga aportaciones inigualables.

6

GENERA ENTEREZA MENTAL

Cómo gestionar las emociones negativas y el dolor del rechazo cuando uno se rebela

Ya hemos comentado lo difícil que es rebelarse, pero si quieres comprender la enorme fortaleza psicológica que requiere, mejor que hables con Martha Goddard. En los setenta, muchos agentes de policía no tenían ni idea de cómo reaccionar cuando una superviviente de violación quería denunciar. En lugar de ofrecer a las mujeres un entorno seguro, la policía las despreciaba y manipulaba de forma tan chapucera las pruebas físicas que hacía peligrar la acusación. En el decurso de las investigaciones, los agentes cortaban con tijeras las camisetas de las supervivientes y contaminaban las pruebas. No era extraño que los investigadores destruyeran accidentalmente muestras válidas de ADN de pelo, sudor y semen. En una ocasión, tras obligar a una mujer a quitarse la camiseta y la ropa interior, las fuerzas del orden le dieron una bata de papel con la que taparse mientras la llevaban a casa en coche policiaco, dejándola indefensa a las miradas morbosas de los vecinos. Y tampoco es que las salas de urgencias de los hospitales fueran mucho mejores. Se trataba a las supervivientes con frialdad. La situación era tan nefasta que muchas mujeres recomendaban a sus amigas que no se molestaran en ir a la comisaría o al hospital por que las hubieran violado, porque eso solo les agravaría el trauma.

Goddard trabajaba directamente con adolescentes sin hogar y oía historias desgarradoras sobre el maltrato a las supervivientes de violación en los círculos legales y médicos. Así que tomó cartas en el asunto. Como me comentó el psicólogo clínico Dean Kilpatrick, por aquel entonces abogado de víctimas de violación, en 1976 Goddard «colaboró con las fuerzas del orden, la fiscalía y el cuerpo médico para crear un kit universal para recoger pruebas de forma estandarizada en los casos de violación, teniendo en cuenta las necesidades de las víctimas».[1] Un peine para recoger pelo. Cortaúñas para extraer partículas ocultas bajo las uñas. Escobillas para frotar los orificios en busca de fluidos ajenos. Tubos de plástico para muestras de sangre. Un montón de bolsas y envoltorios plásticos para guardar elementos recogidos de los cuerpos y las prendas. La ventaja de contar con un kit para violaciones es que «todos los materiales necesarios para recolectar las muestras están a nuestra disposición antes de empezar el examen. [...] El contenido del equipo ayuda a los forenses sin experiencia».[2] Como señaló un artículo del *New York Times* de 1978, los kits fueron «una nueva y prolífica arma para condenar a los violadores en Illinois».[3]

Prolífica, pero no celebrada de forma unánime. Los hombres con poder la recibieron con desdén. ¿Quién era Goddard para decirles a ellos cómo hacer su trabajo? Goddard fue incansable a la hora de intentar convencer a los agentes y profesionales de la salud de que usaran los kits: visitaba comisarías y hospitales los siete días de la semana e intentó recaudar dinero para difundir el mensaje y defender a las supervivientes, aunque en Chicago nadie quería financiarlo. Bueno, salvo la última persona que cabría imaginar: el fundador de Playboy, Hugh Hefner. Tengan la opinión que tengan de él, donó 10,000 dólares a través de la Playboy Foundation, la división sin ánimo de lucro de la empresa. E incluso abrió las puertas de sus oficinas para que los voluntarios reclutados por Goddard situaran la cadena de montaje del kit. Tachando a Hefner de enemigo, las feministas pusieron el grito en el cielo. «Me llovieron muchas críticas del movimiento de las mujeres... pero mala suerte —dijo Goddard—: Vaya si me lincharon. Si hubiera sido *Penthouse* o *Hustler* no habría pasado nada. Pero, ¿*Playboy*? Vamos, déjenme en paz».[4]

Con el tiempo, la lucha incansable de Goddard por que se hiciera justicia con las supervivientes de abusos sexuales dio sus frutos. A finales de 1978, en la zona de Chicago usaban los kits unas dos docenas de hospitales. En 1980 los profesionales de la salud ya los utilizaban a millares en hospitales de todo el país. Era un equipamiento integral para preservar ADN, y agentes, detectives, médicos y fiscales lo usaban para crear una base de datos con la que se relacionaba a individuos arrestados por su actividad delictiva con las pruebas recabadas con los kits.[5] «Martha Goddard fue una auténtica pionera del movimiento contra la violación —dijo el doctor Dean Kilpatrick—, porque el examen pasó de ser algo que muchas mujeres describían como un trance casi tan duro como la propia violación a ser un proceso que trataba dignamente a estas víctimas y que recogía las pruebas necesarias para identificar a los sospechosos y refozar la causa de la acusación».[6] Resumiendo la impresión que dejó la labor de Goddard, dijo: «Martha merece mucho crédito por el coraje, la entereza y la perseverancia que mostró para lograr este hito ante tanta oposición».

En Estados Unidos sigue siendo complicadísimo condenar por violación, pues menos de un cuarto de las víctimas denuncia los hechos.[7] Pero si Goddard hubiera tirado la toalla y no hubiera luchado por su admirable causa año tras año, visitando innumerables comisarías y hospitales y llamando a la puerta de Hugh Hefner, aún estaríamos protegiendo menos a las supervivientes de violación. Hay que recordar que en la época de Goddard, conceptos como «violación por parte de un conocido» y «violación conyugal» aún no existían, y los comportamientos a los que se refieren no eran juzgados. Era una época en que la policía, la fiscalía e incluso la judicatura amparaban la violación arguyendo que «hay muchos hombres sexualmente frustrados que no saben satisfacer sus deseos sexuales de forma no violenta» y que «las mujeres violadas visten o actúan de forma provocativa».[8] De alguna forma, Goddard logró sobreponerse a estas circunstancias adversas, perseverando en su justa causa incluso ante la tentación de abandonar o ceder en su esfuerzo. ¿Cómo lo hace la gente como ella? ¿Cómo sigues rebelándote indefinidamente, asumiendo grandes riesgos y perseverando ante la ansiedad emocional que provoca la persecución, el ostracismo, la soledad y los contratiempos imprevistos?

Casi todas las intervenciones en materia de salud mental que se han creado en las recientes décadas asumen que la mejor manera de responder a la angustia es minimizarla. Si eres un rebelde que se topa con una temible adversidad, vas a terapia o realizas alguna otra intervención con la esperanza de obtener algún tipo de alivio que te permita funcionar mejor. Más recientemente, los psicólogos han afirmado que intentar reducir la angustia puede causar más sufrimiento.[9] Según ellos, la angustia es una experiencia humana que no es negativa *per se*. Lo malo es evitarla y negarse a experimentarla. Cuando nos preocupa una entrega inminente, nos hacemos tontos y nos distraemos con las redes sociales. Cuando estamos tristes o nos sentimos solos, nos confortamos hartándonos de comida. Cuando nos remuerde la conciencia, dedicamos horas y horas a reflexionar sobre lo que podría haber sido y dejamos de vivir el presente. Muchas veces nuestras estrategias para lidiar con la angustia resultan eficaces a corto plazo, pero nos acaban distanciando más de la vida que queremos y nos generan más angustia.

¿Cómo aprendemos a convivir con la angustia para que no nos hunda? Una gran solución es cultivar eso que los científicos llaman «flexibilidad psicológica».[10] Cuando llega la desgracia, la persona psicológicamente flexible no alucina ni entra en crisis, sino que toma medidas para recuperarse enseguida y volver a avanzar. Pronto deja de hacer frente al dolor que siente y empieza a progresar de forma asertiva hacia sus metas. Eso suena a música celestial, dirás, pero ¿cómo diantres lo hago? Me alegro de que lo preguntes.

LA IDEA PRIMORDIAL
Para sobrellevar mejor la angustia, cultiva tu nueva arma secreta: la flexibilidad psicológica.

CONSULTA LA TABLA

Una herramienta muy útil para ser más flexible psicológicamente es, abróchate el cinturón... la Tabla de Flexibilidad Psicológica.[11] Entretejiendo una serie de estrategias de probada eficacia, la Tabla es un proceso simple de reflexión de cuatro pasos que te prepara para hacer frente a la inevitable adversidad que te encontrarás como rebelde. Ante una situación emocionalmente intensa, puedes utilizar la Tabla para atomizar tu experiencia de la situación, procesar los sentimientos arrolladores de angustia, esquivar las técnicas negativas de gestión emocional e inspirarte para actuar con valentía. Cuando racionalizamos las dificultades cotidianas, podemos volver a nuestro objetivo ulterior y tratar de conseguirlo con renovado vigor.

En su formato reducido, la Tabla sería así:

(PASO 2) «¿Qué pensamientos, sentimientos, sensaciones físicas y recuerdos indeseados estoy experimentando?»	(PASO 1) «¿Qué y quién me importa?»
← HUIR DEL DOLOR	**BUSCAR SENTIDO →**
(PASO 3) «¿Qué hago para aplacar, evitar o controlar los pensamientos indeseados?»	(PASO 4) «¿Qué hago o qué podría hacer para vivir conforme a mis valores?»

La esencia de la Tabla son las dos direcciones básicas que puedes tomar para gestionar un suceso emocionalmente complejo. Cuando sigues el camino de buscar un sentido, te recuerdas a ti mismo el propósito de discrepar, desviarte o desafiar el *statu quo*. Quizás estás buscando el cambio social. Quizás quieres sentir una cierta autonomía o individualidad. Quizás quieres innovar. Sea como sea, persigues metas que personalmente te parecen lo bastante significativas e importantes como para merecer un sacrificio a corto plazo. Cuando te mueves en la otra dirección, intentando huir del dolor, reconoces la gran tensión que se ejerce sobre ti y la urgencia por controlar los pensamientos y sentimientos negativos que se dignan a aparecer. Cada rumbo se bifurca en dos preguntas que tienes que hacerte y, a su vez, en ejercicios para mejorar tu capacidad de autorregulación. Mejorando tu capacidad para reflexionar sobre estas cuestiones, te vuelves más flexible ante las dificultades. La flexibilidad psicológica siembra las semillas de la resiliencia. Veamos los cuatro pasos uno por uno.

Paso 1: «¿Qué y quién me importa?» (Recuérdate el motivo por el que discrepas)

La claridad sobre la misión que te propones y su fundamento moral te mantiene en el buen camino y te permite absorber más dolor.[12] Si sabes lo que te propones, las duras críticas que te lluevan del exterior no importarán tanto, y es más probable que sigas tu camino con confianza. Como descubrió un fascinante estudio, las personas con un rumbo mejor definido en la vida reaccionaban menos al número de «me gusta» que recibían tras publicar una foto suya en las redes sociales.[13] Es más fácil defender una causa cuando tienes clara la misión, incluso si tu cuerpo padece síntomas de un ataque de ansiedad:[14] pulso acelerado, temblores o espasmos, nudo en la garganta, etcétera; o si tu mente te ordena tener miedo de las burlas, o si tienes miedos fundados de perder un trabajo. Por otro lado, si estás a la deriva o no piensas en tus actos, ignorando tus más férreas convicciones, quizás te cueste más aprovechar tus puntos fuertes, tus habilidades y aliados para sobrellevar una situación difícil.

Para ayudarte a superar las dificultades e inspirarte coraje moral, pregúntate por qué te rebelaste en primera instancia. Acuérdate de las opiniones que vertebraron tu brújula moral. Las opiniones que te llevaron a alzar la voz y discrepar. «Empecé a luchar contra el abuso sexual porque estaba harta de ver sufrir tanto a las mujeres, sobre todo a las niñas, muchas veces sin que se condenara al culpable», aclaró Goddard.[15] Goddard reflexionó sobre su sueño de justicia, su creencia de que las supervivientes necesitaban una voz, su deseo de vivir en un país donde mujeres y hombres recibieran la misma protección de la ley. Era algo personal. «Sabía que tenía que explicar que habían abusado sexualmente de mí. Me asqueaba que fuera un gran secreto, y me sigue asqueando. Fue muy duro revivir el pasado, pero fue muy positivo para muchas víctimas de violación». Convertir tu propio dolor en un trampolín para ayudar a otros puede ser curativo y relevante para una. Ella intentó hacer una sociedad mejor para otras mujeres. Gracias a sus motivaciones, Goddard pudo hacerse fuerte en momentos difíciles reflexionando sobre lo que estaba intentando lograr en su guerra contra el *statu quo*.

Saca una hoja de papel en blanco y haz listas con lo siguiente: (1) las personas y cosas que más te importan; (2) detalles sobre tu actual meta en la vida (para Goddard, era ayudar a que se ofreciera un trato decente y se hiciera justicia con las supervivientes de violación); y (3) los valores esenciales que amparan tu propósito. Dedica un tiempo a sopesar a fondo estas listas. Escribe tantas cosas como puedas. Mantén las respuestas cerca como un talismán para recordarte lo que has desvelado. Una opción sería llevar una frase o un manifiesto en el monedero o en la funda del celular, algo que simbolice por qué vale la pena sufrir por la insubordinación honesta. Los siguientes ejercicios te ayudarán a pensar y a llenar las tres listas.[16]

Determinar qué y quién importa

1. ¿Quiénes son las personas a las que más te gustaría dar las gracias? Piensa bien en cómo te ayudaron, cómo fueron tu modelo a seguir y qué partes de tu identidad reforzaron.
2. ¿Quién es la persona más sabia que conoces? Piensa bien en qué es lo que admiras de ella y procura imitarla.
3. ¿Cuál crees que es tu principal propósito en la vida?
4. ¿Qué te da fuerza? Piensa en el conjunto de capacidades que, combinadas, te ayudan a rendir

siempre con excelencia, tanto al trabajar como al socializar, jugar o vivir. Todo el mundo tiene puntos fuertes. Conoce los tuyos. Encuéntralos.

5. Si todas tus inseguridades se pudieran desvanecer solo con agitar una varita mágica, ¿qué estarías haciendo diferente?
6. Si tuvieras dinero ilimitado, ¿qué harías diferente?
7. Imagina que pudieras lograr cualquier cosa. ¿Qué sería y por qué?
8. Al final de tu vida, ¿por qué querrías que te recordara la gente?

El mal menor: cómo conocerte a ti mismo[17]

1. ¿Cuál de las siguientes circunstancias sería la que más te costaría aceptar?

____ la muerte de un padre
____ la muerte de un hermano
____ la muerte de una pareja

2. ¿A qué renunciarías si te vieras abocado a ello?

____ a la libertad económica
____ a la libertad religiosa
____ a la libertad política

3. ¿Qué sería lo que menos te gustaría ser?

____ un soldado disparando a bocajarro a un enemigo que se acercara a toda velocidad
____ un piloto de avión que bombardeara con napalm un pueblo enemigo
____ una persona tachada de cobarde por su propia comunidad

4. ¿Qué sería lo que menos te gustaría ser?

___ una persona pobre

___ una persona enferma

___ una persona desfigurada

5. ¿Qué preferirías?

___ una vida corta y plena con una muerte plácida

___ una vida larga y anodina con una muerte plácida

___ una vida larga y plena con una muerte lenta y dolorosa

6. ¿Cuál sería la forma más dolorosa de vivir el resto de tus días?

___ no recordando nada

___ no pudiendo olvidar nada

___ reviviendo un mismo recuerdo una y otra vez

7. ¿Qué tipo de pareja sentimental te molestaría más tener?

___ una persona derrochadora

___ una persona que interrumpiera constantemente

___ una persona muy desordenada

8. ¿Cómo aprendes mejor?

___ leyendo y estudiando por tu cuenta

___ con clases magistrales

___ debatiendo con otros

9. ¿Qué es lo más importante en una amistad?

___ la honestidad

___ la generosidad

___ la lealtad

10. ¿En qué preferirías invertir un sábado?

___ en una actividad solitaria que te apasione

___ en pasar el rato con seres queridos haciendo algo que no te guste especialmente

___ en pasar el rato con conocidos haciendo algo nuevo y divertido

11. ¿Qué cualidad valoras más en los demás?

___ la inteligencia

___ la bondad

___ el humor

12. Si no hubiera repercusiones negativas, ¿a qué preferirías renunciar?

___ a comer

___ a dormir

___ a hacer ejercicio

13. ¿Qué es lo que menos te gustaría?

___ tener que pasar el resto de tu vida en la misma habitación

___ no poder entrar en un sitio cubierto durante el resto de tu vida

___ ir a donde quisieras, pero solo poder visitar a tus seres queridos seis meses al año

Paso 2: «¿Qué pensamientos, sentimientos, sensaciones físicas y recuerdos indeseados estoy experimentando?» (Sumérgete en lo que te incomoda)

Ahora que has constatado lo que te lleva a discrepar, registra las emociones desagradables o negativas. Asimila qué beneficios obtendrás de la entereza mental. Si eres una Martha Goddard que recibe mensajes airados de feministas enojadas por tu alianza con Hugh Hefner, probablemente sientas un torbellino de emociones: conmoción, preocupación, miedo, culpa, frustración, indignación, duda, impotencia y decepción. Tu mente podría caer en una vorágine de pensamientos derrotistas sobre ti, tu personalidad, la cualidad de tus relaciones con los demás, tus perspectivas de futuro y demás. Físicamente, podrías sentir los indicios y síntomas de la ansiedad: boca seca, pulso acelerado, falta de aliento, manos sudorosas. Por muy doloroso que sea todo esto, cartografía las dimensiones de tu experiencia con tanta precisión como puedas. Como descubrimos muchos, hacerlo puede resultar extrañamente liberador. La tortura mental a la que te has sometido sale a la luz. Y cuando sale, tus técnicas de tortura pierden parte de su potencial. Por contrapartida, si no reconocemos la angustia de cuestionar la mentalidad tradicional, nos volvemos más débiles y estériles.[18]

Cuanto más específicos seamos al describir la experiencia con la adversidad, mejor. Según ha demostrado mi investigación, es difícil identificar y etiquetar las miles de emociones que experimentamos de forma periódica, pero ser capaces de «poner nombre a las emociones»[19] puede ser de lo más útil. En un estudio, mis colegas y yo pedimos a los participantes que informaran de intensas experiencias negativas que habían tenido en su día a día con una laptop. Los más diestros identificando las emociones concretas que habían sentido tomaban un 40% menos de alcohol que los participantes menos hábiles durante un episodio de consumo inducido por estrés.[20] En otros estudios descubrimos que las personas que habían sido emocionalmente heridas por otros y que sabían distinguir mejor sus sentimientos negativos eran un 20% (en un estudio) y un 50% (en un segundo estudio) menos susceptibles de vengarse por medio de la agresión verbal o física.[21] Y en otro estudio, las personas capaces de describir sus sentimientos en el transcurso de dos semanas demostraron gestionar mejor las experiencias de rechazo.[22] Mostraban niveles similares de activación cerebral en áreas vinculadas al dolor psíquico y físico (la ínsula y la corteza del cíngulo anterior), tanto si un extraño en un videojuego los aceptaba como si los rechazaba. Cuando identificas tus emociones, estás más tranquilo ante los lances estresantes de la vida y los pensamientos angustiosos indeseados son más fáciles de sobrellevar.[23] Eres más capaz de decidir qué hacer a continuación.

Según la ciencia, enseñar a la gente a identificar las emociones mejora aún más su resiliencia. En un estudio, los investigadores enseñaron a personas con aracnofobia a reconocer con precisión las emociones que sentían cuando veían una araña. Por ejemplo: «Delante tengo una araña fea. Es asquerosa, me angustia y, aun así, me intriga». Los participantes a quienes se enseñaba a identificar exactamente las emociones pasaban más tiempo toqueteando las arañas y estaban menos nerviosos durante la experiencia que los participantes a los que se enseñaba a distraerse o generar pensamientos en clave positiva.[24] Una semana más tarde, tras aprender a describir óptimamente sus sentimientos, esos participantes podían vivir una situación de estrés por mucho asco o miedo que les diera.

Para los rebeldes, dar nombre a las emociones acarrea varios beneficios específicos. Primero, las emociones identificadas son más fáciles de manejar. Las emociones que sentimos se vuelven tolerables o se pueden convertir en energía destinada a conseguir un objetivo. Por ejemplo, la ira puede hacerte hablar más alto y con mayor inflexión y confianza durante una audiencia. Para la gente con ansiedad, identificar las emociones reduce el miedo. Segundo, el acto de usar palabras para describir lo que sientes revela información sobre la situación y sobre las posibles líneas de acción. Tercero, si aprendes a gestionar mejor las emociones intensas y angustiosas, serás menos propenso a gastar energía controlando las emociones. En vez de eso, canalizarás la energía hacia proyectos vitales más importantes. Mi equipo de investigación descubrió que los veteranos de guerra que viven intentando gestionar sus emociones encuentran menos alegría y sentido. Es más, se esfuerzan y avanzan menos en pos de sus metas más importantes.[25] Cuando te preocupas menos, tienes más energía para dedicar a tareas específicas relacionadas con la insubordinación honesta.

Tras calcular el costo mental y físico de rebelarte, limítate a describir tus sentimientos. ¿Qué palabras puedes atribuirles? Sé tan riguroso como puedas y repite el ejercicio siempre que sufras un revés, grande o pequeño. Recurre a la lista de emociones siguiente. Si no tienes claro el significado exacto de algunos de esos términos, búscalos en el diccionario. La habilidad de poner nombre a tus emociones no es un talento innato. Se puede aprender y dominar. A medida que lo hagas, aumentará tu fortaleza, determinación y eficiencia.

Mira cuántas palabras existen para describir los grados de ciertas emociones[26] *como la ira (en negrita), el miedo (en subrayado) y la tristeza (en cursiva). Amplía tu vocabulario para referirte a las emociones. Detalla con más precisión qué emociones sientes y qué intensidad tienen.*

A
Abandonado
Abatido
Abochornado
Aborrecible
Aburrido
Acobardado
Afligido
Agitado
Agonía
Aislado
Alarmado
Alienado
Amargor
Angustia
Ansioso
Apático
Aprensivo
Apresurado
Arisco
Arrepentido
Asco
Asqueado
Asustado
Atacado
Aterrado
Atónito
Atormentado
Atribulado
Avergonzado

B
Bochornoso

C
Cansado
Celoso
Colérico
Consternación
Culpa

D
Decepcionado
Deprimido
Derrotado
Desamparado
Desanimado
Desesperado
Desilusionado
Despecho
Despectivo
Desprecio
Desquiciado
Disgusto
Distraído
Dolido

E
Enfadado
Enojado
Envidia
Escéptico
Espeluznante
Exasperado
Exhausto

F
Frágil
Frustrado
Furia

H
Herido
Histérico
Horror
Horrorizado
Hostil
Humillado

I
Impotente
Incapaz
Incómodo
Indignado
Infeliz
Inferior
Inquieto
Insatisfecho
Inseguro
Insultado
Introvertido
Ira
Iracundo
Irritable
Irritado

L
Lástima

M
Malhumorado
Melancolía
Menosprecio
Miseria
Molesto

N
Nervioso
Nostálgico

O
Ofendido

P
Pánico
Pavor
Perplejo
Pesar
Preocupado
Presionado

R
Rabia
Rechazado
Remordimientos
Rencoroso
Repugnado

S
Saturado
Simpatía
Solitario

T
Temeroso
Tenso
Terror
Titubeante
Traicionado
Triste

V
Vacío
Vengativo
Vergüenza
Victimizado
Vulnerable

Paso 3: «¿Qué hago para aplacar, evitar o controlar los pensamientos indeseados?» (Entra en contacto con tus mecanismos de defensa)

Es importante definir lo que estás haciendo ahora para eludir los pensamientos, sentimientos y sensaciones desagradables que se han identificado en el paso anterior. Quizás tus respuestas maquinales no te están ayudando, y podrían estar incluso perjudicándote. Tradicionalmente, la gente trata de ignorar los pensamientos indeseados. Los suprimen, los corrigen, los sustituyen por una afirmación positiva o buscan distracciones. Si Martha Goddard hubiera intentado distraerse de su ansiedad tras defender los kits, seguramente se habría sentido bien durante las dos horas que habría durado la película o durante los diez minutos que habría invertido en acabarse el helado. Una vez le hubieran recordado los incontables casos de violación sin resolver en Chicago, habría resucitado el malestar. Y luego, ¿qué?

Como muchas personas, yo respondo a la angustia de muchas formas, cada cual más inútil. Me medico, a veces en exceso. Bebo demasiado alcohol. Me distraigo viendo la televisión sin prestarle mucha atención. Me obligo a pensar en otra cosa. Evito el contacto social. Hago ejercicio compulsivamente. Provoco altercados verbales con desconocidos y allegados. Ataco a personas de forma implacable por internet, y casi nunca por un buen motivo. Me sumerjo en el trabajo. Me encierro en casa y me retraigo de mis amistades y familia. Les grito a mis hijas. Le dejo de hablar a mi esposa. Me invento excusas para no socializar, para decir no a las cosas, para no hacer nada. Escucho música o pódcast todo el día para no tener que estar a solas con mis pensamientos.

Busca una hoja de papel y anota tus propios mecanismos de defensa favoritos. ¿Cómo te están yendo? Aunque alivien el dolor a corto plazo, ¿te acaban generando problemas?

Como alternativa a estos y otros mecanismos de defensa habituales, prueba la «desactivación cognitiva». El nombre suena pretencioso, pero dale una oportunidad. Es una técnica descubierta por los psicólogos que puedes realizar sin problema en casa sin necesidad de otros, y se ha demostrado que ayuda a rebajar la influencia de pensamientos y sentimientos indeseados. La desactivación cognitiva es un ejercicio psicológico en que creas un espacio mental entre tú y tus pensamientos. Si consigues abrir ese espacio, resulta más fácil valorar pensamientos y sentimientos con frialdad, porque ya no los relacionas con tu identidad.[27] Si nuestras emociones e ideas son como pedazos de un pastel, la desactivación cognitiva hace que dejes de ser el juez de un concurso de pasteles y que pases a ser un despreocupado miembro del público al que se permite catar libremente la comida. Fíjate en la capa superior de hojaldre y el contraste que ofrece con el relleno blando y templado de manzana, esa sensación de hormigueo que provoca la canela espolvoreada en la lengua... Ñam, ñam... No te molestan las imperfecciones de los trozos de pastel que vas probando. Solo eres un observador. Y el acto de observar neutraliza la intensidad de tus emociones.

Hay docenas de técnicas que nos ayudan a alejarnos de nuestros pensamientos y sentimientos. Un método muy útil es simplemente tratar los pensamientos y sentimientos como objetos, externalizándolos. En algunos estudios científicos se ha pedido a la gente que recuerde palabras muy dolorosas sobre su identidad (como «gordo», «feo», «mediocre», «aburrido», «detestable», «marginado») y anotarlas en un trozo de papel[28] o decirlas en voz alta durante treinta o sesenta segundos.[29] Cuando los participantes ven esos pensamientos execrables por lo que son —pensamientos, no un reflejo de la realidad—, los consideran menos importantes y, por tanto, se distraen menos con ellos. El efecto dura el tiempo que la gente sigue practicando la técnica. Y lo que es aún mejor es que la gente da menos credibilidad a esas ideas. Después de escribir los pensamientos negativos, los investigadores les piden que rompan la hoja en pedazos diminutos e ilegibles y que los echen al bote de la basura. Muchos estudios han demostrado que el mero acto de materializar pensamientos y sentimientos indeseados y destruirlos de forma literal o metafórica reduce su impacto.[30]

Estas son algunas técnicas más que puedes usar para neutralizar pensamientos y sentimientos desligándolos de ti mismo y de tu identidad:

1. *Trata tu mente como si fuera un ente ajeno.* Tampoco es que creamos que la mente está separada del resto de nosotros, pero cuando la tratas como un mero generador de ideas, sucede algo psicológicamente transformador. Acostúmbrate a usar frases descriptivas cuando en tu mente germinen pensamientos y sentimientos desagradables. Tómatelo a broma o en

serio: «Gracias, Mente, por ayudarme tan poco esta mañana». Pregunta cosas como: «Mente, ¿crees que este apartado persuadirá a los lectores?». Comenta lo que produce tu mente con frases cortas como: «Qué buena, Mente»; «Eso es nuevo»; o «¡Ahí has ido a la yugular!». Con este ejercicio generarás una distancia entre tus pensamientos y tú, la persona que piensa.

2. *Da un nombre a la historia*. Puedes dar un título a las películas que elabora tu mente y que se están volviendo anticuadas, trilladas y horriblemente aburridas. Por ejemplo, como buen neoyorquino yo tiendo a hablar deprisa, hasta el extremo de que la gente me pide a menudo que frene. Tengo un ligero complejo con ello. En mi mente, me veo como el Correcaminos. También tengo muchos lunares, marcas de nacimiento y manchas marrones en la piel, por lo que durante años me sentí inseguro. Nunca me quitaba la camiseta. En mi mente, me veía como una Chips Ahoy. Dale un nombre a la película que te estás haciendo, juega con ella y tus pensamientos negativos escocerán menos.
3. *Ponte en plan detective*. Cuando nos hablamos a nosotros, apenas nos paramos a preguntar quién demonios nos está hablando. Ni cuál es su sexo, género, raza o edad. Cuando pienses en algo desagradable, ve en busca del tesoro y encuentra las respuestas a estas y otras preguntas. ¿Cómo es la voz en tu cabeza? ¿Quién habla? ¿Dónde se encuentra esa voz? ¿Está moviéndose o cambiando? ¿Qué se le ocurrirá más tarde a esa voz? Muestra un mínimo de curiosidad por tus pensamientos, recordándote que no

eres lo que piensas porque una parte de ti advierta lo que está sucediendo. No puedes ser a la vez la propia cosa y la persona que la advierte, a menos que juguemos a física cuántica.

4. *Modifica la maquinaria pensante*. El cerebro habla por los codos. Casi nunca para. Es más fácil seguir en el ahora, haciendo lo que te interesa, si cambias tu relación con las palabras. Altera la voz. Elige tu personaje favorito de la televisión e imagina a tu mente hablándote como hablaría él o ella. A mí me gusta usar a Morty, de *Rick and Morty*. Imagina tus pensamientos apareciendo en un vector noticiero, como esos de última hora que aparecen en el encabezado de las páginas web de los periódicos. Escribe lo que piensas en fichas con una caligrafía artística; a mí me gusta escribir con letras en burbuja. Imagina hojas flotando por un río. Graba los malos pensamientos en una hoja y observa cómo se la lleva la corriente. Haz lo mismo adscribiendo tus pensamientos a nubes y contemplando cómo se alejan poco a poco. Al experimentar con cómo se ven tus pensamientos a través de los cinco sentidos, su influencia sobre la conducta disminuye. Cuando normalizas los pensamientos, es menos factible que te arranquen del presente para ofuscarte e impedirte vivir.

Repetimos que el objetivo de la desactivación cognitiva no es ayudarte a escapar, evitar o minimizar los pensamientos y sentimientos negativos, sino dejarte sentirlos para poder afrontar la adversidad con valentía. No es más que una prolongación de las palabras inmortales que el renombrado psicólogo existencialista Rollo May articuló en 1963: «La libertad es la capacidad del individuo para saber que puede decidir, parar entre el estímulo y la respuesta y, de esta forma, inclinar su peso, por más ligero que sea, del lado de una respuesta concreta entre las varias que le son propias. [...] Yo definiría la salud mental como la capacidad de reconocer la separación entre estímulo y respuesta, junto con la capacidad de usar ese margen de manera constructiva».[31]

Paso 4: «¿Qué hago o qué podría hacer para vivir conforme a mis valores?» (Aprovecha las oportunidades)

Ahora que has recalibrado tu propósito, que has reconocido tus pensamientos y emociones y has roto con las malas estrategias para procesarlos, hay un paso más: sé ambicioso para encontrar un sentido a la vida. Aquí das un giro cerrado y te comprometes de nuevo a perseguir una versión heroica de ti mismo, aunque sea mentalmente difícil. Eliges ayudar a hacer una sociedad mejor, más que condenarte a otro intento para rehuir el dolor. ¿Cómo frustrarás las acometidas de adversarios y detractores en tu esfuerzo por hacer realidad un cambio social positivo y personalmente gratificante? ¿Qué tipo de persona quieres ser en verdad? Este es el momento en que tomas esa decisión y empiezas a vivir conforme a ella.

Empieza identificando aquello que ya estás haciendo y que, incluso en una situación emocionalmente intensa, te hace sentir satisfecho y realizado. Para Goddard, fue la capacidad para mantener la decencia ante la adversidad. Como señaló ella misma: «Para mí, la estrategia más importante es no insultar. Pero además está ser amable, tener un poco de clase y tener un pie metido en las instituciones y el otro, fuera. Así puedes moverte hacia donde quieras. A la izquierda, a la derecha, arriba, abajo, atrás o adelante».[32] Para otras personas, podría ser pedir la opinión de alguien sobre un tema, adquirir un nuevo conocimiento o saber, compartir conocimiento pensando en el bien de otras personas, mejorar la salud ejercitándose, comiendo y durmiendo bien, llevar un diario de las lecciones aprendidas[33] y los momentos excepcionales, ofrecer disculpas sinceras, o dedicar tiempo a conectar con amigos y mostrarse leal en las victorias y las derrotas de cada uno.

Cuando te plantees cómo vivir conforme a tus valores, pasa a la acción. No recurras a las típicas descripciones superficiales que llevas tiempo usando para presentarte a desconocidos. De hecho, podría ser bueno detenerte un segundo y separar al «tú» real que anida en tu mente de la imagen pública que promueves.[34] Imagina que estás en una isla desierta y que no te ve nadie. ¿Qué música te gustaría escuchar, qué libros querrías leer, qué películas verías, qué temas de conversación te apasionarían? ¿Cómo te identificarías a ti mismo si no te escuchara nadie más?

En cuanto hayas recapacitado sobre cómo estás cumpliendo tus propios valores, piensa en lo que haces ahora mismo y en cómo te podrías marcar objetivos para invertir bien el limitado tiempo del que dispondrás durante los días y semanas siguientes.[35] Podemos llamar a estos objetivos «esfuerzos», pues plasman lo que estás intentando hacer ahora mismo y piensas seguir haciendo en el futuro. Por ejemplo, podríamos proponernos «generar argumentos más convincentes», aunque no necesariamente lo consigamos cada día o cada semana.

Podemos definir esos esfuerzos de forma vaga (por ejemplo, «intentar convertir mis pasiones en un trabajo») o más específica («buscar fuentes de apoyo financiero para poder ser artista de tiempo completo»). También podemos interpretar los esfuerzos positiva o negativamente; pueden revelar algo que estamos tratando de obtener o conservar, o algo que estamos tratando de evitar o prevenir. Por ejemplo, quizás estés intentando llamar más la atención de los demás, o intentando evitar llamar la atención sobre ti.

Nótese que los esfuerzos son una manera bastante genial de describirte sin utilizar adjetivos de la personalidad como «simpático», «inteligente» u «honesto».[36] De momento olvídate de esos adjetivos. Pon el énfasis en definir los proyectos personales en los que estás trabajando ahora mismo y que te gustaría seguir haciendo, anotando las ideas en una libreta. Meditando sobre lo que valoras de tu vida cotidiana, intenta componer seis esfuerzos que empiecen con la fórmula «Estoy intentando...».[37] No compares mentalmente lo que te propones tú con lo que se propone otra gente. Sigue planteándote lo que te propondrás, aunque nadie vaya a descubrir nunca tus logros. Igual que puede ayudarte describir al detalle tus sentimientos concretos en una situación difícil, también puedes sacar provecho de clasificar tu vida en proyectos personales concretos.

A partir de ahí, piensa en cómo sería aceptar el dolor y actuar de acuerdo con tus valores esenciales. ¿Qué quieres hacer? ¿A qué quieres dedicarte? Puedes conseguir grandes cosas en cualquier parcela si dejas de evitar el dolor y empiezas a buscar un propósito. Puedes llegar lejos comprometiéndote con un cambio de comportamiento positivo. En nuestra investigación, mis colegas y yo descubrimos que incluso los adultos que padecen un grave trastorno de ansiedad social gozan de casi la misma autoestima que los adultos sanos en los días en que se comprometen con un cambio de comportamiento positivo o invierten en esfuerzos personalmente significativos. Su percepción diaria de significado vital crecía un 19 % y sus emociones positivas aumentaban un 14 %. A su vez, las experiencias emocionales negativas caían un 10 %.[38]

Para ahondar en tu compromiso con la rebelión honesta, comparte tus planes con otros que estén en la misma situación que tú. Esas tácticas funcionan con una amplia gama de metas personales. En un estudio en el que participaron 324 adultos con sobrepeso y una vida sedentaria, se aplicó un «programa virtual de *footing*» de dieciséis semanas.[39] Los participantes que podían subir sus metas, su esfuerzo y progreso en un foro cumplían el programa con un 13 % más de fidelidad que los que no tenían esa opción.

No es irrelevante a quién le confías tus motivaciones. Si de verdad quieres maximizar los resultados en pos de objetivos personalizados y definidos, revela esa información a un público formado por personas a las que respetes, admires y cuya opinión importe. Compartir tus planes con personas a las que atribuyes un estatus inferior no te ayuda, ni tampoco escribir tus objetivos en una agenda negra secreta con anotaciones y reflexiones privadas.[40] Como veremos en el próximo capítulo, queremos causar una buena impresión en los demás y nos da miedo lo que pensarán si no cumplimos nuestras metas. Esos miedos nos hacen más propensos a afrontar la ardua tarea de buscar sentido.[41] La ansiedad es energía, o sea que busca una familia bien cuidada y anuncia el plan. Los aliados solo nos ayudan si saben lo que nos proponemos.

Para buscar sentido debemos prepararnos para las trabas que encontraremos, tanto dentro como fuera. Piensa en las condenas a prisión impuestas a liberadores heroicos como Martin Luther King, Nelson Mandela, Mahatma Gandhi, Emmeline Pankhurst y Ahmet Altan[42] (vaya historia la suya, ¡búscala!). Imagina cómo debió de impedir la cárcel la consecución de sus metas. Al comienzo de cada día, valora los esfuerzos que estás haciendo en pos de tus metas, pero cuenta con que haya interrupciones. Esta reflexión de Marco Aurelio me parece instructiva:[43]

> Cuando te despiertes por la mañana, piensa: la gente con quien me toparé hoy serán una bola de entrometidos, desagradecidos, arrogantes, mentirosos, celosos y cascarrabias. Son así porque no diferencian entre el bien y el mal. Pero yo he visto la belleza del bien y la fealdad del mal, y he visto que el malhechor tiene una esencia parecida a la mía; no es de la misma sangre ni nacimos el mismo día, pero pensamos igual y poseemos una parte de lo divino. Así que ninguno de ellos puede herirme. Nin-

> guno puede arrastrarme a la fealdad. Ni puedo enojarme con mi igual, ni odiarlo. Nacimos para colaborar como lo hacen los pies, las manos y los ojos, como las dos hileras de dientes, la superior y la inferior. Es antinatural estorbarse mutuamente. Sentir ira por alguien, darle la espalda: son cosas antinaturales.

Y no te limites a prever los obstáculos. Planifica. Responde con frecuencia a estas preguntas: «¿Qué podría aparecer hoy en el camino hacia la consecución de mis metas? ¿Y qué voy a hacer?». Necesitas planes alternativos, así que procura prever los diversos caminos disponibles a medida que inviertes energía para lograr tus objetivos.[44] En resumen, espera lo mejor, pero prepárate para lo peor.[45] Solo con optimismo no adquirirás entereza mental.[46] Necesitas abrir la lata de la flexibilidad psicológica. Y ante todo, no te encojas ante la adversidad. Lograr todo tu potencial exige un gran esfuerzo, pero los cuatro pasos de la Tabla de Flexibilidad Psicológica son buenos aliados.

REBÉLATE DE TODAS FORMAS

Los rebeldes con flexibilidad psicológica poseen una habilidad encomiable para discrepar a pesar del dolor.[47] Sufren, pero se rebelan igualmente. Seguir los pasos de la Tabla es como reiniciarte: dejas de escapar meramente del dolor y retomas la persecución de tu objetivo. Asumes una serie de complicadas tareas: esclarecer los valores («¿Qué y quién me importa?»); descubrir los sentimientos y pensamientos desagradables («¿Qué pensamientos, sentimientos, sensaciones físicas y recuerdos indeseados noto?»); analizar tus reacciones habituales a esos sentimientos y pensamientos («¿Qué hago para aplacar, evitar o controlar los pensamientos indeseados?»); o definir ambiciosas soluciones («¿Qué hago o qué podría hacer para vivir conforme a mis valores?»). No dejes nunca de pensar en tus experiencias, ni de planear cómo podrías lograr la vida que deseas en el futuro. Trabajando con un lenguaje común y una serie de preguntas, puedes navegar por los pensamientos que te acechan y llegar a conductas deliberadas y viables.

Si sigues usando la Tabla, acabarás volviéndote psicológicamente más flexible. Aprenderás a prescindir enseguida de viejos patrones y prejuicios y a adoptar nuevos comportamientos más sanos. Serás más consciente de tu verdadera libertad de acción, con lo que tendrás más posibilidades de poner en práctica las ideas inconformistas que se te ocurran. El *quid*, por simple que parezca, es cuestionarlo todo. Al someter tus suposiciones a análisis frescos, abrimos nuevas puertas a la creatividad y a la insubordinación honesta. Las penurias emocionales de buscar un método nuevo y mejor ya no parecen tan inquietantes como atenerse a las ideas, los procesos y los productos del *statu quo*.

Supongamos que al final consigues sobreponerte a la angustia y seguir activo el tiempo suficiente para derrotar al sistema. ¡Has ganado! Pero mientras saboreas la gloria de la victoria, debes tomar una decisión: ¿cómo tratarás a los miembros del sistema que han perdido poder y relieve? ¿Extenderás la mano para llegar a un pacto, tratando a tu antiguo enemigo como un compañero, amigo o incluso aliado? ¿O lo marginarás como fuiste marginado tú en su día, abusando de tu nuevo poder sobre él?

Gestionar los cambios en las dinámicas de grupo puede ser tan difícil como mantener la entereza durante una dura lucha. Aunque las personas suelen buscar terapeutas para gestionar la angustia, casi nunca lo hacen una vez superada la adversidad. Y eso que necesitamos ayuda para saber ganar, como individuos y como grupos, para no poner en riesgo la misma misión que hemos perseguido como rebeldes. Como revela la ciencia, las heridas que infligimos en los demás acaban cobrándose un precio. Para poder rebelarte, debes aprender a ganar siendo elegante e inclusivo, intentando seguir fiel a los valores y propósitos humanos que has cultivado a lo largo del camino. Hemos hablado del dolor de la lucha. Ahora hablaremos de la responsabilidad que exige ganar, y de cómo ejercerla de manera admirable.

LA RECETA PASO A PASO

1. *Para sobrellevar mejor la angustia, cultiva tu nueva arma secreta: la flexibilidad psicológica*. Una persona psicológicamente flexible adapta sus pensamientos, sentimientos y comportamientos a una situación determinada, asegurándose de que sus actos reflejan fielmente lo que es importante para ella.
2. *Utiliza la Tabla de Flexibilidad Psicológica*. Basándote en cuatro ítems, puedes idear soluciones

prácticas para problemas que te perturban. Primero, recuerda la razón por la que discrepas. Segundo, asimila lo que te incomoda. Tercero, identifica tus mecanismos de defensa. Y cuatro, aprovecha las oportunidades.

3. *Sé fiel*. No es sencillo construir flexibilidad psicológica con la Tabla, pero el esfuerzo vale la pena. Asume la ardua tarea de hacer realidad todo tu potencial.

7

GANA CON RESPONSABILIDAD

Cómo prevenir la hipocresía moral cuando te conviertes en la nueva mayoría

Evo Morales, el expresidente de Bolivia, sabe lo que es vivir en la extrema pobreza. Nacido en el seno de la marginada comunidad indígena de su país, Morales y su familia vivían en una granja tradicional de lodo, donde una misma habitación hacía las veces de cocina, comedor y dormitorio. Cuatro de los seis hermanos de Morales murieron de niños y el premio de Evo por sobrevivir fue la explotación infantil. A los cinco años fue a trabajar como pastor de llamas para ayudar a su familia a costearse el sustento diario.

Durante los ochenta y los noventa, Morales trabajó por mejorar la triste situación que asolaba a su comunidad, participando en un movimiento de base para legalizar la plantación de la coca, un cultivo vital para los agricultores aborígenes y un rasgo distintivo de la cultura tradicional boliviana.[1] Por aquel entonces, defender la cultura indígena era arriesgado. El Gobierno de Estados Unidos estaba librando su «guerra contra la droga» y estaba transfiriendo dinero a las recalcitrantes élites de Bolivia para que impidieran que los estupefacientes llegaran a suelo norteamericano. Pero en vez de frenar el tráfico de drogas y arrestar a los narcotraficantes, los corruptos funcionarios bolivianos reprimían a los desfavorecidos campesinos indígenas, robándoles hojas de coca y exigiéndoles sobornos. La policía también arrestaba a granjeros[2] y los sometía a elaboradas formas de interrogatorios y torturas en que se les quemaba con cigarros, se les daban descargas eléctricas, se les inyectaban sustancias tóxicas, se les disparaba en las extremidades y se les hundía la cabeza en el agua. Algunos agricultores detenidos murieron bajo custodia policiaca. El propio Morales fue linchado, encarcelado y estuvo a punto de ser asesinado después de que las fuerzas del orden lo dejaran en un área remota para morir.

De mediados a finales de los noventa, Morales participó activamente en política, abogando por medidas que mejoraran el estatus y el poder adquisitivo de los miembros marginados de la sociedad. En 2006, pese a la oposición del Gobierno estadounidense, fue elegido presidente con un programa de izquierdas que quería reducir la pobreza, invertir en educación y salud, elevar el salario mínimo, subir los impuestos a los ricos y ampliar los derechos políticos de la población indígena. Una vez en el poder, Morales cumplió muchas de sus promesas y colocó al país en la senda de un crecimiento económico generalizado. Recuperó el control de la producción de petróleo y gas, que estaba en manos de compañías energéticas extranjeras, y permitió que entraran en las arcas públicas miles de millones de dólares que hasta entonces se habían fugado al extranjero. Los sueldos subieron, el desempleo cayó un 50 % y el índice de alfabetización se elevó. Pasados apenas cuatro años de su elección, el Banco Mundial modificó la clasificación de Bolivia: dejó de ser una economía «de ingreso bajo», el nivel más bajo posible, para subir al siguiente escalón, «de ingreso mediano bajo». Esta nueva designación se tradujo en una triplicación o cuadruplicación de su producto nacional bruto per cápita,[3] con lo que el Gobierno pudo financiarse con un tipo de interés más bajo y pudo sentar las bases para crear aún más riqueza. Entre 2005 y 2018, Bolivia fue la economía que más rápido creció de Latinoamérica.[4]

Pero el liderazgo de Morales ocultaba un lado oscuro. En tanto que consolidaba el poder, su Gobierno aplastaba a la disidencia. En 2013 Morales firmó un decreto presidencial que otorgaba al gabinete amplios poderes para desmantelar organizaciones de la sociedad civil.[5] Su Ejecutivo intimidaba a los periodistas y elaboraba listas negras con disidentes.[6] En 2011, cuando miles de bolivianos salieron a las calles a protestar por el plan de Morales de construir una autopista en medio de una reserva protegida de la selva amazónica,[7] la policía reprimió brutalmente a los protestantes con gas lacrimógeno y balas de goma.[8] Según un testigo, «cuando las mujeres manifestantes expresaron a gritos su disconformidad, la policía de Morales les tapó la boca con cinta aislante para hacerlas callar».[9] La Constitución preveía un límite de dos mandatos para los presidentes, pero Morales se aferró al poder para un tercero, y habría seguido durante un cuarto si no lo hubieran echado integrantes del ejército tras conocerse las alegaciones de fraude electoral.

Muchos grandes insubordinados no cumplen las expectativas al obtener el poder, abandonando sus valores y no haciendo el bien que habían prometido. Vladímir Lenin lideró una revolución de proletarios con una visión de «paz, pan y tierra» para toda la ciudadanía rusa. ¿Cómo acabó aquello? Y luego está la Revolución francesa, que prometía libertad, igualdad y fraternidad, pero que degeneró en una época espeluznante de cabezas cortadas bajo el mando de Maximilien Robespierre. Si se practica una autopsia a las revoluciones triunfantes, tanto grandes como pequeñas, se descubre que, pese a toda la euforia por la victoria tras largos años de sacrificio, los insubordinados de éxito suelen echar a perder o ensombrecen su oportunidad, pues les cuesta catalizar y sostener un cambio saludable. Quizás se pueda atribuir al extremismo que suele despertar la insubordinación, sobre todo tras sufrir largos periodos de represión a manos de las fuerzas de la autoridad. Pero eso suscita una pregunta: ¿qué parte de la psicología humana alimenta ese fervor?

Nuestros impulsos latentes hacia el tribalismo brindan una buena explicación.[10] Compartimos el orgullo y la alegría de los demás miembros del grupo, empatizamos con ellos y respondemos a sus necesidades, pero no nos comportamos igual con los que vienen de fuera.[11] Nos hacemos los tontos cuando miembros de nuestro grupo actúan agresiva,[12] violenta o abusivamente con «los demás». Y reconocemos a los intrusos como nuestra némesis, definiendo nuestro grupo en oposición a ellos.[13] En situaciones difíciles, es conveniente culpar a alguien o algo externo.[14] Muchas veces, estas dinámicas llevan a los insubordinados a perseguir a miembros de la antigua mayoría, con lo que generan un sufrimiento innecesario. Los insubordinados descartan las ideas potencialmente útiles de la antigua mayoría (ahora caída en desgracia) y sientan las bases para el futuro conflicto.

Los investigadores han descubierto varios factores psicológicos interrelacionados que avivan los impulsos tribales de los inconformistas que han salido victoriosos. Son factores que les instan a comportarse violentamente con los miembros derrotados de la antigua mayoría. Como dijo Martin Luther King, «tenemos que aprender a vivir juntos como hermanos o vamos a perecer todos como necios».[15]

LA IDEA PRIMORDIAL

Sabiendo que los humanos son tribales por naturaleza, sobre todo cuando se produce un trasvase de poder, podemos actuar de manera más meditada y racional, neutralizando los impulsos de demonizar a los que una vez dudaron de nosotros o nos persiguieron.

EL MALESTAR DEL REBELDE

Cuando hay un trasvase de poder entre la mayoría y los miembros inconformistas de un grupo, ninguno de estos subgrupos ve la identidad común de la misma manera. A menudo los inconformistas experimentan lo que yo llamo el «malestar del rebelde». Quieren abandonar el grupo para distanciarse de aquellos que ahora defienden esas mismas opiniones que antes rechazaban. Los antiguos disidentes ganaron distinción en el grupo. Así pues, ¿por qué no quedarse y disfrutarlo? En verdad, no es tan sencillo. Las heridas que uno sufre cuando es el más débil y es perseguido siguen escociendo. Tras tanto sufrimiento, tu propia identidad como rebelde se endurece y resulta difícil perdonar a los que te menospreciaron y te maltrataron. ¿Por qué tener nada que ver con la antigua mayoría?

Podemos entrever el malestar del rebelde gracias a los vanguardistas experimentos realizados por la doctora Radmila Prislin, de la Universidad Estatal de San Diego.[16] Imagina que estás comentando un tema polémico con un grupo de desconocidos. Al principio, pocas personas se ponen de tu lado, pero a medida que pasa el tiempo, más gente coincide contigo. O tal vez haya una mayoría de gente que empiece estando de acuerdo contigo y, a medida que transcurre el tiempo, su apoyo se desvanece y adoptan un punto de vista opuesto. Ahora imagina que todas esas otras personas son actores y que todo el debate es un experimento para ver cómo respondes a los cambios de popularidad y de poder. Ese es el meollo de la investigación de Prislin, que ha arrojado resultados sorprendentes.[17]

Los trasvases de poder alteran la forma en que la nueva mayoría y la minoría perciben la identidad del grupo. Tras un cambio estructural, a la gente le cuesta descifrar qué significa su pertenencia al grupo y por qué es relevante.[18] Como es comprensible, los miembros derrotados de la antigua mayoría —a los que llamaré «Nuevos Débiles»— ya no ven el grupo como una extensión de su identidad. Ahora que la mayoría discrepa de ellos, el grupo en general se antoja indeseable y ajeno. Los miembros de las antiguas minorías —llamémosles «Rebeldes Ganadores»— tampoco se libran de su dosis de confusión mental. Están decepcionados y desengañados por lo que tardaron en convencer a la antigua mayoría para que aceptara sus premisas, y casi nunca confían en ella a raíz de su oposición pasada (hablaremos más de la desconfianza en un momento). Alimentando su rencor, los Rebeldes Ganadores consideran inferiores a los Nuevos Débiles. Por esos motivos los primeros quieren salir. Como señala provocadoramente Prislin en sus experimentos: «No son aquellos cuya posición sigue en desventaja (la minoría estable) los que tienen prisa por salir; [...] son aquellos cuya posición en el grupo está mejorando (las antiguas minorías)»[19] los más proclives a buscar la separación del grupo.

LA IDEA PRIMORDIAL

En la vida real, la pérdida de una identidad común podría incitar a los Rebeldes Ganadores a desechar opiniones potencialmente válidas de los Nuevos Débiles, o a comportarse de formas que siembran discordia.

Si llevas mucho tiempo siendo un rebelde y por fin te has llevado el gato al agua, sigue alerta a esta dinámica y procura discernir todo lo que podrías tener en común con los Nuevos Débiles. Lucha contra tus impulsos tribales, ponte en contacto con tus viejos adversarios y refuerza cuanto puedas la identidad compartida.

Aunque podamos sentirnos alejados de otros en ciertos aspectos, casi siempre podemos encontrar identidades no ideológicas que nos unen gracias a intereses comunes, circunstancias vitales o experiencias pasadas. Por ejemplo, nuestras identidades podrían converger en torno a la halterofilia, los puros, el marisco, los padres divorciados o el haber sobrevivido a las atracciones más peligrosas del mundo de Action Park[20] (¿nunca has oído hablar de él? Puedes ver un video, ¡era la meca de mi infancia!). La lista sigue y sigue.

Haz un inventario de tu niñez, adolescencia y adultez, subrayando las identidades que tienes en común con personas que parecen decididas a llevarte la contraria. ¿Puedes idear nuevas normas o ritos que engloben a personas que empezaste considerando ajenas a tu tribu? Proponte apartar la antipatía persistente o esa sensación de superioridad que podrías sentir por los Nuevos Débiles. Como promulgaba Martin Luther King: «Si queremos paz en la Tierra, nuestras lealtades deben ser ecuménicas, más que sectoriales. Deben trascender nuestra raza, tribu, clase y nación, y eso significa que debemos adoptar un punto de vista universal». Tú también debes adoptar un «punto de vista universal»[21] con las sectas de tu grupo, incluso si las relaciones entre esas sectas siguen enquistadas.

LA PESADILLA DEL REBELDE

En 1969, tras 268 años siendo una institución exclusivamente masculina, la Universidad Yale admitió a 588 mujeres en la promoción de 1973.[22] A muchos hombres no les gustó la idea. Sarah Birdsall, una alumna de la época, recuerda que los chicos de segundo año eran simpáticos y amables, pero: «Los mayores fueron bastante desagradables ese primer curso. Si te paras a pensarlo, las chicas habíamos arruinado su perfecta experiencia fraternal. Para ellos, las chicas existían para pasarla bien el fin de semana». La rectoría de la universidad no se esforzó mucho por que las mujeres se sintieran bienvenidas. Yale no invertía en el deporte femenino, y cuando una mujer se apuntó al equipo de futbol masculino, los entrenadores le pidieron que renunciara «por el bien de la universidad». Sus compañeros de vestuario tampoco estuvieron a la altura y dijeron que abandonarían todos los partidos en que jugara una chica.[23]

No es extraño que los Rebeldes Ganadores tengan poco aprecio por los Nuevos Débiles. Cuando las mayorías pierden el poder, tienden a actuar con alevosía. Como documentó un estudio de la doctora Prislin y sus colegas, los Nuevos Débiles se niegan a ayudar al grupo: expresan su hostilidad, se aprovechan de él siempre que pueden y anticipan hostilidad y animadversión de los Rebeldes Ganadores.[24] A su vez, esta reacción genera desconfianza y hostilidad en los Rebeldes Ganadores. Viendo que los Nuevos Débiles se han vuelto resentidos y hostiles (lo que podríamos bautizar como la «pesadilla del rebelde»), los Rebeldes Ganadores se ponen a la defensiva e invierten una cantidad ingente de tiempo buscando signos de ofensa y rechazo, encontrándolos y combatiéndolos. Y todo eso solo sirve para distraerlos de perseguir sus propias metas. En Yale, una alumna que quería trabajar en el prestigioso periódico *Yale Daily News* explicaba lo siguiente: «Lo cierto es que se palpaba en el ambiente que no se iba a tener en cuenta a las mujeres para puestos directivos. Eso me disuadía. Y supongo que el mensaje fue tan intenso que me quitó las ganas de esforzarme».[25]

El antagonismo genera antagonismo. La agresividad genera agresividad. Esta es la reflexión de otra estudiante: «Lo trágico de todo eso es que yo asimilé muchas de las actitudes chovinistas de los hombres hacia las mujeres. [...] Pensaba que no valía la pena pasar tiempo con ellas. Eso lo aprendí de esa institución. Y no me he empezado a curar hasta ahora».[26] En esencia, esta alumna, como seguramente muchas otras, interiorizó las actitudes hostiles de los misóginos alumnos de Yale.

Como resultado de esta dinámica, los Rebeldes Ganadores acostumbran a acabar apartándose de los valores por los que abogaban cuando eran minoría. Recordemos al presidente boliviano Evo Morales, bajo cuyo mando se utilizaba cinta adhesiva ultraresistente para silenciar a quienes discrepaban de sus ideas y prácticas. Antes podrían haber apreciado la disidencia, creyendo que todas las facciones merecen tener voz y ser escuchadas y que todas las discrepancias son saludables, pero ahora los Rebeldes Ganadores cambian de parecer. Recelosos de los motivos de la oposición y de su ataque, ya no muestran tanto interés en las opiniones divergentes, pues parecen minar la capacidad del reestructurado grupo por resolver problemas y certificar el progreso. En vez de buscar puntos de vista diferentes, los Rebeldes Ganadores reprimen el debate.

En la investigación de Prislin, los Nuevos Débiles se volvían más tolerantes con el diálogo, mientras que los Rebeldes Ganadores empezaban a interpretar la desavenencia como algo inoportuno y tóxico, y valoraban la diversidad cognitiva un 50 % menos que antes. Los Rebeldes Ganadores se volvían rígidos y toleraban las opiniones de los Nuevos Débiles con frialdad y desprecio. En vez de fomentar el diálogo, creían que solo había una vía: la suya. La revuelta se les antojaba ya peligrosa y contraindicada. En verdad, las ideas divergentes siguen teniendo valor haya quien haya al mando (como debatimos en el capítulo 3). Radicalizando su postura y reprimiendo a los demás, los Rebeldes Ganadores echaban a perder los beneficios de la discrepancia a largo plazo y, nuevamente, plantaban las semillas de la futura discordia.

LA IDEA PRIMORDIAL

Si eres un rebelde al alza y estás ganando partidarios y poder, deberías dar garantías a todas las personas involucradas en la guerra de las ideas —amigos, enemigos y observadores neutrales— de que sus opiniones aún cuentan.

Dirígete a la bancada opositora en busca de antiguos adversarios. Entiende el dolor que carcome a los Nuevos Débiles por haber perdido estatus; entiende que tu mera presencia les recuerda su declive. Piensa en los persistentes traumas que podrías haber sufrido tú por los años de rechazo que viviste siendo parte de la minoría marginada. El escozor del rechazo podría estar dañando el perfil de tus actitudes y decisiones actuales, alterando la imagen que tienes de tus viejos rivales. ¿Cómo podrían empeorar las cosas tus emociones, incluso si la desconfianza y agresividad de tus viejos rivales siguen siendo palpables? Recuerda cómo te sentías como miembro de la minoría.

Ante todo, resiste a la tentación de alejarte de esos «otros» en quienes no confías, aun cuando expresen hostilidad. Como descubrieron Prislin y sus colaboradores, las interacciones continuas entre los Rebeldes Ganadores y los Nuevos Débiles daban pie a una cierta reconciliación. Al principio, las relaciones entre ambas partes eran extrañas o tensas. Pero tras interactuar cuatro o cinco veces con sus oponentes, a los Rebeldes Ganadores les resultaba más fácil pasar el rato y colaborar. Eran más propensos a reconocer la humanidad y los intereses compartidos con los Nuevos Débiles. Todo el mundo se volvía más ligado al grupo y estaba más dispuesto a sacrificarse por él. Con tiempo y esfuerzo, los antagonismos de antaño se disipaban y eran sustituidos por un renovado e incipiente espíritu de cooperación.[27]

LA CEGUERA DEL REBELDE

En el clímax de la Revolución francesa, durante el Terror ocurrido entre septiembre de 1793 y julio de 1794, fueron arrestados casi 300,000 ciudadanos, unos 17,000 de los cuales fueron ejecutados, y miles más murieron en la cárcel.[28] Pero, curiosamente, Maximilien Robespierre, el exjuez que se convirtió en arquitecto del Terror, se había manifestado en contra de la violencia judicial. Incluso dimitió de la judicatura tras recibir presiones para condenar a un delincuente a la pena de muerte. En 1791, apenas dos años antes de empezar la masacre, aún argumentaba esto: «El legislador que prefiere la muerte y las condenas atroces antes que los remedios más moderados a su disposición indigna el sentir público y debilita el sentimiento moral de la gente a quien gobierna; así como un torpe tutor que, con el uso frecuente de crueles castigos, oscurece y degrada el alma de su alumno; desgasta y debilita los mecanismos del gobierno por querer operarlos con demasiada fuerza».[29] Y aun así, una vez llegó al poder, Robespierre abanderó una ley que avalaba la pena de muerte si el Gobierno revolucionario albergaba la más mínima sospecha de que alguien discrepaba del nuevo orden establecido.[30] «Solo hay dos bandos en Francia: el pueblo y sus enemigos», dijo. «Debemos exterminar a esos miserables villanos que están conspirando sin cesar contra los derechos del hombre. [...] Debemos exterminar a todos nuestros enemigos.»[31]

Hemos visto que los disidentes que toman el poder abandonan con regularidad sus opiniones de base sobre los beneficios de la diversidad y la divergencia. Pero la incomparable y vil hipocresía de Robespierre sugiere que hay otra dinámica en juego: la incapacidad temible de los insubordinados victoriosos de entenderse a sí mismos. De hecho, Robespierre parecía ignorar felizmente cualquier contradicción con sus antiguas opiniones. En un discurso de 1793 proclamó que los regímenes constitucionales solo han de «proteger al ciudadano individual del abuso de poder del gobierno; pero en un régimen revolucionario el gobierno tiene que defenderse de todas las facciones que lo atacan; y en esta lucha por la supervivencia solo los buenos ciudadanos merecen la protección pública, y la pena para los enemigos del pueblo es la muerte».[32] Esas palabras no dan ninguna pista de haberse desviado ni un ápice de sus antiguas premisas. Como señaló un observador, los ideólogos acérrimos creen firmemente en sus propias justificaciones de la violencia. Lo cierto es que «las atrocidades solo sirven para reforzar la certeza total con que los ideólogos se aferran a sus convicciones e imponen su propósito».[33]

Como hallaron Prislin y sus colaboradores, la hipocresía se asienta justo después de un cambio de poder en el seno de un grupo.[34] En sus experimentos, los Rebeldes Ganadores abusaban de su poder aprobando normas que favorecían a su endogrupo a costa de los Nuevos Débiles. Los primeros aplicaban nuevas reglas que desmoralizaban a los segundos en un intento por afianzar el nuevo *statu quo*. La obra de Prislin sugiere que los Rebeldes Ganadores dejan de ser conscientes de su propia hipocresía por el miedo a perder el poder, el estatus y la aprobación que tanto sudor les ha costado conseguir. Sin saber si los Nuevos Débiles apoyan el remodelado grupo, los Rebeldes Ganadores creen que su poder es inestable. Creen que si no apuntalan violentamente su poder, acabará siendo pasajero.[35] Esta lógica se impone y aparta otras consideraciones, como lo coherente que es la conducta actual con los valores de toda la vida.

LA IDEA PRIMORDIAL

Para no caer en malos hábitos como rebelde victorioso, pon el acento en las maneras en que el poder puede corromper la autoconciencia.

Acuérdate con frecuencia de tus valores más arraigados. Dejando a un lado la necesidad de consolidar el poder, ¿tus actos actuales casan realmente con el legado que quieres dejar? ¿Cómo querrías que las futuras generaciones recordaran tus logros tras obtener el poder? ¿Hay maneras más humanas, racionales y sensatas de ejercer el poder? ¿Te estás rigiendo por la regla de oro: tratar a los demás como te gustaría ser tratado? ¿Estás yendo más lejos, como aconsejaba el dramaturgo George Bernard Shaw,[36] teniendo en cuenta las necesidades y opiniones únicas de los demás a la hora de decidir cómo tratarlos? Para seguir empatizando con los demás, comprométete con dos principios clave del liderazgo: (1) detén las medidas o reglas que degraden o traten injustamente a la minoría; y (2) prescinde de las medidas que brinden privilegios extra a la mayoría. Luchaste a brazo partido para que tu endogrupo jugara en igualdad de condiciones. Ahora debes hacer todo lo posible para que siga siendo así para la siguiente generación, tanto de conformistas como de inconformistas.

LAS PREGUNTAS QUE DEBEMOS HACER

En este capítulo he citado ejemplos históricos, pero la cuestión de cómo acaban tratando los rebeldes victoriosos a las minorías es de candente actualidad. En estos momentos, en 2021, las minorías históricamente oprimidas de Estados Unidos están a punto de conseguir poderes sin precedentes, e incluso quizás de unirse a los estamentos superiores de la sociedad. La sociedad norteamericana está amparando como nunca los derechos gays. Las mujeres y las personas racializadas están gozando de un acceso jamás visto, aunque todavía limitado, a las altas esferas del mundo académico, empresarial y público. Por primera vez en la historia del país, las minorías raciales van camino de convertirse en mayoría.[37]

Aunque este trasvase de poder sigue siendo incompleto, es la hora de plantear cuestiones difíciles sobre el ejercicio del poder y las responsabilidades que conlleva. ¿Los miembros que han escalado hasta las nuevas altas esferas de la sociedad están dispuestos a «ganar con responsabilidad»? ¿Qué pueden hacer para cerciorarse de que no ejercen la misma represión que se les impuso a ellos como minorías desvalidas? Poca gente se atreve a formular estas preguntas por el miedo a que otros los acusen de banalizar la opresión histórica. No quito hierro a la necesidad de impartir justicia y redistribuir el poder pensando en las minorías infrarrepresentadas. Pero tras sumergirme en la investigación psicológica presentada en este capítulo, me pregunto cuál es el objetivo final de la lucha contra la opresión. ¿Qué esperamos conseguir en último término, y qué clase de acciones y políticas nos llevarán ahí? Salvo que los defensores de los grupos históricamente oprimidos aclaren sus metas, es probable que sus actitudes cambien al obtener el poder, reforzando la suerte de sus propias tribus y denigrando los ideales de igualdad y justicia por los que tanto tiempo han luchado. Nuestro país podría estar mejor tal como está, pero también está peor de lo que podría estar.

Cuando minorías tradicionalmente menos privilegiadas llegan al poder, tienen que procurar comedirse. No deberían contratar, respetar o escuchar solo a personas que son o piensan igual que ellas. Deberían mostrar un respeto sano por la diferencia y aceptar a todo el mundo, incluidos aquellos que quizás no aprobarían los habituales test ideológicos del agrado de los progresistas. La influencia debería provenir de nuestro intelecto y sabiduría, no del color de piel, del género, del origen socioeconómico, de la orientación sexual ni de cualquier otra diferencia percibida. Abramos la puerta a un discurso rico en que las ideas de cada uno puedan juzgarse en función de sus méritos, y en que se promuevan el escepticismo y la insubordinación de todo tipo.

Todos nosotros, tanto los Rebeldes Ganadores como los Nuevos Débiles, deberíamos andarnos con mucho cuidado a la hora de expresar nuestro escepticismo. En las redes sociales, la discrepancia bienintencionada se transforma enseguida en ira salvaje, y cuando expresamos miedos legítimos podemos destruir la reputación, la profesión y los medios de vida de una persona en un solo ciclo de noticias, con lo difíciles que son esas cosas de conseguir. Los defensores de las minorías históricamente oprimidas han sido tan culpables de esa insensatez discursiva como sus rivales. En 2020 varios estudiantes del Skidmore College hicieron circular una petición con quince exigencias para impartir justicia racial. La tercera pedía el despido inmediato del profesor David Peterson, que llevaba treinta y un años enseñando joyería y platería en la universidad. Se boicotearon sus clases. Se le atacó por internet a través de correos y publicaciones en redes sociales en que se le tachaba de racista, sexista y tránsfobo. En la puerta de su aula, alguien colgó una señal con este texto:

> ALTO: Al entrar en esta aula te estás saltando la molestia de todo el campus y estás rompiendo el boicot contra el profesor David Peterson. David Peterson es conocido por el descarado sexismo con que trata a sus alumnas, su trato manifiestamente tránsfobo con el alumnado trans y su desprecio general por cualquier estudiante que no sea un hombre blanco cis... No es un entorno seguro para el alumnado de minorías marginadas. Si sigues asistiendo a este curso, estarás avalando las conductas fanáticas [sic] en este campus.

¿Qué hizo el profesor Peterson? No cometió ninguna discriminación racial, ni usó palabras despectivas ni protestó con carteles ofensivos. Ni siquiera expresó un punto de vista. Lo que hizo fue asistir pacíficamente a una manifestación con su esposa y escuchar a los oradores apoyar a la policía local.[38] El rector de la universidad sopesó la opción de despedirlo e inició una investigación de dos meses para indagar en las acusaciones del alumnado. Peterson fue declarado inocente de todos los cargos. Aun así, miles de indignados estudiantes y miembros de la comunidad local llegaron *ipso facto* a su propia conclusión y hundieron la reputación del pobre hombre de sesenta y un años. Nadie tuvo que rendir cuentas por las acusaciones públicas de racismo, sexismo y transfobia, y eso que se publicó un artículo plagado de falsedades en el *Skidmore News* de la universidad.[39] Pese a la falta de pruebas de que hubiera hecho nada malo, los alumnos consiguieron difamar una reputación forjada a lo largo de treinta y un años de abnegada dedicación. ¿Uno de los objetivos de la universidad no es adquirir información y puntos de vista superiores a los que tenías antes? ¿No sería positivo conocer la versión de los hechos de una persona antes de exigir su cese? En vez de aplicar normas de ecuanimidad y tratar a todo el mundo con dignidad, en este caso los alumnos (y otras personas) instauraron un clima de terror que embarró el discurso público. Tenemos que procurar no convertirnos en lo que antes despreciábamos.

LA IDEA PRIMORDIAL

Además de actuar con moderación y de tener empatía y compasión por los Nuevos Débiles —por más que estos no hubieran mostrado tanta generosidad de espíritu—, los Rebeldes Ganadores deberían acoger el escepticismo bienintencionado venga de donde venga, así como reconocer su facultad para remodelar y limar la ortodoxia para beneficio de todo el mundo. En relación con esto, deberían aceptar de buen grado el humor.

Sabemos desde hace tiempo que reírse de las cosas es una buena estrategia para afrontar los trasvases de poder, siempre y cuando se haga con comprensión, buena fe y un deseo honesto de hacer pensar. Tanto las élites como los grupos oprimidos denuncian rápidamente cualquier humor que haga mofa de ellos, pero buena parte del humor abarca justo lo que defienden los insubordinados honestos: ligeras transgresiones de las normas sociales. Los mejores cómicos no hacen más que decir la verdad, señalando eso que el resto de nosotros advertimos, pero tenemos miedo de señalar. El humor nos permite hacer preguntas sobre personas o prácticas que nos desconciertan e intrigan. Como he sugerido con respecto a la falsa acusación contra el profesor Peterson, la actitud de decir: «Puedo decir lo que quiera, a quien quiera y como quiera», es muy problemática, lo diga quien lo diga. Pero la corrección política es igual de problemática porque asfixia el diálogo. Cuando humoristas bienintencionados reparan en algo disfuncional y absurdo y lo convierten en objeto de mofa, la sociedad sale ganando.

Cuando el presidente George W. Bush prometió vengarse de los ataques del 11S, nos metimos de lleno en una guerra sin fundamento con Afganistán que se prolongó veinte años. Stephen Colbert arremetió contra el presidente, contra la guerra al terrorismo y contra todo lo que se movía, en la que se considera la rutina de comedia más controvertida de las que se han dado jamás en la White House Correspondents' Dinner, la cena en que se supone que los periodistas han de hablar mal del presidente de Estados Unidos para pasarla bien.[40] Colbert se burló de Bush por su decisión prematura de iniciar una guerra con Irak y de declarar finiquitada dicha contienda:

> Creo que el gobierno que mejor gobierna es el que menos gobierna. Y siguiendo esa regla de tres, en Irak hemos instaurado un Gobierno de fábula.

Una concisión brillante. Y después hurgó en la herida:

> Defiendo a este hombre porque defiende cosas. No solo las defiende, sino que camina sobre ellas. Portaaviones, escombros y, hace poco, plazas inundadas. Y eso manda un mensaje muy potente: da igual lo que le ocurra a Estados Unidos, siempre se recuperará con las sesiones fotográficas mejor organizadas del mundo.

Pero la primera vez que Colbert hizo estas bromas, los conservadores se jalaron de los cabellos y empezaron a enviar un alud de mensajes de odio.[41] «La empresa de Colbert, Comedy Central, dijo haber recibido casi dos mil correos electrónicos» en cuarenta y ocho horas. Como miembro de un grupo oprimido que obtiene el poder, debes guiarte por los mismos principios de veracidad, tanto si eso implica ir a favor de tu tribu como ir en contra. Si eres de tendencia liberal y te gustó la reprimenda al presidente Bush, debes mostrarte igual de predispuesto a escuchar la verdad sobre las debilidades de los miembros de tu propia tribu.

Ahora es difícil reírse de nadie sin ofender. Quizás deberíamos permitir las bromas sobre las minorías para que el mercado de las ideas siga en efervescencia, a fin de que la sociedad pueda seguir beneficiándose de la insubordinación. En su escrito para la revista *Time* titulado «Make Fun of Everything»[42] [Ríete de todo], los cómicos mestizos Keegan-Michael Key y Jordan Peele lamentan la premisa de que no ser un hombre blanco, heterosexual y sano denote fragilidad. ¿Qué es peor, se plantean, «reírse de las personas o asumir que son demasiado débiles para soportarlo»? La igualdad tiene algo de valor, y la auténtica medida del progreso puede surgir cuando podemos bromear con la sobrecorrección social y las hipérboles sin que nadie se ofenda. Como trató de hacer el cómico Bill Burr arremetiendo contra los falsos gestos:[43]

> Me tengo que disculpar con todo el mundo, carajo. Así de mal está este país. Les suena Bryan Cranston, ¿no? Pues hizo una película en la que interpretaba a un tetrapléjico y la gente se meó en su cara. [...] «¿Por qué tiene que hacer de tetrapléjica una persona sana?» A ver, se le llama actuar... ¿O no? Si fuera un tetrapléjico interpretando a otro tetrapléjico, eso no sería actuar. Eso solo sería quedarse ahí pasmado y decir las idioteces que ha escrito otro.

Haciendo gala de una honestidad brutal, a la vez que festiva, los cómicos hacen un regalo a la sociedad. Sea cual sea el área del espectro político que estén satirizando, los cómicos nos avisan cuando la sociedad descarrila y resbala hacia el absurdo.

Conociendo el historial de Estados Unidos con la opresión, el deseo de proteger a los Rebeldes Ganadores de los más modestos ataques es comprensible. Pero los miembros de esos grupos deben preguntarse cuál es el propósito final. Una cosa es tener igualdad ante la ley e igualdad en el trabajo. Pero mientras pensemos que ciertas personas son demasiado débiles para ser parodiadas en razón de su discapacidad, raza, sexo u orientación sexual, las seguiremos colocando en un escalón inferior de la mayoría histórica. En su discurso más conocido, el presidente Theodore Roosevelt animó[44] al público para que se subiera al cuadrilátero aquel «cuyo rostro esté empañado en suciedad, sudor y sangre; aquel que sea osado; que se equivoque, que se quede corto en cada ocasión, porque es imposible esforzarse sin errar y fallar; pero que sea alguien que se esmere por realizar las obras... y que, en el peor de los casos, si fracasa, al menos fracase atreviéndose con todo». Permitir a otros que se rían de ti y hagan bromas sin mala intención —en resumen, romper con una forma perniciosa de corrección política— es la escalera para subir a ese cuadrilátero.

Otra cosa que sugiere la investigación de este capítulo es que proteger de ataques a los miembros de grupos previamente oprimidos puede acarrear consecuencias graves e imprevistas. Si no van con pies de plomo, los miembros de esos grupos y sus partidarios corren el riesgo de fomentar nuevas injusticias al obtener el poder. Lo último que necesita nuestro mundo roto es más trauma, agresividad y represalias. Pero eso parece inevitable a menos que los Rebeldes Ganadores de hoy se propongan actuar mejor que las generaciones pasadas de rebeldes, mostrando compasión por aquellos a quienes han suplantado. Abandonemos la mentalidad de suma cero que implica que nosotros tenemos razón y los rivales están equivocados. Venzamos el impulso de consolidar el poder sobre los Nuevos Débiles a cualquier precio. No hemos de cuidar solo de los miembros de nuestra propia tribu, sino también del respeto a la insubordinación que siempre ha sustentado los esfuerzos por materializar el cambio social.

Los rebeldes asumen una gran carga de responsabilidad cuando llegan al poder. Pero el peso no descansa solamente sobre ellos. Los Nuevos Débiles deben prepararse psicológicamente para no cerrarse a ideas que desconocen o aborrecen. Si formas parte de la mayoría, ¿cuál es la manera más sana de reaccionar cuando alguien encuentra defectos en tus postulados? Como veremos en el siguiente capítulo, los que no disienten de la opinión mayoritaria pueden ayudar a la sociedad escuchando de verdad a otros cuyas ideas difieren de las suyas con expresiones de curiosidad y humildad intelectual. Solo explorando en la insubordinación honesta como lo caótica y perturbadora que es, y no como esperamos o queremos que sea, podemos dar con las mejores ideas posibles. La ciencia ha descubierto algunos principios y pautas que podrían echarnos una mano.

LA RECETA PASO A PASO

1. *Habla con los Nuevos Débiles.* Sobreponiéndote a tus impulsos tribales, acércate a tus viejos adversarios y refuerza cuanto puedas la identidad compartida. Da garantías a todas las personas

involucradas en la guerra de las ideas —amigos, enemigos y observadores neutrales— de que sus opiniones aún cuentan.

2. *Reflexiona sobre cómo el poder puede corromper la autoconciencia*. Acuérdate a menudo de tus propios valores fundamentales. Dejando a un lado la necesidad de consolidar el poder, ¿tus actos presentes concuerdan de verdad con el legado que quieres dejar? Haz todo lo posible por equilibrar las condiciones de juego para la siguiente generación, tanto de conformistas como de inconformistas.
3. *Cultiva el pensamiento crítico*. Los Rebeldes Ganadores deberían acoger de buen grado el escepticismo bienintencionado venga de donde venga, y reconocer su capacidad para remodelar y limar la ortodoxia para beneficio de todos.

PARTE III

CÓMO SACAR PROVECHO DE LA DESOBEDIENCIA

8

NO DES LA ESPALDA A LO QUE TE ESCANDALICE

Cómo vencer las barreras que nos impiden escuchar ideas poco convencionales

Ya hemos conocido a muchos héroes, inconformistas intrépidos que asumieron grandes riesgos para lograr un bien mayor. Y me enorgullece decir que conocí en persona a uno de ellos: una gestora de becas de la Universidad de Búfalo que trabajaba en el Departamento de Informática Biomédica. Cheryl Kennedy[1] era en 2007 una treintañera que se estaba preparando para el doctorado y trabajaba como coordinadora de proyectos en el Instituto Clínico e Investigador sobre Adicciones de la universidad. Pero decidió delatar, expresando graves sospechas acerca de su jefe, el doctor William Fals-Stewart, nuestro mentor conjunto y un prominente investigador en materia de adicciones. Durante años, Fals-Stewart había publicado muchos artículos y se había asegurado un dineral en becas de investigación. Entre bastidores, algunos alumnos, entre ellos yo, nos olíamos que había gato encerrado. Por poner un ejemplo, no sabíamos de dónde había sacado a 120 parejas para estudiar la efectividad de un programa para tratar el abuso de sustancias. Fals-Stewart estaba a cargo de los formularios de consentimiento, gestionaba los pagos y nadie sino él conoció jamás a un participante del estudio.

Así que Cheryl decidió tomar cartas en el asunto. Sabía que acusar a Fals-Stewart de fraude académico conllevaba graves riesgos profesionales. Él era quien le pagaba el sueldo; y como alumna de posgrado, tenía poco poder. Pero Cheryl estaba convencida de que Fals-Stewart había cometido un fraude. «Soy una persona muy fuerte —me dijo—, no me intimida la gente. No me importa qué cargo tengas.»[2]

Me gustaría poder decir que Cheryl salió victoriosa e indemne de su acto de insubordinación honesta, pero no fue así. El instituto estudió su acusación y convocó al profesor ante una comisión ética. Le pidieron direcciones de las clínicas de terapia donde estaba recabando datos y él las facilitó. Al visitar las clínicas, los miembros de la comisión no hallaron rastro alguno de que se hubiera llevado a cabo una investigación. Preocupados, le pidieron a Fals-Stewart los formularios de consentimiento de los participantes en el estudio. Pero antes de que pudiera aportarlos, el almacén que supuestamente contenía los únicos ejemplares ardió en un sospechoso incendio.

La universidad decretó una investigación formal por mala praxis, y esta ordenó una vista para que los investigadores pudieran interrogar a los testigos de Fals-Stewart. Curiosamente, el académico dijo que todos y cada uno de los testigos estaban fuera de la ciudad y que solo podían testificar por teléfono. Aunque cueste creerlo, la comisión dio por buena la excusa y no pospuso la investigación. Todos los testigos afirmaron que la investigación de Fals-Stewart era legítima. Como si de una película se tratara, resultó que los testigos eran actores pagados que no tenían ni idea de que estaban participando en un procedimiento formal.[3] (Les juro que no me estoy inventando este despropósito.) Según el guion que se les pasó, debían interpretar a los auténticos trabajadores de Fals-Stewart y debían prestar falso testimonio en una vista real. Cada actor leyó un guion que incluía el nombre de la persona responsable de incendiar el almacén, destruir los documentos y fabricar los datos. Ese nombre era el de Cheryl Kennedy, la persona delatora. Alguien había perjudicado a Fals-Stewart y ese era su plan para vengarse.

Basándose en el testimonio de los «testigos», la comisión ética absolvió a Fals-Stewart y, por increíble que parezca, despidió a Cheryl. Pero Fals-Stewart no tenía bastante, e insistía en que Cheryl había cometido fraude. Intentó demandar a la Universidad de Búfalo por injurias a su persona. Pero ahí se pasó de la raya... a lo grande. Su demanda llamó la atención del fiscal general del estado de Nueva York. Tras analizar el caso, el estado acusó al profesor de catorce delitos de malversación por aceptar becas pecuniarias facilitando datos falsos. Unas semanas después, Fals-Stewart se suicidó.

Si bien Cheryl acabó consiguiendo que se hiciera justicia, el procedimiento la dejó hecha polvo. La dirección del instituto aceptó las acusaciones de Fals-Stewart y la despidió sin garantías procesales. Cuando la fiscalía general la exoneró, no recibió ninguna compensación por los daños sufridos. Nadie pidió perdón. Nadie la apoyó ni le ofreció protección y, como me explicó en nuestra conversación: «Me arruinó la vida». Aún hoy sigue siendo víctima del ostracismo por parte del resto de los académicos.

Cuando Cheryl me contó su historia, me conmovió su heroísmo y me indignó el lamentable trato que se le había dispensado. Pensé que sería importante impedir que la siguiente Cheryl fuera denostada y castigada injustamente; así, el resto de nosotros podríamos beneficiarnos de las grandes verdades que revelan las personas que indagan asuntos y los inconformistas. ¿Cómo podríamos haber ayudado a los miembros de la comisión ética y a otros dirigentes del instituto a escuchar con más atención a Cheryl y a tomarla más en serio? ¿Cómo podemos defender mejor a las personas que viven en los márgenes y que, aun careciendo de las credenciales pertinentes, dan con las mejores ideas y soluciones?

Indagando en diferentes estudios de psicología, he revelado tres poderosas barreras mentales que nos cierran la mente a nociones alternativas que encontramos por el camino.[4] Aunque nunca es fácil escuchar ideas ajenas, provocadoras o creativas, puede ser bueno entender y superar esas barreras. Nuestra psicología nos hace vulnerables a los argumentos y suposiciones de las autoridades y a los desinteresados que, inconscientemente, apoyamos el *statu quo* y desechamos ciertas opiniones y personas. Por suerte, podemos aprender a escuchar a los inconformistas de forma más imparcial, haciendo menos hincapié en el mensajero y más en el valor de la propia información. Cuando oímos ideas que sí valen la pena, podemos perfeccionarlas, con lo que los inconformistas persuaden mejor a la mayoría.

LA IDEA PRIMORDIAL
Tu propia mente no te deja aceptar nuevas ideas, y ni siquiera te das cuenta. Afortunadamente, puedes recuperar el control y aprender a ser más receptivo.

BARRERA 1: EL SUFRIMIENTO PSICOLÓGICO

Como miembros de una mayoría, nos cuesta escuchar lo que tienen que decir personas como Cheryl porque sus ideas nos asustan un poquito. Concretamente, suscitan lo que algunas personas de mi disciplina llaman «ansiedad por desconocimiento». Los humanos somos intolerantes por naturaleza. Nos aferramos a nuestros sistemas de creencias como a una tabla de salvación, sobre todo si poderosas autoridades los promueven, ya que aportan estructura y significado a nuestras vidas. Cuando un rebelde suelta de repente una idea nueva y provocadora, nos inquieta. Esa incertidumbre nos hace sufrir. Sí, a veces necesitamos sentirnos inquietos e indecisos;[5] así es como crecemos. Pero no es divertido. Cuando los adultos sienten ansiedad por no saber gestionar una situación, rehúyen la creatividad y se aferran a lo conocido.[6] Los maestros dicen que quieren un alumnado creativo. Pero lo cierto es que en clase prefieren a personas obedientes que siguen las normas mucho antes que a niños revoltosos y creativos.[7] Para empeorar las cosas, las nuevas ideas no solo activan emociones negativas, sino que provocan emociones acerca de dichas emociones. No estamos seguros de nuestra seguridad, tenemos miedo del propio miedo, nos avergüenza sentir vergüenza.

¿Cómo nos libramos de esta trampa emocional? Una solución es retraernos por completo de la situación y observarla desde lejos. Si podemos abandonar nuestro propio ego, quizás podamos entender una idea con mayor claridad sin que nuestras emociones la tiñan. Los científicos han ideado y probado una estrategia mental para hacerlo: el autodistanciamiento.[8]

Arraigado en las psicoterapias cognitivas conductuales[9] más fiables, el autodistanciamiento nos insta a alejar la mirada y observar de un modo más objetivo la imagen general de lo que está sucediendo, incluidos los participantes y sus puntos de vista. Esta técnica nos saca a la fuerza de nuestra obcecación y nos ayuda a asimilar información externa relevante. Al liberar nuestra mente de las distorsiones provocadas por sucesos, suposiciones o presupuestos pasados, nos volvemos más sabios a la hora de discernir los retos que se nos plantean y las mejores líneas de acción.

Al escuchar las ideas de un rebelde honesto, el autodistanciamiento consta de dos pasos clave. Primero, *concreta cuál es tu desafío como oyente*. Cuando un inconformista cuestiona tu punto de vista y ofrece una alternativa, te forjas tus primeras impresiones acerca de ese inconformista en función de una serie de factores: su pertenencia a tu endogrupo, su aspecto físico (edad, raza, sexo, género, altura, peso, atractivo físico), su popularidad (poder y capacidad para gustar) y su personalidad (como la volatilidad emocional, el entusiasmo y la educación). Admite lo difícil que resulta escuchar el mensaje de esa persona con una mente abierta por culpa de tus prejuicios, y por culpa del típico y viejo impulso que sientes de adherirte al *statu quo*.

Segundo, *procura adoptar una mentalidad más abierta*. Lo puedes hacer de dos maneras. Primero, intenta hablarte a ti mismo en tercera persona.[10] En lugar de dedicar la reunión a escuchar lo que dice un inconformista y pensar cosas como: «No lo entiendo», o «No le veo ningún sentido», intenta contextualizar esos pensamientos en tercera persona. Si un miembro del comité llamado Brian hubiera empleado el autodistanciamiento al valorar las pruebas que Cheryl había presentado contra el doctor William Fals-Stewart, su narrativa interna podría haber sonado así:

> Brian leyó la declaración del doctor Fals-Stewart. Brian no entendía por qué nadie se sorprendía de que el único edificio que ardiera fuera curiosamente el que albergaba los únicos archivos del doctor. O sea, qué curioso que Fals-Stewart anduviera por ahí cerca cuando empezó el incendio. Brian estuvo a punto de expresar sus dudas a Clarence [otra miembro]. Pero nunca articuló lo que pensaba porque nadie más de la comisión se mostró escéptico. Si él era el único escéptico, Brian supuso que debía de estar equivocado.

Puede que parezca extraño hablarse así a uno mismo. Resístete al instinto natural de relatar lo que pasa desde un punto de vista egocéntrico. Intenta cuestionar tus sentimientos, pero hay alternativas a preguntarse: «¿Por qué me siento así?». Si te llamas Brian, déjate de tanto ego y pregunta: «¿Por qué Brian se siente así?». En primera persona no disponemos del espacio suficiente para cuestionar de veras lo que creemos y pensamos, ni podemos seguir abiertos a nuevas perspectivas.

Para superar sesgos personales, describe lo que está sucediendo en una situación con carga emocional como si te estuviera observando alguien. Un observador utilizaría tu nombre («Todd, empieza a actuar como un profesor, no como un chico de catorce años»), te hablaría en segunda persona («Vas a ofender a alguien con tantas palabrotas. ¿No te importa ofender a una pequeña porción de los lectores?») o en tercera persona («Para perfilar la conducta rebelde, debería jugársela con algunos riesgos lingüísticos muy medidos»). Procura entender lo que piensas y sientes usando el pronombre «tú» y «[tu propio nombre]» tanto como puedas: «Todd se siente frustrado por tener que hacer una séptima ronda de correcciones. Quizás expondría mejor sus ideas con una autoevaluación extremadamente cándida y autoconsciente». No pasa nada por hablar de ti, pero tienes que hacerlo como si fueras un observador completamente ajeno a todo;[11] conversa internamente como si fueras un famoso muy narcisista. Sin embargo, a diferencia de los famosos narcisistas, estás probando una estrategia introspectiva para gestionar una serie de emociones fuertes y te estás abriendo para afrontar ideas que, aunque controvertidas, pueden ser buenas.

Normalmente, los psicólogos nos piden que usemos el autodistanciamiento para valorar nuestras emociones[12] en tercera persona y luego ahondar más, probablemente en las razones ocultas de esos pensamientos o emociones. Cuando interrogamos a nuestras reacciones en tercera persona, suspendemos los juicios ordinarios que hacemos sobre nosotros mismos y nos libramos de los prejuicios. Seguramente habrás notado que te desenvuelves mucho mejor cuando un amigo te pide consejo que cuando tú mismo afrontas los mismos problemas. Ahora cuentas con una herramienta para ayudarte a desatar tu mejor creatividad cuando estés metido de lleno en un aprieto. Exacto, te puedes convertir en tu propio amigo resuelveproblemas. ¡Solo tienes que cambiar la forma en que te hablas a ti mismo![13]

Científicos de la Universidad del Noroeste y de Stanford han indagado en lo que ocurre cuando las parejas aplican el autodistanciamiento. La respuesta es que es algo bueno. En un estudio se pidió a diversas parejas que pensaran en cómo se comunicaban y comportaban desde la perspectiva de un tercero que las observara, como un celador que revisa las imágenes de videovigilancia. Las parejas tenían que imaginar lo que pensaría ese observador, qué sugerencias haría y, después, anotar los consejos que se les ocurrían. Pese a durar solo unos minutos, este ejercicio hacía que las parejas estuvieran más satisfechas con su relación[14] a lo largo de dos años, independientemente de cuánto discutieran. En el ejército también se aplica el autodistanciamiento cuando los soldados informan del éxito o del fracaso de las misiones, porque funciona.[15]

Una segunda manera de autodistanciarse es ampliar tu horizonte temporal. He aquí algunas pautas para hacerlo durante una situación con carga emocional:

> Cierra los ojos y trata de imaginar cómo será tu vida dentro de cinco años. Reflexiona sobre cómo te hará sentir este suceso dentro de cinco años. ¿Qué emociones y pensamientos, si los hay, podrías experimentar al reflexionar sobre tu problema? Si no tuvieras que preocuparte en absoluto de la aprobación social, ¿qué dirías y harías hoy para generar un impacto positivo en el futuro lejano? Basándote en lo que decidiste evitar por miedo, y en lo que tuviste el valor de hacer a pesar del miedo, ¿cómo te juzgarás a ti mismo entonces? Cuando valores estas preguntas y respuestas, no seas reacio a tomar decisiones que hoy puedan incomodarte pero que, en un futuro lejano, apreciarás. Reduce el número de decisiones que más tarde vayas a lamentar.[16]

Cuando encontramos ideas que nos ponen en un aprieto, muchas veces reaccionamos de maneras que nos hacen sentir mejor a corto plazo sin pensar en lo que pasará a la larga. Tenemos que vencer el instinto de rechazar lo nuevo, y la solución es evocar una imagen vívida de un futuro alternativo. Es habitual que los detractores se enfrasquen en discusiones por menudencias al aplicar ideas novedosas, y eso los lleva a la inacción. Podemos salvar esa trampa pensando de antemano en el futuro que imaginamos para cuando esas mismas ideas novedosas arraiguen. En lugar de empantanarnos con las intrincadas razones por las que no podemos hacer algo, podemos forjarnos una imagen concreta de los posibles beneficios de las ideas novedosas, pues pueden animarnos a optar por la acción, en vez de la inacción.

Elijamos la técnica que elijamos, el autodistanciamiento es una estrategia prometedora a la hora de interactuar con insubordinados. Adaptar lingüísticamente[17] la forma en que nos hablamos a nosotros mismos cuesta poco en términos de tiempo y esfuerzo, y ofrece un rédito sustancial. Los estudios han descubierto que el cambio de perspectiva que aporta esta estrategia ayuda a la gente a lidiar mejor con sucesos de gran intensidad emocional.[18] Esto, a su vez, da pie a una menor ansiedad, menos actividad cardiovascular y tensión, más saber y una mayor capacidad para tomar medidas en clave positiva. Las personas que se autodistancian se vuelven más cómodas con aquello que les incomoda. También se vuelven más humildes a nivel intelectual y más receptivas a las ideas de personas con ideologías contrarias.[19]

El simple hecho de autodistanciarse surte un efecto a largo plazo. Los estudios han demostrado que días y semanas después de adoptar esta práctica, las personas procesan mejor el dolor psicológico y físico, lo cual les ayuda a encontrar un mayor sentido a las cosas tras tomar decisiones difíciles. Los estudios también han sugerido que el autodistanciamiento permite a la gente separar su valoración de las ideas de la fuente que las articula. Una investigación reciente descubrió que, cuando se pedía a los participantes que pensaran en quiénes eran haciéndoles la pregunta «¿Quién soy yo?», pensaban de otra manera en su identidad que cuando se les pedía que pensaran en tercera persona: «¿Quién es Todd?». Al pedírseles que se describieran con frases que comenzaran con la fórmula «soy», los participantes enumeraban una larga serie de grupos con los que se identificaban (como «liberal», «ateo», «judío», etcétera). Cuando se les pedía que se describieran desde lejos usando frases en tercera persona (como «Todd es...»), la gente respondía con descripciones más abstractas de su personalidad (como «emocionalmente estable», «asertivo», «decidido» y «creativo»).[20]

Algo parecido ocurría cuando los participantes valoraban a sus amigos. Cuando se les pedía que juzgaran a su amiga Juliana con la pregunta «¿Quién es Juliana?», los sujetos la describían con sus atributos y su carácter, en vez de mencionar los grupos exclusivos a los que pertenecía. Así pues, el autodistanciamiento parece distraernos de nuestra obsesión por la demografía de los inconformistas, poniendo el acento en su individualidad y en el mérito de lo que dicen. Anonimizando el diálogo interno, nos representamos mentalmente y juzgamos a los demás con más matices. Nos volvemos más tolerantes y más flexibles a lo que dicen las voces discrepantes.

LA IDEA PRIMORDIAL

Las nuevas ideas pueden causar un innecesario malestar psicológico. Utiliza el autodistanciamiento para apagar ese fuego y abrirte más a lo nuevo.

BARRERA 2: EL EXCESO DE CONFIANZA

Para entablar una buena relación con los insubordinados honestos, tenemos que hacer más que trascender nuestras reacciones emocionales iniciales. Una de las principales razones por las que nos quitamos de encima enseguida a gente como Cheryl es que creemos que sabemos más de lo que sabemos realmente.[21] Este problema se acentúa más si cabe si hemos recibido formación especializada sobre un tema o si, en cambio, somos unos completos ignorantes en ese aspecto. Añadir siglas y títulos a nuestro nombre por medio de una licenciatura, un permiso o un certificado profesional nos hace sentir excesivamente competentes,[22] con lo que encubrimos nuestras deficiencias intelectuales, tanto si es la limitación cognitiva como si son los puntos débiles, los sesgos partidistas, la suerte o la incapacidad para explicar los pormenores de una situación. También nos atrincheramos en ideas porque nos identificamos con lo que creemos saber, y nos sentimos cercanos a miembros de los grupos con quienes nos asociamos. En varios estudios, los participantes a quienes se recordaba su afiliación política[23] u otra identidad social mostraban un mayor exceso de confianza en lo que sabían, así que les costaba más barajar nuevos argumentos e ideas. Entre tanto, otros estudios han hallado que cuanto menos sabe uno de un tema, más probable es que abrigue opiniones fervientes sobre él.[24] Cuando sabemos demasiado o demasiado poco, nos volvemos intolerantes y, muchas veces, eso nos brinda un exceso de confianza en lo que ya sabemos.

LA IDEA PRIMORDIAL
Si pensamos que ya sabemos lo suficiente para hacer valoraciones y tomar decisiones cimentadas, no aprenderemos mucho de los rebeldes honestos. Por suerte, seremos menos sabelotodos si cultivamos la más valiosa de las virtudes: la curiosidad.

La curiosidad es sana en muchos sentidos, nos vuelve más inteligentes y nos hace evolucionar.[25] Los más curiosos no solo persisten más con las cosas que les cuestan, sino que rinden mejor y se cansan menos. En un estudio se descubrió que simplemente con pedir a un sujeto que describiera una experiencia pasada en que había sentido curiosidad,[26] su energía mental y física aumentaba un 20 % más que al recordar momentos de gran felicidad. Tanto la inteligencia como la tenacidad y la energía son relevantes cuando tratamos de vencer la resistencia y escuchar a los insubordinados honestos. La curiosidad también nos ayuda a hacer más caso a los demás. Muchas veces no logramos entender bien a los rebeldes que nos rodean porque pasamos más tiempo explicando nuestras posturas que pensando en lo que nos pueden ofrecer. La curiosidad nos arranca de nuestro ensimismamiento. Y de este modo nos abrimos más a ideas nuevas y útiles.

No es difícil cultivar la curiosidad:[27] simplemente *plantea más y mejores preguntas*. Cuando te encuentres un punto de vista opuesto o desconocido, sopesa con escepticismo y franqueza tus propias creencias, preguntando: *¿qué sabe este insubordinado honesto que yo no sepa? ¿Qué puedo extraer de su conocimiento único para mejorar nuestra vida y manera de pensar?* Y si estás conversando con otra persona, antes de intentar demostrar lo inteligente o competente que eres y detallar la lógica de por qué tienes tanta razón y tu interlocutor, tan poca, intenta pedir a esa persona que reflexione y explique cómo articula sus ideas.[28] Di esto: «Me interesa lo que dices. ¿Me puedes explicar más sobre cómo llegaste a esa conclusión?».

Así que muchas veces reaccionamos a las nuevas ideas a la defensiva, en un intento por apuntalar nuestros propios argumentos. Pero tampoco es que sea el camino a un encuentro productivo. Como observa el filósofo Alain de Botton, el conversador excepcional no es alguien que sabe escuchar, sino alguien que «sabe interrumpir».[29] No «interrumpe para introducir con calzador sus propias ideas», como hace la mayoría, sino «para ayudar a los demás a abrir la escotilla de sus miedos primarios más sinceros y, a su vez, esquivos». La ciencia lo respalda. En un estudio, los investigadores requirieron a un grupo de participantes que se concentraran en sus propios argumentos mientras oían a una persona presentar una opinión contraria. Entretanto, otros participantes formulaban preguntas abiertas del orador para ayudarlos a entender por qué pensaban como pensaban. «El mero hecho de formular preguntas en las que había que desarrollar la respuesta era suficiente para cambiar su reacción», declaró el investigador jefe del estudio.[30] Los científicos descubrieron que cuando las personas dejaban de intentar persuadir[31] a sus interlocutores y se tomaban el tiempo compartido como una oportunidad para aprender algo nuevo, esto daba pie a una mayor satisfacción, a actitudes más positivas y a un mayor deseo de volver a verse. Mejora tus aptitudes interpersonales dejando claro que el objetivo de la conversación es aprender, no persuadir. Demuestra tu interés en lo que dice una persona con gestos inconfundibles, como asintiendo e inclinando la cabeza, mirando a la cara, entrecerrando los ojos para mostrar que estás concentrado y murmurando para dar a entender que estás pensando. Escuchar para aprender, en vez de hacerlo para persuadir, puede marcar la diferencia a la hora de aprovechar la liberadora tolerancia que estimula los disidentes.

En otro estudio se descubrió que plantear una sola pregunta curiosa —una pregunta abierta para entender mejor por qué alguien siente o piensa como lo hace— alteraba el diálogo entre dos personas con opiniones opuestas. Con una única pregunta curiosa, el interlocutor se volvía más sensible a los puntos de vista de la otra persona;[32] era más proclive a continuar con la conversación y más propenso a atribuir a la otra parte un rasgo afable, tolerante, inteligente, razonable, objetivo y moral. De media, durante los quince primeros minutos de chat virtual con un desconocido, una persona no pregunta más de seis cosas. En un chat virtual, lo único que puedes hacer es escribir, leer o pensar. Allí, seis preguntas brindan la oportunidad de conocer la personalidad, los intereses y los valores de otra persona. Sí, hacer más preguntas ayuda. Pero importa mucho más el tipo de preguntas que haces. En dos estudios se descubrió que, al hacer más preguntas complementarias, aumentaba la cordialidad y el deseo de saber más acerca del interlocutor. A su vez, la otra parte consideraba que los interlocutores que mostraban interés eran más simpáticos y parecían más afectuosos.[33]

Hacer más preguntas sobre lo que interesa a alguien demuestra que estás prestando atención y que quieres entenderlo. Aumenta tu caché social haciendo muchas *preguntas complementarias*. Si te dicen: «Me gustaría *sushi* de anguila», pues responde: «Si solo pudieras comer una cosa durante toda la vida, ¿qué sería?». Compara esta potente sintonización dialógica con estrategias con menos potencial de generar simpatía, como son las *preguntas para cambiar de tema* (alguien te dice que se arrepiente de comprar un erizo y tú respondes: «Pero ¿te gustan las novelas gráficas?»), las *preguntas espejo* (te preguntan: «¿Qué haces cuando alguien te trolea por internet?», y tú respondes: «Normalmente envío un video de mi perro durmiendo en una hamaca. ¿Tú qué haces?») o las *preguntas retóricas* (en las que te dicen: «¿Cuándo fue la última vez que pasaste mucha vergüenza?», y tú respondes: «Sin querer me corté la corbata con una guillotina. ¿No es un nombre perfecto para un producto de oficina?»). Demuestra tu interés. Demuestra que escuchas y reaccionas. Demuestra que quieres más información porque te han inspirado o intrigado. Indica que te interesa lo que le gusta a esa otra persona. Haciendo frecuentes y acertadas preguntas complementarias, los interlocutores pueden exprimir más sus anécdotas y pensamientos y te apreciarán por ello.

Rompe el exceso de confianza con curiosidad. Los equívocos respecto a lo que necesitamos para ser grandes conversadores nos impiden tender puentes con los rebeldes honestos y, de hecho, con cualquiera. La mayoría vive las conversaciones como una retahíla de decisiones sobre qué decir y cómo actuar. Confiando en el instinto, admiramos a la gente que parece ingeniosa, que cuenta anécdotas apasionantes y que responde con «finura». Asumimos que los demás creerán que somos ases de la conversación si exhibimos agudez y finura. No, no y no, dice la ciencia moderna.

La mayoría queremos interlocutores que muestren interés en lo que sentimos o pensamos, en lo que nos molesta, nos intriga y entusiasma. La mayoría queremos comunicarnos con personas que nos animen a sumergirnos más en nuestros intereses con estas preguntas:[34] «¿En qué piensas?»; «Quiero saber más acerca de...»; «¿Qué avivó tu interés en...?»; «¿Por qué pasó?»; «¿Cómo te sentiste cuando...?»; o «¿Y qué más?». Para reinar en las conversaciones, hay que ser menos egocéntrico.

Redirige tu atención a lo que ofrecen los demás. Habla menos y pregunta más. Cuando preguntes el porqué, hazlo con curiosidad, sin juzgar. El «¿por qué?» que muestra curiosidad intenta ahondar en lo que está diciendo o haciendo otra persona en el presente con el único fin de entenderlo. El «¿por qué?» que juzga está criticando lo que se ha dicho o hecho. Aleja a la otra persona. Si lo preguntas con el tono de «¿Qué haces aquí, a ver?» o «¿Qué problema tienes?», no solo parecerás un mezquino, sino que no conseguirás atraer a gente, incluidos los valiosísimos inconformistas. La curiosidad es un antídoto para no ponerse a la defensiva.

Para relacionarse bien con inconformistas o personas delatoras, hacer preguntas y exhibir una actitud curiosa lo es todo. En el caso de William Fals-Stewart, Cheryl lanzó una serie de acusaciones. El buen doctor había publicado un artículo en que se mencionaba a 120 parejas que participaban en un programa de terapia. Pero Cheryl se leyó de cabo a rabo los archivos y solo encontró a tres. Como también indicó Cheryl, Fals-Stewart prefería no utilizar cheques ni tarjetas de crédito. Pagaba en efectivo todo lo relacionado con el trabajo, y eso que la financiación de las becas públicas exige guardar todos los recibos y registros. Este hecho por sí solo le pareció a Cheryl de lo más sospechoso. Por desgracia, los responsables de la universidad no mostraron el mismo nivel de curiosidad en su análisis de los hechos. No solo no indagaron en estas dos cuestiones; tampoco cuestionaron la credibilidad de los testigos del doctor ni se preguntaron por qué él era más creíble que Cheryl.[35] En cuestiones cruciales, estaban excesivamente seguros de la información aportada y, por tanto, no hicieron las pesquisas necesarias para ampliarla.

En el momento en que se hacen, las preguntas difíciles e incluso peligrosas casi nunca caen bien. La preferencia por la simplicidad cognitiva nos lleva a caer en suposiciones previas, así como a generalizar demasiado, creyendo que todos los afroamericanos son políticamente liberales[36] o que todos los republicanos respaldan a Trump como autómatas.[37] Asumimos que los temas complejos se reducen a dicotomías. O estás a favor de abrir las fronteras a los inmigrantes o estás en contra. O estás a favor de la libertad de expresión o estás en contra. Y así, descartamos hacer ciertas preguntas porque suponemos que sabemos la respuesta.

Para hacer migas con los rebeldes honestos, hemos de resistir a la tentación de verlo todo en términos maniqueos. Hay pocas personas enteramente buenas o malas. Muchos somos una mezcla de valores y un amplio abanico de decisiones morales, inmorales y moralmente ambiguas que tienen poco sentido cuando se sacan de contexto. Mostremos algo de curiosidad. Ahondemos en los elementos nuevos, ambiguos y misteriosos de nuestro mundo.[38] Aceptemos la complejidad y resistamos a la tentación de clasificar a la gente o sus opiniones con excesiva simplicidad.[39] Dediquemos más tiempo a preguntar. No puedes ser feliz siempre, pero puedes ser curioso casi siempre.

BARRERA 3: LA INTOLERANCIA

Imagina que han entrado a robar en una casa de las afueras y la policía ha detenido a tres sospechosos.[40] Como investigador del caso, te han pasado una fotografía de cada uno de ellos. También sabes su nombre, profesión, coartada, antecedentes penales, lo que llevaban encima y cómo se comportaron al ser arrestados. Si echas un vistazo a la información siguiente, ¿de quién tienes más sospechas como autor del delito?

NOMBRE	PETER ALLEN	MARK MATHER	STEVEN JONES
COARTADA	Estaba jugando a las cartas con un grupo de amigos de la iglesia	Estaba paseando al perro	Estaba en casa solo viendo la televisión
ANTECEDENTES	Exceso de velocidad, 130 km/h	Ninguno	Estuvo seis meses en la cárcel por robo con allanamiento en 2002
EFECTOS PERSONALES AL SER ARRESTADO	35 $ y una baraja de cartas	Correa, cigarros, golden retriever y 6 $ en monedas	400 $ en efectivo, un desarmador y chicle
CONDUCTA DURANTE EL ARRESTO	Obedeció al agente	Insultó al agente	Obedeció al agente
PROFESIÓN	Contador	Agente inmobiliario	En paro

Habrás visto que uno de los sospechosos, Steven Jones, no tenía coartada, tenía antecedentes penales y llevaba cuatrocientos dólares en efectivo cuando fue detenido por la policía, además de un desarmador. También era el único sospechoso en paro. Todo señala a él. Casualmente también es el único sospechoso negro.

En un fascinante estudio, se pidió a los sujetos que pensaran como investigadores y que estudiaran a estos tres posibles responsables. Los participantes tomaban una pluma, trazaban un círculo alrededor de la imagen de Steven Jones y luego la entregaban. Pero ese no era el fin del experimento. Al salir de la habitación, se informaba a los participantes de que otra persona del estudio había llevado a cabo la misma tarea anteriormente. Se les daba una carpeta de papel kraft con la respuesta de esa otra persona y, al abrirla, los participantes encontraban una nota manuscrita que decía: «Me niego a escoger; es obvio que existe un sesgo en esta tarea. Me parece ofensivo convertir al hombre negro en el sospechoso número uno. Me niego a participar en este juego». Atrevido, ¿verdad? ¡Esa otra persona había acusado a los investigadores de racismo!

¿Cómo supones que respondieron los participantes ante este acto de rebelión moral? Lo lógico sería esperar que hubieran aplaudido al rebelde que había denunciado el racismo, pero no lo hicieron. Lo repudiaron y lo tacharon de santurrón, de haberse puesto a la defensiva, de terco, de pretencioso y de ofendidito. Al ver al rebelde posicionarse cuando ellos no lo habían considerado o habían temido hacerlo, los otros «detectives» del estudio declararon que no querían ser amigos del rebelde. No querrían vivir con él ni querrían colaborar en un proyecto juntos.

No solo tenemos mala relación con los rebeldes porque sus ideas nos inquietan o porque asumimos que lo sabemos todo, sino porque tenemos tirria hacia esas personas por herirnos y por señalarnos nuestras propias limitaciones. Si hubieras trabajado en el Instituto de Investigación sobre Adicciones cuando el doctor William Fals-Stewart cometía fraude, podrías haber rechazado a Cheryl y sus pruebas porque estaba poniendo de manifiesto tu incapacidad para detectar a un traidor. Como persona de gran erudición que trabajaba día a día con Fals-Stewart, quizás te habrías sentido abochornado por que Cheryl hubiera detectado un problema que tú no. Por tanto, la podrías haber denigrado como estrategia para protegerte de los autorreproches.

Reconocer esta dinámica nos conduce a otra estrategia que podemos utilizar para ser más receptivos a las ideas inconformistas: la «humildad deliberada»,[41] consistente en *recordarnos nuestros defectos y limitaciones*. La humildad deliberada puede parecer contraria a la lógica: si nos dan miedo los autorreproches, ¿por qué querríamos criticarnos? La repuesta es que cuando «asimilamos» la inferioridad intelectual y moral que sentimos cuando nos enfrentamos a insubordinados honestos, podemos verlos como símbolos de fuerza y sentirnos mejor con nosotros mismos. Nos sentimos menos proclives a aferrarnos a una idea de autoperfección solo para verla hecha trizas por un insubordinado honesto. Esto nos predispone más a luchar por el débil en vez de resistirnos o apocarnos en silencio. La humildad deliberada también nos ayuda volviéndonos más sabios, pues el saber emana del hecho de entender las limitaciones de nuestro propio conocimiento, de respetar los puntos de vista ajenos, de abrir la puerta a las críticas y de comunicar nuestras ideas respetuosamente.[42] Cuando nos recuerdan cuánto contribuye la humildad intelectual a hacernos más sabios, nos volvemos más tolerantes con las personas que discrepan en términos de ideología, mentalidad y educación.[43]

Si practicamos la humildad deliberada, podemos abrirnos más a las ideas divergentes.[44] Elige un momento en que te faltó humildad y modestia. Quizás fuera un momento en que no podías dejar de pensar en tus virtudes o buenas obras, o cuando alguien compartió una idea y tú la ignoraste o desechaste. Podrías haber dedicado algo más de tiempo a interrumpir con destreza, a preguntar cosas, recabar información y aprender algo, pero no lo hiciste. Ahora recrea este suceso en tu mente con toda la vividez posible. Piensa en cómo te sentiste y reaccionaste a lo sucedido en los días siguientes. Señala las emociones que sentiste, echando mano a la destreza para identificar las emociones del sexto capítulo. Escudriña este suceso desde la posición ventajosa de otra persona que observa las imágenes en video. ¿Cómo lo vería esa persona? ¿Qué podrías haber hecho diferente? En último lugar, piensa en cómo podrías cambiar tu conducta en lo sucesivo basándote en los recuerdos de ese suceso. Este tipo de reflexión y autoevaluación está muy bien.[45] Muchos estudios han descubierto que las personas que han superado un proceso mental así salen siendo más humildes, compasivas y pacientes y menos críticas consigo mismas y los demás.

En estudios realizados en seis universidades diferentes,[46] los científicos descubrieron que, al discrepar, las personas con humildad intelectual mostraban más interés en la opinión de la oposición, trataban a la oposición con más respeto y dignidad y reflexionaban más sobre su postura. Y todo eso les ayudaba a saber más. La próxima vez que estés con alguien que cuestione el *statu quo*, convéncete de que sabe algo que tú no y proponte descubrir qué es. Recuerda, se supone que tienes que actualizar tu sistema de creencias cuando descubres nueva información. ¡Así es como creces! Qué triste sería que siguieras creyendo en las mismas cosas de aquí a diez años.

A menos que busques nueva información bajo un halo de humildad, simplemente estarás haciendo proselitismo, no mostrando curiosidad real.

LA IDEA PRIMORDIAL

La sociedad necesita menos predicadores callejeros y más gente intelectualmente humilde que pueda tender puentes sociales e intelectuales. Saca fuerzas de flaqueza para resistir a las falsedades simples. Procura explorar las verdades complejas de manera íntegra y honesta.

EXPERIMENTA MEJOR

A la hora de mejorar la sociedad, los inconformistas no son los únicos responsables de convencernos de sus verdades. El resto debemos acoger y evaluar sus aportaciones con ecuanimidad para poder aceptar ideas y soluciones que mejoren lo que ya existe. Pero como hemos visto en este capítulo, entablar relaciones fructíferas con los rebeldes no solo consiste en querer escucharlos. Necesitamos superar el bagaje emocional y mental con el que cargamos y que nos lleva a rehuir ideas nuevas y diferentes antes de tener ocasión de barajarlas racionalmente.

Recordemos lo que hay en juego. Personas delatoras, activistas políticos, artistas, científicos y otras personas que «piensan diferente» son agentes del progreso social. Necesitamos que las Cheryls de este mundo identifiquen la inmoralidad, la injusticia, la improductividad, la irracionalidad y la prevaricación de nuestros sistemas cuando hagan acto de aparición. Necesitamos que griten: «¡Eso no funciona!», o «¡Podemos ser mejores!» También necesitamos que nos muestren qué podría significar ese mundo «mejor» concibiendo nuevas soluciones en las que nosotros todavía no hemos pensado.

Hoy, las sociedades están en proceso de cambio y se están transformando más deprisa que nunca. Sea por la pandemia, el progreso tecnológico, el cambio generacional u otros factores, muchos estamos abandonando hábitos y prácticas de décadas de antigüedad de un día a otro. Incluso los expertos más reputados son incapaces de predecir lo que pasará mañana. Por tanto, nos toca experimentar con la mejor forma de alimentarnos, trabajar, educar a nuestros hijos, cuidar de nuestros mayores, etcétera. Esos experimentos funcionan mejor cuando tenemos varias ideas alternativas a nuestra disposición. Solo las valoraremos si abrimos la mente cultivando una mezcla de empatía con otras opiniones, curiosidad y humildad intelectual.

No solo son las personas las que deben aprender a ser más amables y sensibles a los inconformistas, sino los grupos. Buena parte del progreso social se da en las escuelas, las empresas, las comunidades, los equipos y los barrios. Con todo, las arraigadas convenciones sociales nos impiden considerar ideas diferentes y potencialmente amenazantes. Pensemos en cómo podríamos cambiar las normas y culturas que surgen en los grupos para hacerlas más propicias para los rebeldes que haya en su seno, y facilitar así que puedan beneficiarse de sus singulares puntos de vista.

LA RECETA PASO A PASO

1. *Para interactuar mejor con los insubordinados, practica el autodistanciamiento.* La gente que se autodistancia es más ecuánime en las situaciones emocionalmente intensas. Al usar el autodistanciamiento, te pones menos a la defensiva cuando personas con opiniones contrarias presentan una idea.
2. *Cultiva la curiosidad.* Cuando te topes con un punto de vista contrario o diferente, es sano ser escéptico con tus propias opiniones. Presta atención a lo que ofrecen los demás. Habla menos y haz más preguntas.
3. *Para ser más sensible a las ideas inconformistas, practica la «humildad deliberada».* Cuando admitimos y «asimilamos» que podemos cometer errores, apreciamos más el valor de los insubordinados honestos y los respetamos más. Cuando somos intelectualmente humildes, estamos más dispuestos a luchar por los débiles en lugar de resistirnos o apocarnos en silencio.

9

APRENDE DE LOS EXCÉNTRICOS

Cómo fomentar culturas propicias para los rebeldes dentro de los grupos

El 25 de octubre de 1994, un día aparentemente normal, la teniente Kara Hultgreen de las Fuerzas Aéreas de Estados Unidos intentó aterrizar su F-14A Tomcat en el portaaviones norteamericano Abraham Lincoln. El cielo estaba despejado y, cuando Hultgreen hizo el último giro a kilómetro y medio de la pista de aterrizaje, ambos motores del avión funcionaban correctamente. Pero algo pasó en la aproximación final. El motor izquierdo falló y Hultgreen se pasó de la línea central amarilla del área de aterrizaje. El avión viró a la izquierda y, para compensar, Hultgreen lo puso boca arriba para planear sobre el océano Pacífico. Sentado tras ella, el teniente Matthew Klemish inició la secuencia de eyección para Hultgreen y para él mismo. Klemish sobrevivió. Una fracción de segundo más tarde el asiento de la teniente Hultgreen salió despedido hacia abajo, directamente hacia el agua. Murió en el acto.

Fue un suceso horrible y trágico, pero el accidente

sumió a la marina en una gran controversia política. Un año antes, y pese a las objeciones del alto mando militar, el Congreso había revocado una normativa que llevaba décadas en vigor y que excluía a las mujeres de los puestos militares de combate.[1] Presionados por cumplir la nueva ley, los jefes de la armada aplicaron un plan para poner en servicio a la primera piloto de combate antes de que acabara 1994. Era Hultgreen. Y ahora que había fallecido, todo el mundo quería saber por qué. ¿Las mujeres no tenían madera para el combate, como aducían algunas voces del ejército? ¿La armada había corrido demasiado para lanzar a Hultgreen al combate sin recibir el entrenamiento adecuado? ¿O simplemente había sido una víctima desafortunada de una avería?

La máxima autoridad jurídica de la armada, el juez abogado general, emitió un informe oficial del accidente en que achacaba la muerte de Hultgreen a una avería.[2] Pero en marzo de 1995 alguien filtró una investigación interna[3] del Navy Safety Council que había llegado a la conclusión de que Hultgreen había muerto por un error de pilotaje.[4] Un oficial de la armada, el capitán Patrick Burns, destapó el caso filtrando el expediente confidencial de instrucción de Hultgreen a una organización independiente: el Center for Military Readiness.[5] Y este, a su vez, compartió esta información con la prensa. Como mostraban esos registros, la armada había sido más permisiva con ella durante la instrucción que con otros potenciales pilotos de combate. Cuando un piloto hombre estaba siendo adiestrado y obtenía una mala nota o un suspenso por no conseguir aterrizar la aeronave, normalmente se le daban dos oportunidades más antes de expulsarlo. El expediente de instrucción de la teniente Hultgreen mostraba cuatro malas calificaciones.

Un escéptico se sentiría tentado de tachar a Burns de misógino recalcitrante que nunca creyó que Hultgreen tuviera lo que había que tener para volar en misiones de combate. Sin duda, la teniente Hultgreen y otras mujeres se toparon con una resistencia considerable en la armada, incluida la hostilidad de los oficiales hombres. Algunos no veían con buenos ojos la atención mediática prestada a la teniente Hultgreen. No les gustaba que hubiera periodistas constantemente en la base observándola. Algunos oficiales albergaban firmes opiniones sobre la inferioridad de las mujeres. Y aunque no eran manifiestamente misóginos, muchos no sabían cómo hablar o actuar delante de las mujeres. «Creo que es un error abrir la puerta de los equipos de bombardeo y de combate a las mujeres —testificó el general Merrill A. McPeak, jefe del Estado Mayor de las Fuerzas Aéreas en una reunión de 1993 del Comité Asesor de Defensa en materia de Mujeres en las Fuerzas Armadas—: Tengo un problema cultural: soy incapaz de hacerme a la idea de ver hombres mayores mandando a mujeres jóvenes al combate.»[6]

Y había otras condiciones que entorpecían el camino de las mujeres pilotos. Por ejemplo, el equipamiento militar no estaba adaptado a sus cuerpos.[7] Casi todo lo que había en la cabina estaba diseñado pensando en las dimensiones físicas de los hombres, que de media son doce centímetros más altos y tienen las manos dos centímetros más largas. A las mujeres les cuesta más pilotar con seguridad cuando el equipo no está diseñado pensando en sus cuerpos. Téngase en cuenta la altura del asiento, el respaldo para los hombros y la espalda, la distancia hasta los pedales y la palanca de mando y la distancia entre los botones del panel de instrumentos.

La teniente Hultgreen no quería que nadie amañara los criterios de la armada para juzgarla a ella ni a ninguna otra mujer. Solo quería que se le diera una oportunidad justa. «No creo que la armada deba a las mujeres un trabajo. Creo que la clave está en que deberían querer a la mejor persona para el puesto —dijo—.[8] Si me admiten exigiéndome menos, es mi vida la que está en juego. Me podría matar.»[9] Pero ese era justamente el argumento de Burns. En su opinión, la armada había aceptado a la teniente Hultgreen con unos criterios más permisivos debido a la presión que habían recibido los altos mandos para licenciar a su primera piloto de combate. Burns estaba a favor de integrar a las mujeres, pues había indicios fehacientes de su preparación para el combate. Arriesgó sus veintiocho años de carrera militar filtrando información porque no veía otra vía para combatir la presión política que estaba recibiendo la armada.[10] «Se lo debía a la armada —testificó ante el inspector general naval—. Es una auténtica injusticia con las mujeres que están trabajando bien y que son plenamente capaces de hacer volar aviones, luchar contra otros aeronaves y bombardear objetivos. Se les está juzgando con otra vara de medir que a sus compañeros hombres, y eso no es justo para ellas. Así que no se está haciendo un favor a nadie.»[11]

Nunca sabremos a ciencia cierta qué causó la muerte de la teniente Hultgreen. Lo que parece evidente es que la armada no hizo lo suficiente para favorecer las aportaciones de los insubordinados honestos, tanto de mujeres pioneras del ejército como de un valiente como Burns, quien delató. La presión política externa no erradicará por arte de magia los sesgos y prejuicios que hacen que un grupo no vea con simpatía a las minorías. De igual modo, no puedes esperar que la gente sea honesta si la propia organización trata de ocultar hechos importantes en una investigación. Para sacar el máximo provecho de la insubordinación honesta, los organismos públicos, las empresas, los equipos y otros grupos deben enseñar a la gente a pensar de otra forma. Deben diseñar *motu proprio* culturas en que las almas libres como la teniente Hultgreen, dadas a romper moldes, tengan una oportunidad justa. También deben proyectar culturas en que rebeldes honestos como el capitán Burns puedan expresar sin rodeos hechos inconvenientes sin miedo a sufrir represalias.

Muchos grupos aplastan las contribuciones de la minoría, y también de los insubordinados honestos. Es frecuente que hasta los que se jactan de su «diversidad» no cosechen los beneficios esperados. Aunque se hace mucho hincapié en la diversidad demográfica, los científicos han encontrado poca relación entre esa diversidad en un grupo y su rendimiento.[12] Las dimensiones de la diversidad en el trabajo (el perfil académico de una persona, los años de experiencia, el conocimiento práctico y las aptitudes) surten un efecto mínimo sobre el rendimiento del grupo.[13] No es que la diversidad sea estéril, sino más bien que, como dicen los investigadores, «ciertos tipos de grupos pueden ser más hábiles a la hora de aprovechar las ventajas que brinda la diversidad».[14] Para hacer que un grupo sea más hábil a la hora de explotar cualquier tipo de diversidad, incluyendo a personas que abrigan opiniones que podríamos tildar de «extravagantes» o «extrañas», debemos abandonar esta idea: solo con reclutar a personas no normativas y añadirlas a la mezcla no va a mejorar el rendimiento.

A partir de ahí, debemos indagar en qué condiciones permiten que la presencia de personas y puntos de vista diversos nos convenga a nosotros y a ellos, y debemos aplicar cambios culturales en función de esas condiciones.[15] Investigadores de la Universidad de Ámsterdam y de Kiel descubrieron dos vías sensacionales[16] para los grupos que quieren mejorar su apoyo a los inconformistas, aprender de ellos y elevar el rendimiento del grupo. Vamos a echar un vistazo a ambas, estudiando cómo podría haber fomentado la armada una investigación más honesta y transparente de la muerte de Hultgreen, o quizás haberla prevenido.

LA IDEA PRIMORDIAL

Solo con la diversidad o con la presencia de inconformistas no catapultaremos mágicamente el rendimiento de un grupo. Tenemos que aplicar cambios culturales entendiendo lo que permite que podamos sacar provecho de la presencia de personas y puntos de vista diversos.

VÍA 1: CREA UN CLIMA QUE ANIME A TODO EL MUNDO A PARTICIPAR

Es habitual que los grupos no saquen todo el jugo de la diversidad porque les cuesta extraer conocimiento de los márgenes. Como líder, te interesa que el grupo sea una maraña perfecta y cohesionada; así, operará con eficiencia. Con cierto grado de armonía y optimismo, las personas que se parecen pueden coordinar sus pensamientos y actos enseguida. Piensa en los bomberos que colaboran como una máquina bien engrasada para llegar rápidamente al lugar de emergencia. Aun así, la cohesión puede impedir que los rebeldes honestos, que por naturaleza piensan diferente de la mayoría, compartan sus mensajes. También puede impedir que otros miembros del grupo valoren justamente esos mensajes. Solo obtendrás buenas ideas de los rebeldes —y así elevarás la capacidad del grupo para buscar, conquistar, pensar, aprender y crear—[17] si tratas a los rebeldes como colaboradores de valor incalculable y si los atraes, desarrollando y puliendo sus ideas. De otro modo no conseguirás las mejores soluciones, solo las más rápidas, y la inteligencia colectiva del grupo se resentirá.

LA IDEA PRIMORDIAL

Para maximizar la inteligencia colectiva de un grupo, erige una cultura que reafirme ciertos valores: autonomía, pensamiento crítico, libertad de opinión y el deseo de buscar información útil venga de donde venga.

Los psicólogos llaman a estos valores «motivación epistémica»,[18] definida como la «voluntad de invertir esfuerzos para entender bien el mundo, incluyendo la tarea del grupo o la decisión que hay que tomar en un momento dado». Para que un grupo busque soluciones creativas, sus miembros tienen que querer hacer algo diferente y útil porque los viejos métodos no funcionan. Un grupo con una fuerte motivación epistémica entiende que buscar ávida y sistemáticamente nuevas posibilidades vale la pena.

Los grupos casi nunca aprenden de los rebeldes honestos si los miembros ya creen poseer la información necesaria para tomar una decisión. Pero aquellos en los que la motivación epistémica tiene mucho peso suelen juzgar con más benevolencia las ideas inconformistas. Según un estudio, las personas que recordaban las normas de la motivación epistémica y escribían sobre acciones pasadas coherentes con ellas veían las voces discrepantes con el doble de benignidad que las personas que habían puesto el acento en la unidad y la cohesión como elementos calificativos del grupo.[19] Los grupos que se comprometen con los valores de la motivación epistémica resuelven mejor los problemas y son más creativos e innovadores. Tal vez porque sonsacan y desarrollan ideas intrigantes de los excéntricos y rebeldes que hay entre sus filas.[20]

¿Cómo intercalas en tu cultura valores asociados con la motivación epistémica? No puedes simplemente proclamarlos como normas; tienes que moldear la forma de pensar de cada miembro e influir en el modo en que el grupo procesa la información. Estas son algunas prácticas específicas que puedes probar:[21]

- Si presides una reunión, empieza comentando cuál es la mejor manera de hablar con otros participantes y de responder a los mensajes ajenos. Especifica qué es lo que aprecia el grupo y lo que no. Cuenta anécdotas y ejemplos para hacer más concretos y fáciles de replicar los valores abstractos. Recuerda a todo el mundo que te interesan personas que discrepen de la mayoría. Para no desaprovechar ninguna ocasión favorable, quieres que la gente exprese su desavenencia de forma constructiva. No dejes lugar a dudas: las discrepancias exigen un juicio justo en el que la gente busque saber, más que intentar validar sus puntos de vista. Hazlo cada vez.
- Expon en un lugar destacado una lista de reglas que los miembros del grupo han de tener en consideración al hablar, escuchar, interactuar y decidir. Por ejemplo, podrías incluir una regla según la cual cada participante solo tiene tres oportunidades de hablar por sesión, salvo que alguien les pida específicamente que participen para que compartan su conocimiento superior en algún tema. Es preferible que no haya unas cuantas personas hablando por los codos y monopolizando la conversación. Es mejor que las voces diversas lo tengan más fácil para intervenir. Prepara una hoja de una página para que los miembros la lean y la firmen antes de que el grupo se reúna.[22]
- Para que la gente se comprometa más con la autonomía, con el pensamiento crítico y con buscar información nueva y útil, pídeles que mencionen

cosas que han hecho en el pasado o que han visto hacer a otros y que encajen con esos valores.

- Pide a los miembros del grupo que formen parejas y comenten cosas que harán o dejarán de hacer en las reuniones para demostrar su compromiso con cada valor. Cuando públicamente te comprometes a actuar de un modo específico, es más probable cumplir los valores.[23]
- Deja tiempo para reflexionar y deliberar. No presiones a la gente para que tome decisiones con rapidez.
- No permitas que el estatus y el poder influyan tanto a la hora de decidir quién habla, cuánto tiempo habla y qué opinión importa más. Enseña a los miembros de mayor estatus y popularidad a sacar partido de los comentarios de gente con menos estatus o poder. Recuerda a todo el mundo que las buenas ideas pueden venir de cualquiera. Una vez concluido un proyecto o iniciativa, ratifica estas normas detallando exactamente quién compartió las ideas, quién aportó ideas que fueron desarrolladas y quién, en consecuencia, mejoró el producto final.
- Cuando el grupo acabe de conversar, pide a la gente que reflexione sobre varias cuestiones: ¿cuál es la mejor idea que has aprendido hoy de otros? ¿Hay algo que no entendiste del todo y que solo podrías aclarar preguntándoselo a otro? ¿Qué puedes sacar del proceso de recopilación de información que se dio durante la reunión para que tu respuesta intelectual sea mejor la

próxima vez? Estas reflexiones ayudan a la gente a recordar que el grupo es un proceso y que podemos mejorar constantemente y garantizar que no volveremos a caer en los malos hábitos.

Para inculcar la motivación epistémica en la dinámica del grupo, anima a los miembros a confiar en sus puntos fuertes y a recurrir a los miembros con otras capacidades para que echen una mano en áreas en las que ellos carezcan de conocimiento. Si se combinan los puntos fuertes y las especialidades únicas que confluyen en el grupo, se hacen más preguntas y se generan más ideas. Cuando el equipo cuenta con una mayor reserva de recursos, aparecen soluciones mejores y más creativas.[24]

Obviamente, los miembros de un equipo solo pueden aprovechar sus puntos fuertes y recurrir a otros para acabar de pulir su conocimiento si reina una ética de humildad intelectual. Tu propia humildad y la de tus compañeros de equipo estimula las consultas mutuas. En relación con eso, un grupo propicio para los rebeldes honestos suele priorizar los fines, más que los medios.[25] Centrándose en los fines, los miembros del grupo recibirán a los rebeldes honestos con los brazos abiertos, pues cualquiera que hace preguntas, esgrime críticas y contraargumentos constructivos e identifica soluciones obviadas hace mejor al equipo. Para promover y sostener la humildad intelectual, crea una estructura de alicientes que recompense el esfuerzo y la productividad del grupo, dando instrucciones sobre cómo cooperar y compartiendo lo que sabes y lo que se te da mejor.

Promover la motivación epistémica instaura una cultura saludable en que las personas ven la discrepancia como un trampolín al progreso y las diferencias entre los miembros del grupo, como ventanas a nuevos datos y soluciones. Según han descubierto los científicos, se puede optimizar más la toma de decisiones del grupo utilizando la información única que poseen los rebeldes honestos, combinando la motivación epistémica con una orientación prosocial: el deseo de trabajar por el bien del grupo, más que por uno mismo. En tres estudios diferentes, los grupos que dieron con el mayor número de ideas para resolver un problema, las ideas más originales y el mayor número de desavenencias constructivas abrigaban ante todo valores de autonomía y pensamiento crítico, en vez de conformidad y lealtad.[26] Los grupos que valoran la autonomía y el pensamiento crítico invierten energía en lo que más ayudaría al grupo a prosperar, una orientación prosocial que no estaba presente en los grupos que tenían apego por la conformidad y la lealtad.

VÍA 2: NADA DE PANDILLAS

Supongamos que eres una de las pocas mujeres que pretenden entrar en un grupo grande y preexistente de pilotos hombres. Estos ven a las mujeres como intrusas y, ¿para qué negarlo?, se comportan como sinvergüenzas. Las mujeres afrontan las dificultades estableciendo vínculos entre sí y apoyándose unas a otras. Esas conexiones son agradables, pero amenazan con abrir una brecha potencialmente virulenta. Los hombres se creen justificados para dispensar un trato desfavorable a las recién llegadas, que por fuera parecen no querer integrarse en el gran grupo. Las mujeres sienten que está justificado colaborar como subgrupo, porque ahí se sienten psicológicamente seguras para expresar impresiones e ideas distintas y modificar el clima de trabajo. Quien sale perdiendo de este «sesgo intergrupal», como lo llaman los psicólogos, es el grupo en general, que lo tiene más difícil para crear un entorno en que los inconformistas se sientan aceptados y motivados para contribuir.

¿Tu equipo sufre sesgo intergrupal? Plantéate si algunos miembros se alejan físicamente de otros cuando se les deja a su aire. ¿Su lenguaje corporal es recogido o susurran entre ellos cuando hablan otras personas del grupo? ¿Algunos dejan de charlar amistosamente o cambian de tema cuando aparece una persona que no forma parte del subgrupo? ¿Tienden a criticar o a ser cínicos con otras personas que no están en su subgrupo? La presencia de fronteras entre los subgrupos y de distanciamiento social mengua la capacidad del grupo de aprender de los bichos raros y, en términos generales, de lograr grandes resultados. Para contrarrestar esas fronteras, aplica «estrategias antisesgo»;[27] según expresó un investigador, estas pueden curar a la gente «del hábito de reconocer patrones [o estereotipos] para adoptar una mentalidad más analítica, cosa que aporta una corrección mental para optimizar la toma de decisiones».

Una estrategia de esta clase es empezar enseñando a la gente a ver más allá del endogrupo habitual y de las barreras del exogrupo para empatizar mejor con los demás. En un experimento de laboratorio,[28] la doctora Inga Hoever y sus colaboradores de la Universidad Erasmo de Róterdam reunieron a 77 equipos de tres personas cada uno y les pidieron que organizaran una producción de teatro comunitario. En unos cuantos equipos, los investigadores diversificaron las funciones asignando a cada miembro del equipo un rol concreto: el director artístico era responsable de la reputación y calidad creativa de las obras; el director financiero, del éxito y la rentabilidad económica del teatro; y el director de eventos, de hacer que el público disfrutara de la visita al teatro. A cada miembro del trío se le daba información diferente (planos, calendario de espectáculos, costos de producción, etcétera) y una imagen nítida de las condiciones para que una producción prosperara, imitando la diversidad de funciones que concurre en una organización con objetivos dispares. En un segundo equipo, los tres miembros no se dividían las funciones; colaboraban con la misma información, pero no tenían asignado un papel. Todos los equipos tenían veinte minutos para diseñar el plan de acción creativa para la compañía teatral. Mientras lo hacían, una serie de observadores independientes veían operar al grupo.

Los científicos entrenaron a la mitad de los grupos en una estrategia de bajo costo llamada «relativización», que les ayudaba a tender puentes entre personas con intereses diversos. Así pues, el experimento tenía cuatro grupos: los diversos y los homogéneos; y los entrenados en relativización y los no entrenados. Quizás hablar de «entrenar» es pasarse un poco: los miembros de esos equipos solo recibían una hoja que les explicaba la mejor manera de relativizar e interactuar con personas diferentes y les enseñaba a «ver las cosas poniéndote en la piel de otra persona». Esa hoja animaba a los miembros de cada equipo a valorar las preferencias de los demás, a considerar por qué se comportaban como lo hacían y a pensar en el origen de las discrepancias.

Los resultados fueron muy inesperados. Los grupos diversos no eran más creativos que los homogéneos. De hecho, los que no recibieron instrucciones sobre la manera de relacionarse entre sí parecían exhibir el menor grado de pensamiento creativo, menos incluso que los grupos sin diversificación de funciones. Pero dando a los miembros de los grupos diversos una mera hoja de una cara sobre cómo relativizar, rendían con la máxima creatividad: el doble que en los grupos sin diversidad de funciones y en los grupos que, aún con diversidad de funciones, no habían recibido instrucciones sobre cómo cooperar.

Estos hallazgos se suman a los de otras investigaciones. Todas demuestran que si prevés proactivamente diferencias de opinión, es más plausible que entiendas y aprecies la razón de las discrepancias. En un estudio de campo, los investigadores impartieron a israelíes y palestinos talleres de cinco horas para enseñarles a relativizar, a asumir el punto de vista de otra persona y vivir sus emociones.[29] Se les contaba una historia sobre un líder que no había sabido relativizar las cosas y que había dañado a su relación con los empleados, y aprendían sobre líderes famosos como Martin Luther King y Steve Jobs, que sacaron partido de esta estrategia. Los participantes practicaban la relativización en una negociación simulada y descubrían que esta técnica había ayudado en sitios como Irlanda del Norte. El taller no abordaba en ningún momento el conflicto palestino-israelí. Tras el seminario, los participantes recibían recordatorios semanales sobre la relativización que les urgían a reflexionar sobre cómo aplicaban estas habilidades. Los investigadores descubrieron que este simple taller reducía las actitudes hostiles entre israelíes y palestinos, aumentaba la esperanza de que el conflicto pudiera resolverse e incrementaba el espíritu conciliador. Y eran cambios que persistían pasados más de seis meses.

Podemos aprender a relativizar mejor entrenándonos a observar el mundo —y en particular, los argumentos de los inconformistas— de forma más objetiva. Cuando clasificamos a una persona como un «otro»,[30] tendemos a buscar información que confirme esa hipótesis, aunque lo cierto es que nos es más útil buscar indicios que contradigan nuestras suposiciones.[31] Si crees que una mujer no puede trabajar como piloto de combate, te centrarás de forma selectiva en los datos que parezcan «demostrar» esa incapacidad y evitarás la información contradictoria. Busca en los foros virtuales de personal militar y encontrarás el sesgo de confirmación en su peor expresión. «Deberíamos buscar más casos de mujeres consagradas a su trabajo que se hayan estrellado y ardido (nunca mejor dicho) cuando se les ha respaldado con discriminación positiva, como en este caso», dice un comentario.[32] Otro observa que «han [sic] habido estudios biológicos [...] que han demostrado que, por naturaleza, a las mujeres se les da peor la percepción espacial (volar en 3D) y la lógica (comprender las computadoras de vuelo de los F-14 [...] o cualquier cosa)».[33] Y estos aún son comentarios relativamente inocuos.

Piensa en lo que significan estos dos comentarios. El primero afirma que, en lugar de intentar determinar objetivamente si los hombres y las mujeres tienen diferentes habilidades de pilotaje, solo deberíamos sacar a la luz casos que coincidan con la tesis de que «las mujeres son peores». El segundo señala explícitamente que hay estudios que muestran diferencias entre hombres y mujeres, sin ninguna deferencia por la cualidad de los estudios o su relevancia. Llevar la razón hace las delicias del ser humano. Nos partimos el pecho por encontrar, ignorar y tergiversar información para respaldar lo que ya pensamos.[34] Nos aferramos aún más a nuestros sesgos intergrupales y, como equipo, perdemos la capacidad de extraer información de las minorías y de usarla para mejorar.

LA IDEA PRIMORDIAL

Para resolver conflictos con mensajeros que cuestionan nuestro sistema de creencias y ser más capaces de valorar sus mensajes, tenemos que librarnos de los sesgos de confirmación.

Acostúmbrate a hacer preguntas que pongan en duda tus opiniones previas. Ante todo, baraja múltiples explicaciones para dar cuenta de la conducta de personas que piensan, actúan o son de otra manera. Si asumes que alguien de tu equipo siempre aporta malas ideas, es posible que seas más proclive a advertir que su última idea le costó dinero al equipo. Haz preguntas como: «¿Cuántas veces ignoró el grupo sus recelos sobre un proyecto que terminó suponiendo un problema?», o «¿Cuántas veces sugirió ideas que ayudaron a un proyecto, tanto si se le reconoció el mérito como si no?». Si presupones que hay personas que no saben trabajar en equipo, quizás recuerdes las ocasiones en que otros se quejaron de ellas. Haz preguntas que puedan poner en tela de juicio esta idea, como: «¿Por qué otras personas en otros contextos disfrutan trabajando con ellas?», o «¿Por qué su rendimiento en otros grupos fue excepcional y en este no?».

Aprender a invalidar nuestras hipótesis previas, en lugar de confirmarlas alegremente, nos ayudará a revertir las percepciones erróneas. Y eso, a su vez, nos permitirá hacer más amigos y reducir los conflictos sociales. En esencia, queremos prepararnos para actuar como científicos a la hora de evaluar la insubordinación honesta, en lugar de hacerlo como abogados que intentan enterrar información que contradice las conclusiones preexistentes.

Condicionarnos para dejar de estar tan sumidos en nuestros pensamientos y considerar el punto de vista privilegiado de otros es realmente útil. Precisamente, otro estudio analizó si las breves intervenciones psicológicas funcionan en los conflictos irremediables. En efecto, los participantes israelíes a los que se había enseñado a empatizar con las ideas y los sentimientos ajenos respondían con menos agresividad a los palestinos, se mostraban más favorables a las políticas de reconciliación y menos partidarios de la agresión militar. Cinco meses después, seguían sintiendo menos ira hacia los palestinos y aún expresaban más apoyo a políticas que promovieran la paz en vez de la guerra.[35]

ERIGIR CULTURAS PROPICIAS PARA LOS REBELDES

La decisión del Congreso de permitir a las mujeres ser pilotos de combate era una deuda histórica y un importante avance. Pero no podemos simplemente ordenar que se acepte a los grupos minoritarios, incluidos los insubordinados honestos, y esperar ver un progreso instantáneo. La mera presencia de insubordinados honestos no implica que empresas, equipos, partidos políticos y otros grupos sociales vayan a poder sacar provecho de sus únicas y relevantes aportaciones. Cada uno de nosotros debe esmerarse por ser más amable con los inconformistas y sus opiniones. Debemos crear grupos que sepan extraer conocimiento de las personas diferentes. Tenemos que abrir ventanas de oportunidad para que los rebeldes honestos puedan compartir lo que saben, y garantizar que los recién llegados o los miembros marginados del grupo puedan influir tanto como los integrantes más afianzados del colectivo. Erigir una cultura exige tiempo y, una vez vemos progreso, tenemos que seguir atentos para que no se produzcan recaídas. Con afán y aplomo, podemos forjar grupos en que las preguntas imparciales y la capacidad de ponerse en la piel de los demás enraícen y catapulten la inteligencia y creatividad del grupo.

Para rematar este libro, me gustaría instarlos a pensar con más ambición todavía. ¿Por qué deberíamos esperar a que la gente entre en equipos y empresas antes de ser más hospitalarios con los que tienen opiniones polémicas o minoritarias? Para crear una sociedad plenamente capaz de promover las contribuciones de los inconformistas, también tenemos que elevar el número total de inconformistas. A la larga, el método más efectivo para lograrlo es educar a los niños desde una edad temprana a romper con las masas y convertirse en rebeldes honestos. Tenemos que inculcar en los jóvenes la mentalidad y las habilidades que hacen germinar y mantienen el inconformismo. Tenemos que promover la disidencia. Imbuido por los últimos avances científicos, el siguiente capítulo traza un mapa validado por la ciencia para crear una nueva generación de librepensadores valientes e inspiradores.

LA RECETA PASO A PASO

1. *Trata a los rebeldes como colaboradores de inestimable valor*. Para maximizar la inteligencia colectiva de un grupo, erige una cultura que remache ciertos valores: la autonomía, el pensamiento crítico, la libertad de opinión y el deseo de buscar información útil venga de donde venga.
2. *Oponte al sesgo de confirmación*. Habitúate a hacer preguntas que pongan en tela de juicio tus opiniones previas. Ante todo, baraja múltiples explicaciones para dar cuenta de la conducta de personas que piensan, actúan o son de otra manera.
3. *No dejes de afianzar normas que permitan la discrepancia y que la acepten cuando sea expresada*. Fíjate en los cambios drásticos cuando determinados miembros inconformistas mencionan que se les

deja de prestar atención (consultando dispositivos y conversando aparte), que no se hace caso de lo que dicen (perdiendo el interés) y que no se es tolerante con ellos (al no intentar descubrir la verdad o el fundamento racional tras las palabras de alguien). Si no crees que esto sucede en tu equipo, es que estás ignorando la actividad social. Ahora sabemos que pequeños cambios de conducta ayudan a los equipos a sacar partido de las personas que son diferentes o que discrepan. Podemos formar grupos en los que la humildad intelectual, las preguntas imparciales y la empatía con la opinión ajena sean la norma.

10

CÓMO CRIAR A NIÑOS INSUBORDINADOS

Estrategias constatadas para formar a la nueva generación de héroes en potencia

En agosto de 2020, Hannah Watters, alumna de segundo año de secundaria, salió en las noticias de todo el país por meterse en lo que ella llamó «un problema necesario».[1] La nación estaba inmersa en una polémica por si las escuelas tenían que abrir en pleno furor de la pandemia de la COVID-19, o bien si debían impartirse clases a distancia. El presidente Donald J. Trump y otros miembros del Gobierno estaban presionando por que las escuelas reabrieran en todas partes. Muchos padres, maestros, alumnos y expertos en salud pública dudaban de que las escuelas pudieran operar sin riesgos. El centro al que asistía Watters, el instituto North Paulding de las afueras de Atlanta (Georgia), decidió retomar las clases presenciales. Los alumnos que se negaban a asistir se arriesgaban a ser expulsados. El plan de reapertura del centro parecía tan imprudente que un miembro del profesorado prefirió dimitir antes que volver al trabajo.

Cuando Watters llegó a la escuela el primer día, se quedó consternada con lo que vio. El centro había «reabierto en una clara muestra de ignorancia —dijo—. Y no solo han abierto, sino que no han tenido en cuenta la seguridad».[2] Aunque los CDC y otras autoridades prominentes de salud pública señalaban que los cubrebocas eran elementos importantes para reducir la propagación de la COVID-19, la escuela las hizo voluntarias. Watters vio que solo la llevaban una minoría de los alumnos. Pero durante el día los pasillos estaban abarrotados, y a veces los estudiantes se amontonaban sin guardar distancias. A pesar de que la escuela tenía políticas contra el uso de celulares y la publicación sin consentimiento de fotos de alumnos en las redes sociales, Watters grabó y subió a Twitter un video de los concurridos pasillos. «Me preocupaba la seguridad de todas las personas del edificio y de todo el condado, porque no se estaban siguiendo las medidas y normas que los CDC llevaban meses promulgando.»[3]

Las imágenes se hicieron virales y desataron una tormenta mediática. ¿La dirección de la escuela aplaudió a Watters por su acto de rebeldía honesta? Para nada. La castigaron con cinco días de suspensión por infringir las normas de la escuela. Entre tanto, el director anunció a los estudiantes que se les escarmentaría en caso de que publicaran más imágenes en las redes sociales. Por suerte, cuando la madre de Watters llamó de la escuela, se enteró de que se había revocado la suspensión. Aunque el distrito escolar defendió la medida, el inspector reconoció que el asunto estaba mal y planteó que la escuela tendría que hacer algunos ajustes.[4]

Seguro que para Watters no fue fácil infringir las reglas. Sabía que molestaría a algunas personas. Y aun así lo hizo porque le parecía lo correcto. Hizo mella concienciando sobre un tema crucial que nos afectaba a todos. A mí me parece bastante alucinante. ¿Cómo sería nuestro país si todas las escuelas estuvieran repletas de estudiantes como Watters, y si meterte en «un problema necesario» no solo fuera algo habitual, sino genial? La ciencia apunta a una serie de principios que padres y maestros pueden emplear para enseñar a la juventud a discrepar, desafiar y rehuir las normas y los criterios problemáticos.[5] Podrías estar usando algunos de estos principios ahora mismo sin darte cuenta. La clave es hacer que todos esos principios sean esenciales en tu modelo de crianza o pedagogía para que los niños sientan la tendencia y las ganas de discrepar. Dediquémonos todos a criar a una nueva generación de jóvenes como Watters, a los que les importa tanto sublevarse y tomar partido por el progreso.

LA IDEA PRIMORDIAL

Tenemos que esforzarnos por criar a una nueva generación de jóvenes que sientan el arrojo suficiente para discrepar, desafiar y apartarse de las normas y los criterios problemáticos en aras del progreso.

PRINCIPIO 1 PARA FORMAR REBELDES: DEMUESTRA A TUS HIJOS QUE CREES EN ELLOS

¿Se acuerdan de ese inspirador maestro de inglés que interpretaba Robin Williams en la película *La sociedad de los poetas muertos*? Yo tuve a un maestro de primaria así, el doctor Frank Cacciutto. Una vez se subió a un pupitre como Robin Williams y recitó un poema que había escrito sobre gramática; en particular, sobre el desánimo que sentían los incomprendidos punto y coma, o el orgullo de los ubicuos signos de exclamación y comas (la idea de describir la puntuación con atributos humanos nos dejó pasmados). Pero el doctor Cacciutto no solo nos leía; nos pedía observaciones constructivas sobre su obra y, cuando se las hacíamos, nos escuchaba. ¡Imaginen a un maestro con todo un doctorado pidiendo consejo sobre escritura a un pequeñito como yo! La mayoría de los educadores tratan a los alumnos como niños extragrandes, pero el doctor Cacciutto aplanaba la jerarquía social de la clase, demostrándonos que nos consideraba seres humanos independientes y plenamente formados, con opiniones dignas de ser escuchadas. No era casualidad que a mis amigos y a mí nos encantara ir a clase. Esperábamos ansiosos cada palabra suya.

Poner el listón alto y subrayar el potencial de los estudiantes propulsa su rendimiento, en especial cuando los jóvenes pertenecen a grupos marginados o estigmatizados.[6] Pero si te paras a pensarlo, demostrarles a los niños que crees en ellos también es una forma fantástica de criarlos para que sean insubordinados honestos. Para discrepar del saber imperante, los niños deben creerse capaces de cambiar el mundo. Necesitan ser conscientes de su propio poder. Cuando los padres o los maestros expresan su confianza en la competencia de los pequeños, confirmando que pueden urdir estrategias viables para superar obstáculos y perseverar en el largo juego de la consecución de objetivos, ayudan a los niños a creer en sí mismos. Así, cuando los niños tienen ideas que se apartan de la norma, se vuelven más propensos a probarlas.

Entonces, la cuestión es: ¿cuál es la mejor vía para que los padres y maestros ayuden a los niños a interiorizar esa fe en sus competencias? Una manera es simplemente recordar a la juventud lo que ha logrado en el pasado. Pregunta a tu hijo sobre experiencias que personalmente considere un éxito. Quizás convenció a un amigo para que cambiara de opinión sobre un tema. O tal vez aprendió a escribir en el teclado sin mirar, se presentó a una audición en una obra (al margen de que fuera elegido o no), o planteó dudas sobre información dada en clase, o terminó un libro que no era de lectura obligatoria solo para saber más. Pide a los niños que piensen en cambios que han hecho mejor, destrezas que han aprendido, logros de los que estén orgullosos, situaciones en que han sido valientes. Exige detalles, haciendo preguntas del estilo: «¿Cuándo fue la primera vez que empezaste a pensar en cambiar o mejorar alguna cosa?»; «¿Cómo era tu vida en ese momento?»; «¿Mejoraste de un día a otro, o fuiste mejorando pasito a pasito?»; «¿Cuáles fueron algunos de esos pasos?»; «¿Cómo te hace sentir hoy lo que hiciste?»; «¿Cómo te sientes ahora al recordarlo?».

Una segunda estrategia es ayudar al niño a minimizar lo que los psicólogos llaman «dudas de pertenencia».[7] Cuando los jóvenes se sienten intrusos, suelen ver frágiles los vínculos sociales. Prever constantemente si encajas resulta extenuante para cualquiera, sobre todo para los jóvenes, que aún están desarrollando un sentido firme de identidad.[8] Los adultos podemos acallar esos sentimientos de duda que minan nuestra motivación y sentido de realización. Cuando los jóvenes estén experimentando transiciones difíciles, procura que oigan hablar a niños que en su día estuvieron exactamente en la misma situación y que ahora se han sobrepuesto.[9]

Rebajar las expectativas con la esperanza de que los jóvenes se sientan mejor consigo mismos no es la solución;[10] muchas veces, los adultos lo hacen para *poder sentirse mejor consigo mismos y virtuosos por intentar equiparar las reglas de juego*. Para convertirse en rebeldes honestos, los jóvenes deben creer que tienen suficiente potestad para marcar la diferencia. Los adultos debemos reforzar la confianza de los niños en su capacidad para superar obstáculos y perseverar en el largo juego de la consecución de objetivos.

PRINCIPIO 2 PARA FORMAR REBELDES: MUESTRA INTERÉS POR LOS INTERESES DE TUS HIJOS

Como secretario de educación de Delaware, Mark Murphy visitó miles de aulas en más de setecientas escuelas. Lo que descubrió fue descorazonador. Los jóvenes tenían ganas de aprender, pero la escuela tradicional los aburría. Tenían maestros que creían en ellos, pero carecían de adultos en sus vidas que se interesaran por lo que hacían. «Quiero aprender un millón de cosas —le decían—. Pero no parece importarle a nadie. Me siento oprimido por las normas, los reglamentos y los límites de lo que está bien, lo que es aceptable y lo que es valioso. No tengo absolutamente ningún control.»[11]

Decidido a hacer algo, Mark fundó GripTape, una organización con la que los adolescentes pueden participar en proyectos de aprendizaje de diez semanas fuera del aula, siguiendo sus intereses. GripTape pregunta dos cosas a los jóvenes: ¿hay alguna idea, cuestión o habilidad que siempre hayas querido aprender? Y ¿qué relación guarda eso con tu éxito actual o futuro? Si responden satisfactoriamente a las dos preguntas, se les invita a iniciar un camino de aprendizaje.[12] Algunos jóvenes que han concluido el programa han aprendido sobre el mundo del rap, sobre código informático, diseño de ropa, tecnología *blockchain*, indigencia, fotografía con drones y el uso de técnicas de modificación genética. GripTape no discrimina en materia de contenido, pues hay estudios que demuestran que los niños aprenden mejor y están más motivados para superar desafíos y encontrar rutas alternativas para vencer atolladeros cuando participan en proyectos que les interesan personalmente.[13] Una de las claves es que GripTape pone a disposición de los jóvenes a un adulto «referente» que les ofrece apoyo emocional, no consejo. Para reducir el riesgo de que los referentes caigan en el error de asesorar, la organización descarta a los adultos que son expertos en los temas que están estudiando los niños. Las figuras adultas solo están presentes para afirmar, validar y animar a los niños en su camino de aprendizaje. No aportan conocimientos especializados.

Los referentes hacen preguntas a los jóvenes para estimularlos a pensar, y también para intentar comprender qué encuentran más apasionante o agotador de sus proyectos. En lugar de ceder a la tentación de dar consejos, los referentes hacen preguntas que guían a los jóvenes en aquello que les interesa, como: «¿Qué tal va?»; «¿Qué es lo que te está costando?»; «¿Has hablado con alguien sobre eso?»; «¿Con qué persona podrías hablar que sepa más que tú?». Con esas preguntas, los jóvenes pueden reflexionar sobre sus actos y decidir por sí solos el siguiente paso. En la vida de los niños ya hay suficientes adultos diciéndoles lo que tienen que hacer. Quieren adultos que simplemente los escuchen sin intervenir con anécdotas o información.

Los datos preliminares indican que el método de GripTape es de lo más efectivo, pues transforma la vida de los niños y activa su poder de aprendizaje.[14] En términos más generales, la ciencia confirma lo importante que es para los niños contar con adultos en su vida que los apoyen y muestren interés en ellos. Esos adultos no solo potencian el aprendizaje, sino que además ayudan a los niños a convertirse en rebeldes honestos. Nos volvemos más curiosos y valientes cuando otros nos hacen sentir seguros de ser quienes somos y cuando respaldan nuestras incursiones.[15] Además, cuando compartimos nuestros intereses con otras personas y nos escuchan con interés, lo que compartimos se hace más interesante y relevante a nuestros ojos.[16] Y por extensión, nos volvemos más curiosos y queremos asumir más riesgos.[17]

No prives a tu hijo de este sistema de apoyo. Muestra entusiasmo cuando comparta lo que ha explorado o lo que pretende hacer en el futuro. Si se siente incómodo, dile que es natural sufrir ansiedad al probar cosas nuevas y abordar desafíos.[18] Cuando aceptes sus sentimientos negativos, aprenderá a hacer lo mismo. Ayuda a tu hijo a regular sus emociones. Empieza dando ejemplo, expresando el grado adecuado de emoción en cada situación y rompiendo con normas culturales muy arraigadas. Por ejemplo, subraya que los niños pueden llorar y las niñas, enojarse. No solo conseguirás que tus niños tengan más curiosidad; reforzarás tu relación con ellos contribuyendo a su periplo vital.

PRINCIPIO 3 PARA FORMAR REBELDES: RESPALDA SU AUTONOMÍA

En GripTape los referentes adultos no dan consejos, sino que promueven otra estrategia crucial para inculcar la insubordinación honesta: dar autonomía a los niños. Por definición, los rebeldes sienten una enorme libertad siguiendo su propio camino. Esa mentalidad tiene que provenir de alguna parte. La inculcas cuando permites a tus hijos participar en la decisión de cuándo, cómo y qué aprender. Al hacerlo, se facilita que se impliquen activamente y que vivan alegría y asombro.[19] Dejar a los jóvenes encauzar su tiempo y energía hacia metas importantes de un modo enriquecedor para ellos es la mejor oportunidad para aprender.

La ciencia ha demostrado que los jóvenes exploran y descubren mejor cuando toman el timón y cuando se les deja resolver los problemas por sí mismos.[20] Como padres y educadores, debemos vencer nuestros miedos y el instinto de interceder y dejar a nuestros niños sufrir (¡y superar!) momentos de apuro. Al hacerlo, los ayudamos a ser más libres a la hora de pensar y actuar. Si no puedes romper con la idea de que el aprendizaje precisa de un alumno y un maestro, que los niños enseñen a otros niños. No hay mejor manera de consolidar el aprendizaje ni de comprender las cosas que verbalizarlas y explicarlas a un igual muy interesado en el tema.[21]

Lo que pueden decir y hacer los adultos para afianzar la autonomía[22]

1. *No sermonees a tus hijos*. En vez de eso, escúchalos. Demuéstrales que lo que dicen importa. Deberías reexpresar lo que dice un niño con tanta claridad e intensidad que respondan: «Caramba, ojalá me escribieras lo que tengo que decir».
2. Deja que los niños disfruten de su independencia, dándoles espacio para resolver problemas y enigmas a su manera.
3. Da a tus hijos muchas ocasiones para hablar. Aunque sus argumentos estén muy mal hilados, busca la idea clave y corrobórala. Cédeles el turno de palabra cuando estén con otros adultos.

4. Detecta las señales de que están mejorando o adquiriendo una habilidad y destácalo. Intenta conectar lo que hacen con sus objetivos personales. Podrías decir algo así como: «¿Ves?, ¡en un abrir y cerrar de ojos estarás haciendo *trucos* con la patineta!», o «Has sonado como un futuro veterinario».
5. *No les des órdenes a diestro y siniestro*. Anímalos en su esfuerzo, entreverando frases como: «Ya lo tienes», o «Casi», o recordatorios de lo que han conseguido en el pasado: «Tú sigue insistiendo y recuerda que la última vez valió la pena tu esfuerzo».
6. Cuando estén atorados con un problema, no les ofrezcas soluciones; dales pistas útiles: «Quizás podrías...», o «Tal vez te costaría menos si empezaras con...». Recuérdales que cometer errores es parte del proceso de aprendizaje.
7. Admite el punto de vista y la experiencia de tus hijos. Ten en cuenta la dificultad de la tarea. Recuérdales cómo fue para ti al principio. Explica por qué no les estás dando la respuesta: «Lo recordarás mucho mejor y durante más tiempo si lo solucionas tú solo».
8. Evita usar términos como «deberías», porque dan a entender que hay una manera correcta y una incorrecta de encontrar soluciones. Que experimenten y lleguen a sus propias conclusiones.

PRINCIPIO 4 PARA FORMAR REBELDES: AYUDA A TUS HIJOS A DETECTAR LAS MENTIRAS

La insubordinación honesta depende de la habilidad de una persona para procesar la información de la que dispone, separar el grano de la paja y convencer a otros para que también acepten el grano. Para criar a jóvenes rebeldes, debes ayudarlos a potenciar su pensamiento crítico para que estén más alerta a las ideas tontas cuando aparezcan. El objetivo no es volver cínica a la juventud, sino enseñarle a recibir la información con aplomo, pero con ánimo de verificarla. La juventud debe estar cómoda haciendo preguntas y distinguiendo entre la información de gran calidad y la de baja calidad. Deben habituarse a no juzgar, a moderar su proceso analítico y a dejar que el análisis crítico siga su curso.

Los padres y maestros pueden fomentar el pensamiento crítico haciendo preguntas para hacer reflexionar a los niños cuando emiten juicios aparentemente erróneos o imperfectos. Imagina que estás en una fiesta y tu hijo adolescente y sus amigos están debatiendo en la orilla de la alberca sobre si la homosexualidad es una elección. No los bombardees con pruebas científicas a favor o en contra. No los obligues a cambiar de parecer. Hazles preguntas y deja que ellos también las hagan. Anímalos a participar en experimentos mentales como este: «Imagina que tienes una bomba atada a una pierna y que estás conectado a un monitor que te muestra hombres y mujeres de un increíble atractivo físico, y a un pulsómetro para determinar si tu cuerpo se excita. ¿Podrías cambiar el sexo al que te sientes físicamente atraído? ¿Y si tu vida dependiera de ello y la bomba fuera a estallar a menos que impidas a tu corazón palpitar al ver a un hombre que está muy guapo?, ¿o a una mujer que está guapísima?». Como padres y educadores, tenemos que ayudar a los niños a aprender a pensar, no decirles qué pensar.

En secundaria debería haber asignaturas en las que los alumnos no solo recibieran información de forma magistral, sino en las que hubiera que aprender, escribir, pensar y comentar las ideas más polémicas de la sociedad. Deberían aprender sobre los entresijos del cerebro y cómo nos impiden reaccionar de formas puramente racionales (véase la lista de distorsiones cognitivas del tercer capítulo). Y deberían divertirse. Los niños solo pueden perfeccionar su habilidad mental cuando el aprendizaje los motiva a nivel emocional, y cuando son libres de equivocarse y confundirse.

SEIS PREGUNTAS PARA INSTAR A LOS NIÑOS A EVALUAR LA CALIDAD DE LA INFORMACIÓN[23]

1. «¿Confías demasiado en figuras de autoridad?» Ni los títulos pomposos, ni la edad ni los años de formación implican que los expertos nos estén dando información fidedigna. Corrobora lo que dicen. Busca y lee la información exacta a partir de la cual extraen sus conclusiones. Comprueba si están exagerando o malinterpretando los datos.

2. «¿Algunos supuestos expertos ocultan alicientes para defender ciertas afirmaciones?» No te fíes del todo de la gente que desea con mucho fervor que una premisa sea cierta. No confíes en personas cuyo sueldo depende de una conclusión concreta. Vigila con los conflictos psicológicos de interés, situaciones en que la gente invirtió una cantidad sustancial de tiempo, energía y dinero para llegar a un resultado particular. Cuidado cuando la gente parte de la conclusión deseada y luego deshace el camino para encontrar pruebas que la respalden y desechar los indicios que la contradigan.[24]

3. «¿Quien está hablando anima a debatir?» Recela siempre del que presente una idea y rechace preguntas, comentarios y contraargumentos críticos. Hasta que descubras que algo es cierto, sigue siendo una hipótesis. No asimiles las ideas hasta que se produzca un debate genuino, y busca ese debate. Cuando lo hagas, actúa como juez, editor o científico, no como un abogado que intenta «ganar» el caso. El fin no es elaborar una hipótesis que se demuestre cierta; es separar la realidad de la ficción, el ruido de la señal.

4. «¿La información encaja con cómo funciona el mundo?» Aunque ser de mente abierta es una virtud, hay posibilidades menos plausibles que otras. Observa si un dato o una explicación exige dar múltiples saltos mentales. Cuando detectes inconsistencias en una cadena de argumentos, asume que debes ser escéptico.

5. «¿Hacia dónde señalan los indicios más concluyentes?» Es difícil resolver las cuestiones más grandes y enrevesadas con un solo estudio u observación. Si varias líneas de investigación apuntan en la misma dirección, nuestra seguridad aumenta. Si diferentes personas recogen pruebas de forma independiente y diferente, nuestra seguridad se dispara aún más. No te dejes seducir de inmediato por una única persona o trama convincente; busca datos independientes que la constaten.

6. «¿Existen pruebas corroborables?» Ten cuidado con la gente que alega historias convincentes y emocionalmente intensas como pruebas; y vigila con los argumentos presentados de un modo que impide probar su legitimidad.

PRINCIPIO 5 PARA FORMAR REBELDES: CUENTA HISTORIAS DE INSUBORDINACIÓN HONESTA QUE ACABARON FELIZ O INFELIZMENTE

A los jóvenes les viene bien aprender sobre intrincadas historias vitales de insubordinados que prosperaron y otros que no. Yannis Hadzigeorgiou, de la Universidad del Egeo, dedicó diez años a probar la tentadora hipótesis de que enseñar a los niños sobre el proceso de descubrimiento científico[25] —los debates intelectuales entre científicos, las emociones que sienten durante su labor, las relaciones sociales que entablan y la política de la ciencia— los ayuda a valorar más las disciplinas CTIM: ciencia, tecnología, ingeniería y matemáticas. Hadzigeorgiou enseñó a chicos de dieciséis años acerca de la vida y la época de Nikola Tesla, rival de Thomas Edison y conocido como «el genio olvidado de la electricidad». Edison y Tesla intentaron resolver el mismo misterio: ¿cuál es la mejor forma de transmitir corrientes eléctricas inalámbricas de manera segura y fiable? Según descubrió Hadzigeorgiou, los adolescentes gozaban con el drama de los avances científicos. En este caso, aprendieron que el joven Tesla había trabajado para su héroe Edison antes de que una traición lo llevara a dimitir. Tesla registró luego más de setecientas patentes, pero fue blanco de la ira de Edison durante toda su carrera. Presuntamente, Edison pagó a alguien para que incendiara el laboratorio de su rival y movió hilos para frustrar oportunidades de financiamiento.

Adentrándose en la historia de Tesla, los adolescentes quedaban alucinados con los mecanismos de la insubordinación honesta. «La razón de que el mundo académico no aceptara del todo a Tesla era que sus ideas parecían un sinsentido», escribió un alumno en su libreta de la asignatura de ciencias. «No desprecies las ideas científicas por muy extrañas o extravagantes que parezcan en un primer momento», escribió otro estudiante. Los investigadores descubrieron que los estudiantes que trabajaban con este método narrativo de enseñanza adquirían y recordaban más hechos científicos y su curiosidad era mayor. Tanto las chicas como los chicos se mostraban más propensos y avezados a rebatir ideas ampliamente aceptadas que sus compañeros que aprendían con un método tradicional de clases magistrales.[26]

Otro estudio descubrió que enseñar a los alumnos de secundaria sobre otra insubordinada honesta minusvalorada, la paladín de los derechos civiles Elizabeth Jennings, de la que hemos hablado en el tercer capítulo, no solo les ayudaba a entender mejor la historia, sino que estaba bien para su fortaleza psicológica.[27] Los investigadores pidieron a los niños que señalaran qué sabían sobre los derechos civiles en Estados Unidos. También les preguntaron qué querían aprender y qué tenía de sorprendente e interesante la historia de Elizabeth Jennings. En lugar de reiterar opiniones disfuncionales de finales del siglo XIX y principios del XX, los niños reconocían el error de analizar el pasado con la lupa moral del presente, verbalizando qué habrían hecho diferente en caso de haber vivido durante ese periodo. Aplicando una lente histórica, mostraban signos de empatía, relativización y buen juicio.

Como sugiere ese estudio, los profesores y los padres pueden entrenar a la próxima generación para que luche sin medias tintas por causas impopulares (pero socialmente positivas) relatando historias de antiguos insubordinados. Además, los padres y maestros pueden alentar a los niños a interpretar a los insubordinados honestos sin emplear el prisma de la tradición. Pueden estudiar de cerca a famosos insubordinados indagando en sus deslices y sus defectos morales, analizando el revirado camino que siguieron hasta el éxito. Consultando información biográfica, los niños pueden reflexionar sobre la importancia de salir de la zona de confort, asumir riesgos y actuar conforme a los valores de uno.

Nuestros hijos también necesitan conocer los inconvenientes de elegir el camino de la insubordinación honesta. Si son honestos con las consecuencias negativas que derivan de cuestionar el pensamiento dominante, los niños pueden tomar mejores decisiones sobre si una misión compensa los posibles sacrificios. Que los niños relacionen las historias que escuchan con su propia vida.

Que comparen esas historias con cómo decidieron ellos dar la cara al rebaño, si es que lo hicieron. ¿Por qué pensaron que su decisión era buena o mala y qué aprendieron y prevén aplicar en los problemas que les esperan a la vuelta de la esquina?

PRINCIPIO 6 PARA FORMAR REBELDES: ENSEÑA A SER VALIENTE

Como hemos visto a lo largo del libro, los insubordinados honestos no son nada si no son valientes. Si queremos criar niños capaces de cuestionar el *statu quo*, debemos enseñarles qué es la valentía. Empieza diciéndoles que esta puede adoptar numerosas formas, que no existe solo la valentía física.[28] Cuando alguien se muestra dispuesto a defender una causa contra personas poderosas o incluso contra una sociedad entera, exhibe *coraje moral*. Pensemos en Cheryl Kennedy y Martha Goddard y en cómo recorrieron el escarpado sendero entre la cobardía y la imprudencia. Esas rebeldes sacrificaron la salud, la paz de espíritu y su futuro profesional para defender causas morales. O pensemos en Nichelle Nichols, William Shatner y Gene Roddenberry, que fraguaron el primer beso interracial de la historia de la televisión. Cuando alguien supera un obstáculo, exhibe *coraje personal*.[29] Un acto valiente para una persona, como hablar delante de una sala llena de gente o hacer frente a su padre por mostrar favoritismo por sus hermanos, puede ser trivial si lo hace otra. Otras formas de coraje engloban el riesgo calculado de la *honestidad* (decir la verdad) y la *autenticidad* (mostrarse tal y como uno es en realidad) cuando la mayoría aún no está de tu lado. Pensemos en los Fugazi, que tocaban con un estilo único y nunca se vendieron, o en cómo Rick Barry jalaba «como una abuela» delante de multitudes de indignados fans, o en el doctor Ignaz Semmelweis y sus intentos por convencer a sus homólogos de que lavarse las manos salva la vida de los pacientes.

Enseña a los niños varias formas de coraje. Dótalos del lenguaje para describir en qué aspectos ellos también son valientes. Destaca casos en que tus hijos actúen con valentía, casos en que tú seas valiente y casos en que otros actúen con cobardía. Cuando hagas esto último, no denigres a nadie. En vez de eso, pregunta a los niños y adolescentes lo que piensan y lo que podrían sentir y hacer en una situación parecida. No queremos que los niños se sientan forzados o coaccionados para ser valientes. No han de tener la sensación de que el afecto está condicionado a que actúen con valentía. Diles a tus hijos que tú también has actuado con valentía, con cobardía y con ambivalencia.

Si vinculas el coraje al miedo, tus hijos lo entenderán mejor. La cualidad que define el coraje no es la ausencia del miedo, sino la predisposición a asumir un riesgo noble a pesar del temor.[30] Gracias a las aportaciones de filósofos y expertos en ciencias sociales, podemos desgranar el coraje en la siguiente fórmula:

$$\text{Coraje} = \text{Voluntad de actuar} \div \text{Miedo}$$

Según esta fórmula, hay dos maneras de ser valientes.[31] En la primera, podemos afrontar nuestros miedos respecto de nuestra capacidad para superar o eliminar barreras. Una de las principales razones por las que 1,312 empleados federales se negaron a denunciar tras recabar «pruebas directas de uno o más casos de actividad ilícita o dispendio» en su lugar de trabajo, fue el miedo a las represalias.[32] Esa es precisamente la razón número uno por la que los jóvenes no denuncian los problemas de acoso a los adultos.[33] En el sexto capítulo aprendimos estrategias para cuidar de la fortaleza mental: entender los sentimientos. Deja un espacio entre lo que sientes y cómo respondes. Pregúntate cuál es la función de esas emociones no deseadas. ¿Qué está intentando transmitirte el miedo?

Y en la segunda, podemos aprender a avanzar hacia objetivos que nos parecen importantes a pesar de nuestros miedos. En el sexto capítulo aprendimos a esclarecer qué y quién hace que una causa sea lo bastante importante para arriesgar nuestro físico, nuestra reputación o nuestra economía. La valentía no es un nivel que se desbloquea tras entrenar un número suficiente de horas. Es más bien una serie de pequeñas elecciones que hacemos a lo largo del camino.[34] Enseña a los niños a prever y disfrutar de esas decisiones que deben tomar. Tendrán muchas oportunidades de poner a prueba su valentía física, coraje moral, perseverancia, honestidad y autenticidad. Anímalos no solo a aceptar el reto, sino a buscarlo ellos mismos. Cada vez que decidan actuar con valentía, se pueden sentir orgullosos de ello. Ver el coraje como una mera serie de elecciones los predispone más a actuar.

Enseña a los niños a verse a sí mismos como héroes dormidos,[35] como gente que interviene para proteger a un desconocido de un agresor o que se toma el tiempo de apoyar a un amigo afligido. ¿Cuántas veces las personas de buen corazón no alzan la voz ni actúan con valentía porque caen presa del «efecto espectador»? Cuando hay otras personas presentes, es menos probable que intervengan para echar una mano o cumplir una tarea, pensando que esos otros darán un paso al frente. Los psicólogos han identificado cinco factores que impelen a actuar en situaciones sociales con y sin peligro:[36] el hecho de prestar atención y advertir un problema; el darse cuenta de que la situación es inminente; el sentir la responsabilidad personal; el creer en la habilidad para ser útil; y el tomar la decisión consciente de ayudar. Enseña a tus hijos esos cinco factores y su relevancia, alabando a esos individuos extraordinarios que están a la altura y hacen lo correcto enfrentándose al peligro.

A diferencia de otros tipos de educación, para enseñar el coraje debes valorar cabalmente las cualidades únicas de tu hijo, incluyendo su carácter, personalidad, pasado y entorno. Adapta la formación a tu hijo y a cómo ve él el miedo. Recuerda que sus recursos y hándicaps personales distan mucho de los tuyos y de los de cualquier otro adulto. No enemistes a un niño tildando de infundados sus miedos. No impongas tu forma de ver las cosas y empatiza con la suya. No ofrezcas opciones ni reduzcas la superación de los miedos a pequeños pasos, y rebaja la presión que podría sentir para triunfar.[37] Si es miedoso, sé paciente. Ve enseñándole poco a poco, recompensando cada pequeña muestra de coraje que detectes. Piensa a largo plazo, demostrándole que sí puede aprender a redefinir el miedo y terminar actuando con valentía.

¿QUÉ VAS A CAMBIAR HOY?

Hace poco me ofrecí como voluntario para ayudar en la clase de mi hija pequeña. Era una mañana normal. El timbre sonaba de inmediato para indicar a los niños adónde debían ir y en qué momento, con una precisión casi militar. El plan de estudios se seguía al pie de la letra: primero se cubría el abecedario y, acto seguido, se aprendía a sumar y a restar. Pero entonces ocurrió algo inesperado. Me salí del guion. El maestro se tomó un descanso y me dejó al frente de la clase. Después de presentarme, propuse una pequeña lección de mi propia invención. Escribí una única fórmula en el pizarrón: 1 + 1 + 1 = 4, esperé un momento para que la información fuera procesada y luego pregunté: «¿Cómo puede ser cierta esta ecuación?».

La clase se quedó callada hasta que una niña levantó la mano. No la llamé; simplemente le di el gis. Se fue al frente de la clase y empezó a trazar líneas en el pizarrón, contándolas una a una.

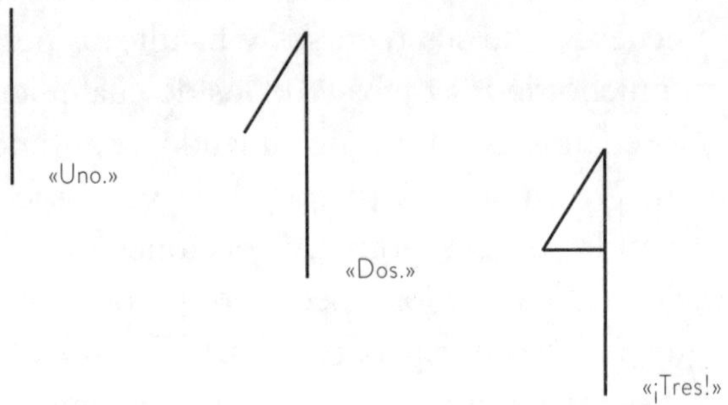

Me devolvió el gis y regresó a su silla mientras el falso maestro y toda la clase lo asimilaban. No había llegado aún al asiento cuando varios niños asintieron y dijeron: «Ah, sí», y «Claro». Luego también lo vi yo. Obviamente, 1 + 1 + 1 sumaba 3, pero tres líneas distintas también conforman el número cuatro. Guau. Impresionante. Por no decir valiente. Aquella pequeña necesitó mucha determinación, aunque solo fuera para responder a mi provocación. Pero es que no se quedó ahí, sino que se arriesgó a hacer el ridículo ofreciendo una respuesta rebelde. Quizás no calculó este riesgo con la ansiedad con que lo habría hecho un adulto, pero se desvió igualmente de las masas y de la norma dictada por maestros y padres. Todos los niños de la clase sabían cómo se suponía que tenían que responder: «Pero señor Kashdan, ¡1 + 1 + 1 no da 4!».

Como sugiere este episodio, un solo insubordinado puede liberar a un grupo cuyos pensamientos, ideas y actos estén maniatados por la presión social para amoldarse. Un solo movimiento decidido y abierto al futuro bambolea el equilibrio de poder. Ante la insubordinación honesta, la mayoría debe demostrar nuevamente el valor de sus ideas. Ya no pueden confiar en la ética de: «Así es como siempre lo hemos hecho». Cuando el *statu quo* parece insuficiente, ese mismo acto simple, sincero y decidido abre la puerta a un montón de posibilidades. En ese caso, otros niños sintieron inmediatamente la inspiración para proponer sus propias ideas «disidentes». Se alzaron un puñado de manos y cada niño ofreció una nueva respuesta a esa ecuación «verdadera pero imposible». En un instante se diluyó el poder opresor de la norma y la diversión y las posibilidades se adueñaron del escenario. Aparecieron nuevas ideas. El deseo de contribuir se disparó. Nació una tribu de futuros inconformistas.

Desperté esta sinfonía de resistencia porque quería aportar mi granito de arena y enseñar a los niños que no pasa nada por arriesgarse y alzar la voz. Si nuestra especie quiere sobrevivir, todos tenemos que enderezar a la siguiente generación para que sean más aptos que nosotros en el inconformismo. Moldeando a rebeldes honestos, pondremos nuestro futuro en manos de hombres y mujeres valientes que tendrán una voz y la usarán. En vez de castigar a los insubordinados o apagar su llama, nuestros hijos verán en la rebeldía el superpoder de su generación —la clave de su éxito— y lo desatarán. Cuestionarán, desafiarán y desmantelarán, sustituyendo con atrevimiento los sistemas disfuncionales con algo mejor.

LA IDEA PRIMORDIAL

Tal vez la forma más profunda de criar rebeldes honestos es la más simple. Tú y yo debemos liderar predicando con el ejemplo, siendo más rebeldes y pidiendo más insubordinación de los demás.

Ahora que has acabado este libro, cuentas con un arsenal de estudios científicos, herramientas, tácticas y estrategias para sumar a otras personas a tu causa y trabajar para que tanto tú como los grupos sociales a los que perteneces sean más tolerantes con el inconformismo. Utiliza estas armas. Rinde pleitesía a la insubordinación honesta. Incluso si por norma has sido de los que evitaban «remover humores», incluso si te has resistido a los rebeldes o los has denigrado, aún no es tarde para corregir el rumbo. En este mundo hay demasiado dolor innecesario, demasiada injusticia, desigualdad, ineptitud y, dicho sin rodeos, demasiada testarudez. Depende de ti hacer algo para resolverlo. Antes de cerrar este libro, hazte esta sencilla pregunta: ¿qué voy a cambiar hoy? Los niños te observan. Hazlo por ellos.

LA RECETA PASO A PASO

1. *Fomenta la sensación de autonomía de tus hijos.* Para criar a rebeldes honestos, los jóvenes deben creer en sus posibilidades para cambiar las cosas. Muestra entusiasmo cuando tus hijos compartan lo que han explorado o lo que pretenden hacer en el futuro. Diles que es normal tener pensamientos y sensaciones de ansiedad al probar cosas nuevas y asumir desafíos. Ayuda a tus hijos a regular sus emociones.
2. *Desarrolla el pensamiento crítico de tus hijos.* La insubordinación honesta depende de la capacidad de una persona para procesar la información de la que dispone, separar el grano de la paja y convencer a otros para que también acepten el grano. La juventud debe sentirse cómoda haciendo preguntas y distinguiendo entre información de alta calidad e información de baja calidad. Tienen que habituarse a no juzgar, moderar su proceso analítico y dejar que el análisis crítico siga su curso.

3. *Enseña a los niños diferentes tipos de coraje y dótalos del lenguaje para describir su propia valentía*. Enseña a los niños a verse a sí mismos como «héroes dormidos», personas que dan un paso al frente cuando la injusticia sale a la luz.

Epílogo

TU PRÓXIMA PROEZA REBELDE

Los primeros pasos con el recetario del inconformista

He querido que este libro fuera una especie de recetario muy peculiar. No has aprendido a asar un pollo ni a hornear el suflé perfecto. Aquí no hay nada sobre precalentar el horno a 180 grados ni sobre dónde o cómo comprar bacalao fresco. Es importante saber esas cosas, pero actualmente nos apremia una necesidad existencial de saber otro tipo de cosas: cómo desatar el progreso por medio de la insubordinación honesta. Sigue los pasos de este libro y serás un insubordinado más fuerte, sabio y honesto, además de un aliado más moderno y leal. Si millones de nosotros seguimos estos pasos, erigiremos una sociedad más segura, próspera, dinámica y equilibrada.

Para empezar, vuelve atrás y relee la Parte I del libro. Como hemos visto, el acto de defender ideas que podrían mejorar la longevidad y la vitalidad de los grupos acarrea un precio para el rebelde y, a corto plazo, desestabiliza los propios grupos. La creatividad suscita emociones de diversa índole, desde aprecio hasta odio. Inculcar un método mejor a los demás es un periplo repleto de pensamientos y sentimientos de ansiedad. Antes de empezar a cambiar el mundo, dedica un tiempo a impregnarte del dilema que afrontan cada día las personas que disienten del *statu quo*.

Luego, cuando empieces a aplicar las técnicas y directrices de las Partes II y III, sé paciente. Para que una idea influya al máximo número de personas, tienes que plantarla poco a poco y metódicamente. También se tarda un tiempo en adquirir nuevas habilidades y aptitudes relacionadas con la insubordinación. Igual que con el ejercicio o la dieta, al principio suele costar, y debes persistir en la rutina con la esperanza de ver los frutos. Acostúmbrate a gestionar las ideas, sensibilidades y sensaciones corporales incómodas que aparezcan, teniendo en cuenta que las intervenciones de superación personal suelen tardar entre seis y ocho semanas en surtir efecto.[1]

Mientras te esfuerzas por ser mejor rebelde, debes cuidarte bien. Cuestionar la ortodoxia te pone a prueba a nivel mental, físico y emocional. No puedes ser un insubordinado como Dios manda sin cuidarte. Los fundamentos son importantes: dormir, hacer ejercicio y desestresarse. Piensa en qué personas de tu red social son tóxicas y te absorben la energía; plantea la opción de cortar con ellas, o al menos de reducir el contacto. Y utiliza las herramientas concretas de la Tabla de Flexibilidad Psicológica para gestionar situaciones emocionalmente intensas.

Sé fiel a tus principios en todo momento. Recuerda: si tienes la suerte de triunfar como rebelde a largo plazo, sentirás la tentación de denostar y rechazar a los que no abogaron por tu causa desde el primer momento. Lucha contra ese afán vengativo. Sé fiel a los mismos valores que te acompañaron en los inicios de tu rebelión. Sigue apreciando y aceptando el escepticismo y las críticas, vengan de donde vengan. Ondea la bandera blanca para que la vean los recelosos y adversarios. Reconoce públicamente que las diferencias de opinión, las desavenencias y la divergencia son cosas que celebrar.

Cuando estés entre el público cuestionando si un rebelde honesto ostenta algún valor, confía en las virtudes gemelas de la humildad y la curiosidad. Sé realista: sabes muy poco. Cuando descubras información nueva, que no te cueste cambiar tu manera de pensar. La belleza de la humildad y la curiosidad es que sosiegan. Ya no sientes la presión de defender tus puntos de vista ni de demostrar que tienes razón o que eres inteligente o agradable. No cierres la puerta al cambio y la pasarás mejor; además, tu vida puede mejorar con ideas más modernas y mejores.

Cuando estés en un grupo, ten un ojo puesto en las señales de discordancia y malestar, y también en lo opuesto: en las presiones que recibe la gente para adaptarse, conformarse, cooperar y poner buena cara. El pensamiento divergente y los puntos de vista únicos no serán posibles a menos que adaptes la cultura de forma que penetren un mayor espectro de opiniones. Apoya todas las medidas que reduzcan la tendencia de los miembros del grupo a seguir a los más estridentes, populares, habladores o distinguidos. Procura que las mejores ideas puedan salir de cualquier persona y de cualquier lugar.

El inconformismo es una parte vital del ser humano, un posible fruto de nuestro individualismo natural. Todos poseemos un genotipo, una trayectoria y una personalidad únicos. Nuestra mezcla de intereses, aspiraciones y relaciones sociales difiere de la de cualquier otra persona. Cuando uses este libro, recuerda que lo que más beneficia al mundo no es lo que compartes con otros, sino lo que te diferencia. Ahonda en tu singularidad y ayuda a los demás a hacer lo mismo. Hazlo con valentía y compasión. Tanto si te sales con la tuya como si no, es la única manera de realizar tu potencial humano.

AGRADECIMIENTOS

Este es un libro muy personal. Mi hermano gemelo y yo crecimos en el seno de una minoría racial en un barrio mayoritariamente negro. Nos cuidó nuestra madre, Roxanne, que era soltera y cargaba con una enorme losa financiera y social. Entonces ya le estaba agradecido, pero ahora que soy padre lo estoy aún más.

Desde muy pequeño me identifiqué como un inconformista, un intruso y alguien diferente. En mi juventud carecí de una figura paterna y conté con pocos modelos masculinos de conducta. Aprendí observando y deconstruyendo. Cómo practicar deporte, cómo andar en bici, cómo ser ingenioso, cómo atraer a amigos y amantes, cómo responder a las provocaciones verbales y físicas... en todo aprendí a base de prueba y error. Cuando crecí, tuve maestros, vecinos, familiares, amigos y jefes que me ayudaron a repensar la adversidad. Me ayudaron a ver de qué manera ser un intruso te hace más fuerte. Estaré eternamente agradecido a todos los apoyos no mencionados que me mantuvieron en el buen camino.

He escrito el libro que habría tenido que leer yo como adolescente que había perdido a una madre de treinta y nueve años. Un manual fácil de consultar que me habría ayudado a gestionar mis pensamientos en los primeros años de adultez. Un referente al que volver en busca de consejo durante toda la edad adulta, sobre todo al criar a tres hijas. Me entristece saber que mi madre no verá jamás la culminación de sus sacrificios. Nunca conocerá a las tres nietas que portan su legado. Igual que todos mis escritos, este libro está dedicado a mi madre. Su legado sigue expandiéndose.

Un buen puñado de familiares y amigos han sido responsables de transformar una idea rudimentaria en lo que ahora estás sosteniendo. Durante más de veinte años he tenido la suerte de liderar un equipo variado de pensadores inteligentes, creativos y penetrantes en mi Well-Being Laboratory de la Universidad George Mason. Sin ellos no sería tan productivo ni creativo, ni encontraría tanto placer, sentido ni momentos de inspiración en la vida. Muchos no tienen ni idea de cuánto me han inspirado sus esfuerzos y puntos de vista. Agradezco especialmente las diferentes aportaciones de Anna Lewis (la Sherlock Holmes), Angela Furst, Aslihan Imamogl, Bradley Brown, David Disabato, David Choi, David Hamlette, James Doorley, Kerry Kelso, Laura Wallace, Logan Craig, Sai Kanuri y Shely Benitah. También a los cientos de estudiantes que se han inscrito en mi asignatura de Ciencia del bienestar, pues me han permitido experimentar con un montón de ideas de este libro.

Llevo veintitrés años colaborando con un extraordinario grupo de investigadores. Son demasiados para nombrarlos, pero por suerte nuestra obra está inmortalizada en los anales de la ciencia. Cuando veo la lista de artículos científicos que publicamos juntos en revistas y los cientos de conferencias y charlas que hemos dado, me siento sumamente agradecido. No voy a citar el sinfín de científicos que me han echado una mano con este libro compartiendo sus investigaciones inéditas y respondiendo a mi aluvión de preguntas por correo electrónico, por teléfono y en persona. Encontrarán buena parte de esas obras en las notas al final del libro. Les aconsejo leer las obras originales de las referencias, así como las demás contribuciones que se hallan en internet.

La soledad es el estado más habitual de un científico y escritor. Para superar esos momentos, doy gracias por contar con la vitalidad, el apoyo, la brillantez, el saber y la alegría de amigos, familiares, compañeros y allegados que, sin saberlo, me aportaron ideas, anécdotas y críticas cruciales. Por diversión, colecciono personas interesantes con quienes quiero fundir mi mundo. Ya saben quiénes son. Las reuniones en torno a la fogata, los paseos, las conversaciones a pie de campo y las maratónicas noches tomando whisky y fumando puros me han vacunado contra la locura y la desazón, tanto antes de la pandemia como durante la misma. Si estallara una guerra, sacrificaría mi cuerpo y mis medios de vida para proteger al menos al 71.8 % de ustedes.

En mi consejo de sabios ha habido unos cuantos miembros que han hecho contribuciones especialmente significativas. Fallon Goodman, eres una de mis personas favoritas del planeta. Es difícil poner cifra a tu franqueza, tu integridad y tus contribuciones intelectuales.

Siempre valoraré mucho poder proponerte ideas y pedirte opinión. La calidad de mi vida y de este libro están de enhorabuena por nuestras bromas, risas, discusiones y debates. Patrick McKnight, eres mi colaborador vital. Hermanos de diferentes madres, recorremos juntos este camino por la vida y por la ciencia. Si ha habido algo que me ha hecho gozar de los dieciséis años trabajados en la Universidad George Mason ha sido el tiempo que hemos compartido. Robert Biswas-Diener, eres uno de los eruditos más imaginativos que he conocido. Escribir mi anterior libro contigo, organizar talleres contigo y, en fin, el simple hecho de hablar por teléfono doce horas a la semana me dan la vida. Cuanta más sesera, mejor. Y los tres son siempre mi sustento intelectual básico. Me niego a concebir una vida en la que falte su mente y su corazón.

Seth Schulman, eres uno de los escritores más fascinantes que conozco. Ha sido un privilegio poder colaborar contigo en este libro. Voy a pregonar tus virtudes hasta el último día.

Muchos autores sueñan con encontrar a un agente... el que sea. Christy Fletcher ha sido una auténtica bendición. Hace realidad las cosas con una óptima mezcla de escepticismo y perseverancia. Con inteligencia y compasión, suele entender qué debería hacer o qué podría mejorar en cada momento. Desde que empezamos a trabajar juntos, he sabido siempre que es la socia ideal en este proyecto. Gracias por arriesgarte conmigo.

Hay algo hermoso en colaborar con la misma editora en varios libros, porque aprenden y crecen juntos. Caroline Sutton, sabes exactamente cómo motivarme y cómo modelar mi forma de pensar y escribir. Con exquisita agilidad, sabes cuándo criticar y cuándo elogiar. Hablar y trabajar contigo es un regalo, además de ser muy fácil. Resulta muy enriquecedor tenerte a mi lado. Lo mismo puedo decir de colaborar con la liga de individuos extraordinarios de Avery: Casey Maloney, Farin Schlussel, Hannah Steigmeyer, Anne Kosmoski y Roshe Anderson. Cuando uno está rodeado de personas que conocen tan bien su oficio, te limitas a ceder las riendas y observar asombrado. Eso es lo que hago muchas veces con el equipo de Avery.

Hay otros miembros en mi consejo de sabios que me han ayudado a ver la vida con perspectiva. Barry y Marilyn Spitz han sido mis segundos padres. Me gustaba verlos conversar con sus siete nietos, sin infravalorar nunca sus capacidades, escuchando siempre y cautivándolos con ideas, cuentos o preguntas peculiares.

Barry fue mi modelo a seguir como padre y como abuelo. Si tener una vida plena consiste en poder amar y ser amado y acumular experiencias ricas e interesantes, entonces Barry es una leyenda. Llegué a tomar apuntes de sus lecciones. Un montón. Llevo a un pequeño Barry en el hombro, y su presencia me aportará paz y estabilidad hasta el fin de mis días. Barry murió de COVID-19 justo cuando empezaba a escribir este libro. Fue un suceso que se habría podido evitar si unos cuantos insubordinados honestos en extremo hubieran dado un paso al frente, hubieran alzado la voz y hubieran cuestionado el inexistente liderazgo de Estados Unidos. Yo esperé a que aparecieran, pero no lo hicieron. Escribo este libro con la esperanza de formar a un ejército de insubordinados honestos que estarán listos y dispuestos para prevenir la siguiente tragedia. Hagámoslo por Barry y por los cientos de miles que murieron innecesariamente.

Mi familia es la parte más importante de mi vida, y Sarah es la piedra angular. Su presencia nos hace sentir amados y cuidados. Se esfuerza por crear un mundo más afable y bondadoso. Insta a todo el mundo a ser un poco más generoso y a preocuparse por los que más lo necesitan. Es capaz de poner de mejor humor a todos los que la conocen.

Este libro es por mis tres hijas: Chloe, Raven y Violet, que son las personas que me aportan más felicidad, sentido y riqueza psicológica en la vida. Tengo en gran estima cada acto suyo de rebelión honesta y siempre seré su compañero.

NOTAS

PARTE I. UNA ODA A LA INSUBORDINACIÓN

1. La capital importancia de hacer una voltereta en la biblioteca

1. Podemos resumir la teoría de la evolución en cuatro palabras: variación, selección, retención y competencia. Variación: una serie de criaturas nacen con cualidades distintas que las ayudan (o no) a sobrevivir y procrear. Selección: las criaturas con cualidades que mejoran su índice de supervivencia y reproducción burlan y sobreviven al resto. Retención: los diferentes índices de supervivencia para las diferentes cualidades acaban generando criaturas que funcionan óptimamente en sus respectivos hábitats. Competencia: siempre habrá presiones, tales como rivales o condiciones climáticas, que pongan a prueba si ciertas cualidades siguen siendo las idóneas para mantener una estirpe sana de descendientes. He aquí mis ocho libros favoritos sobre la teoría de la evolución: Richard Dawkins, *Evolución: el mayor espectáculo sobre la Tierra*, Espasa, Barcelona, 2009; Daniel Dennett, *La peligrosa idea de Darwin*, Galaxia Gutenberg, Barcelona, 2015;

Jared Diamond, *Armas, gérmenes y acero: breve historia de la humanidad en los últimos trece mil años*, Debolsillo, Barcelona, 2020; Douglas T. Kenrick y Vladas Griskevicius, *The Rational Animal: How Evolution Made Us Smarter Than We Think*, Basic Books, Nueva York, 2013; Geoffrey Miller, *Spent: Sex, Evolution and Consumer Behavior*, Penguin/Putnam, Nueva York, 2009; Steven Pinker, *La tabla rasa*, Paidós, Barcelona, 2018; Christopher Ryan y Cacilda Jethá, *En el principio era el sexo*, Paidós, Barcelona, 2020; Robert Wright, *The Moral Animal: Evolutionary Psychology and Everyday Life*, Vintage Books, Nueva York, 1994.

2. Charles Darwin, *El origen de las especies*, Espasa Libros, Barcelona, 1998; Curtis Neal Johnson, «The Preface to Darwin's Origin of Species: The Curious History of the "Historical Sketch"», *Journal of the History of Biology*, 40, n.º 3, 2007, pp. 529-556, <https://doi.org/10.1007/s10739-006-9118-0>.

3. En su obra, estudió los mecanismos que concurrían en la competencia de los animales para no ser devorados y procrear. Tras observar docenas de especies, señaló que «los factores medioambientales llevan a los organismos a desarrollar nuevas características que garantizan su supervivencia, de modo que se transforman en nuevas especies. Los animales que sobreviven y consiguen procrear pueden transferir sus rasgos propicios a los retoños». Su libro *Kitab al-Hayawan*, o *El libro de los animales*, fascinó al mundo musulmán. Un recordatorio de cómo la suerte y las circunstancias influyen en la fama y la fortuna. Véase Abu Uthman Amr ibn Bahr al-Jahiz, *Kitab al-Hayawan*, Maktabat Mustafa al-Babi al-Halabi, El Cairo, sin fecha.

4. Muhammad ibn Abd al-Malik, apodado Ibn al-Zayyat. Tal vez una de las razones principales por las que Darwin recibe más crédito por descubrir la teoría de la evolución es por

lo difícil que resulta recordar estos nombres. Véase Rebecca Stott, *Darwin's Ghosts: The Secret History of Evolution*, Spiegel & Grau Trade Paperbacks, Nueva York, 2012, p. 57.

5. Stott, *Darwin's Ghosts*.

6. Johnson, «The Preface to Darwin's Origin of Species»; Stott, *Darwin's Ghosts*.

7. Un breve resumen de la narración bíblica de la creación. El primer día, Dios (sea él, ella o ello) hizo la luz. El segundo, creó la atmósfera/el firmamento. El tercero, la tierra y las plantas. El cuarto, el Sol, la Luna y las estrellas. El quinto, los pájaros y los animales marinos. El sexto, los animales terrestres y los humanos. Y el séptimo, Dios descansó. Hay un debate acalorado sobre si Dios creó a los animales y a los humanos en dos días o en seis. Véase Génesis 1, 1-31; 2, 1-2.

8. Una opinión similar a la propuesta de Matt Ridley, en el sentido de que una perspectiva evolutiva ofrece una explicación más precisa y elegante que la tesis creacionista o del diseñador inteligente de las transformaciones culturales y tecnológicas. Véase Matt Ridley, *The Evolution of Everything: How New Ideas Emerge*, HarperCollins, Nueva York, 2015.

9. Jolanda Jetten y Matthew J. Hornsey, «Deviance and Dissent in Groups», *Annual Review of Psychology*, 65, n.º 1, 2014, pp. 461-485, <https://doi.org/10.1146/annurev-psych-010213-115151>; Bibb Latané y Sharon Wolf, «The Social Impact of Majorities and Minorities», *Psychological Review*, 88, n.º 5, 1981, pp. 438-453, <https://doi.org/10.1037/0033-295x.88.5.438>; Charlan Jeanne Nemeth y Brendan Nemeth-Brown, «Better than Individuals? The Potential Benefits of Dissent and Diversity for Group Creativity», en *Group Creativity: Innovation through Collaboration*, ed. Paul B. Paulus y Bernard Arjan Nijstad, Oxford University Press, Nueva York, 2003, pp. 63-84, <http://doi.org/10.1093/acprof:oso/9780195147308.003.0004>; Wendy Wood *et al.*,

«Minority Influence: A Meta-Analytic Review of Social Influence Processes», *Psychological Bulletin*, 115, n.º 3, 1994, pp. 323-345, < https://doi.org/10.1037/0033-2909.115.3.323>.

10. Paul Johnson, *Darwin: retrato de un genio*, Avarigani, Madrid, 2015; Randy Moore, «The Persuasive Mr. Darwin», *BioScience*, 47, n.º 2, 1997, pp. 107-114, <https://doi.org/10.2307/1313021>; David Quammen, *El remiso Mr. Darwin*, Antoni Bosch, Barcelona, 2008.

11. Lisa Feldman Barrett y James A. Russell, *The Psychological Construction of Emotion*, Guilford Press, Nueva York, 2014; Jolanda Jetten y Matthew J. Hornsey, *Rebels in Groups: Dissent, Deviance, Difference and Defiance*, Wiley-Blackwell, Chichester (Reino Unido), 2011; James C. Kaufman y Robert J. Sternberg, *The Cambridge Handbook of Creativity*, Cambridge University Press, Cambridge (Reino Unido), 2010; Robin Martin y Miles Hewstone, *Minority Influence and Innovation: Antecedents, Processes and Consequences*, Psychology Press, Hove (Reino Unido), 2010; Tom Postmes y Jolanda Jetten, *Individuality and the Group: Advances in Social Identity*, Sage, Thousand Oaks (California), 2006; Kathleen D. Vohs y Eli J. Finkel, *Self and Relationships: Connecting Intrapersonal and Interpersonal Processes*, Guilford Press, Nueva York, 2006.

12. Johnson, *Darwin: retrato de un genio*; Moore, «The Persuasive Mr. Darwin»; Quammen, *El remiso Mr. Darwin*.

13. Johnson, *Darwin: retrato de un genio*.

14. William D. Crano y Radmila Prislin, «Attitudes and Persuasion», *Annual Review of Psychology*, 57, n.º 1, 2006, pp. 345-374, <https://doi.org/10.1146/annurev.psych.57.102904.190034>; Richard E. Petty y John T. Cacioppo, *Attitudes and Persuasion: Classic and Contemporary Approaches*, Westview Press, Boulder (Colorado), 1996.

15. Darwin, *El origen de las especies*; Johnson, *Darwin: retrato de un genio*; Moore, «The Persuasive Mr. Darwin».

16. Sus colegas científicos se burlaron de este recurso retórico. Sin embargo, el estilo comunicativo de Darwin es lo que atraía al público y lo hacía disfrutar. Véase Darwin, *El origen de las especies*.

17. Ayelet Fishbach, Julia Steinmetz y Yanping Tu, «Motivation in a Social Context: Coordinating Personal and Shared Goal Pursuits with Others», en *Advances in Motivation Science*, ed. Andrew Elliot, Academic Press, Cambridge (Massachusetts), 2016, pp. 35-79; Gráinne M. Fitzsimons, Eli J. Finkel y Michelle R. van Dellen, «Transactive Goal Dynamics», *Psychological Review*, 122, n.º 4, 2015, pp. 648-673, <https://doi.org/10.1037/a0039654>; Edward Orehek, Amanda L. Forest y Nicole Barbaro, «A People-as-Means Approach to Interpersonal Relationships», *Perspectives on Psychological Science*, 13, n.º 3, 2018, pp. 373-389; Jordan E. Theriault, Liane Young y Lisa Feldman Barrett, «The Sense of Should: A Biologically-Based Framework for Modeling Social Pressure», *Physics of Life Reviews*, 36, 2021, pp. 100-136.

18. Las diferencias entre las personas que se identifican firmemente con ciertos tipos de música y menosprecian otros estilos son una forma infravalorada de tribalismo que afecta a buena parte de lo que consume la gente, y también a las normas sociales de conducta. Véase Gideon Nave *et al.*, «Musical Preferences Predict Personality: Evidence from Active Listening and Facebook Likes», *Psychological Science*, 29, n.º 7, 2018, pp. 1145-1158; Peter J. Rentfrow y Samuel D. Gosling, «The Content and Validity of Music-Genre Stereotypes Among College Students», *Psychology of Music*, 35, n.º 2, 2007, pp. 306-326; Peter J. Rentfrow y Samuel D. Gosling, «Message in a Ballad: The Role of Music Preferences in Interpersonal Perception», *Psychological Science*, 17, n.º 3, 2006, pp. 236-242; Peter J. Rentfrow y Samuel D. Gosling, «The Do Re Mi's of Everyday Life: The Structure and Per-

sonality Correlates of Music Preferences», *Journal of Personality and Social Psychology*, 84, n.º 6, 2003, pp. 1236-1256.

19. La insubordinación es más que mera disidencia, desafío o inconformismo. En una estructura social jerárquica que se basa en el principio de que la gente de los escalones bajos cumplirá las directrices dictadas por las personas que ocupan los estamentos superiores, la insubordinación es un acto específico de rebelión, el acto voluntario de desobedecer a los superiores y a las autoridades. Me gusta este término porque esconde las connotaciones más negativas, pese a depender de las tesis de las figuras de autoridad, la mayoría o la ortodoxia. En 1851, un esclavo que intentaba huir de su amo se consideraba enfermo. Se le consideraba afligido por una dolencia llamada «drapetomanía», «la enfermedad que impulsaba a los esclavos a escapar». Los médicos y psiquiatras idearon este diagnóstico arbitrario y las clases altas lo bendijeron. Este es uno de los muchos recordatorios de que el *statu quo* se equivoca por completo muchas veces, y que necesitamos la insubordinación para corregir las cosas. Véase Samuel A. Cartwright, «Report of the Diseases and Peculiarities of the Negro Race», *New Orleans Medical and Surgical Journal*, 1851, pp. 691-715.

20. «Insubordination», Cambridge Dictionary Online, Google, acceso el 13 de febrero de 2020, <https://dictionary.cambridge.org/us/dictionary/english/insubordination>.

2. Las locuras que hacemos para gustar

1. Rick Barry y Bill Libby, *Confessions of a Basketball Gypsy: The Rick Barry Story*, Dell Publishing Company, Nueva York, 1972.

2. Fue durante la temporada 2015-2016, en la que firmó el mejor porcentaje de tiros libres de los últimos cinco años

de su carrera. He decidido ser generoso y no incluir los años comprendidos entre 2016 y 2020, cuando lanzó con menos acierto todavía. Véase Barry y Libby, *Confessions*.

3. Hiroki Okubo y Mont Hubbard, «Dynamics of the Basketball Shot with Application to the Free Throw», *Journal of Sports Sciences*, 24, n.º 12, 2006, pp. 1303-1314; Curtis Rist, «Physics Proves It: Everyone Should Shoot Granny-Style», *Discover*, 19 de julio de 2008, <https://www.discovermagazine.com/the-sciences/physics-proves-it-everyone-should-shoot-granny-style>; Curtis Rist, «Underhanded Achievement», *Discover*, octubre del 2000, pp. 34-36; A. Tan y G. Miller, «Kinematics of the Free Throw in Basketball», *American Journal of Physics*, 49, n.º 6, 1981, pp. 542-544; Hannah Devlin, «"Granny Style" Is Best Way to Take a Basketball Free Throw, Study Shows», *The Guardian*, 25 de abril de 2017, <https://www.theguardian.com/science/2017/apr/26/granny-style-is-best-way-to-take-a-basketball-free-throw-study-shows>.

4. Bautizó su barco con el nombre *Free Throw* («Tiro Libre»)... porque siempre suena «chof». Véase Rick Barry, «590: Choosing Wrong», entrevista de Malcolm Gladwell, *This American Life*, NPR, 24 de junio de 2016, 10:00, <https://www.thisamericanlife.org/590/transcript>.

5. Dan Feldman, «Shaq on Free Throws: "I Told Rick Barry I'd Rather Shoot 0% Than Shoot Underhand"», *NBC Sports*, 11 de diciembre de 2017, <https://nba.nbcsports.com/2017/12/11/shaq-on-free-throws-i-told-rick-barry-id-rather-shoot-0-than-shoot-underhand/>.

6. Michelle Kaufman, «Rick Barry Was Known for "Granny-Style" Free-Throws. His Son's Bringing Them Back», *Miami Herald*, 23 de marzo de 2017, <https://www.miamiherald.com/sports/college/sec/university-of-florida/article140384263.html>.

7. «Wilt Chamberlain», estadísticas completas durante la temporada regular, NBA, <https://stats.nba.com/player/76375/career/>; Mayo Oshin, «The Wilt Chamberlain Effect: Why We Make Bad Decisions, Even When We Know Better», *The Ladders*, 3 de septiembre de 2018, <https://www.theladders.com/career-advice/the-wilt-chamberlain-effect-why-we-make-bad-decisions-even-when-we-know-better>.

8. En agosto de 2020 sigue siendo el récord, y eso que la NBA se ha convertido en una máquina de anotadores de triples, de forma que se lanzan menos tiros de dos fuera de la pintura. Michael Jordan, miembro del Salón de la Fama, solo llegó a anotar 69 puntos en un partido. Kobe Bryant, otro miembro del selecto club, anotó 81. Y LeBron James, futuro miembro del Salón de la Fama, solo ha conseguido llegar hasta los 61. Véase «NBA Advanced Stats», NBA, última modificación del 7 de marzo de 2021,<https://www.nba.com/stats/>.

9. Oshin, «The Wilt Chamberlain Effect»; Colton Wesley, «Underhanded Free Throws Work, So Why Don't Players Shoot Them?», *Detroit Jock City*, 31 de mayo de 2017, <https://detroitjockcity.com/2017/05/31/underhanded-free-throws-work-dont-players>.

10. Wilt Chamberlain, *A View from Above*, Signet, Nueva York, 1992.

11. John Branch, «For Free Throws, 50 Years of Practice Is No Help», *New York Times*, 3 de marzo de 2009, <https://www.nytimes.com/2009/03/04/sports/basketball/04freethrow.html>.

12. Bert H. Hodges, «Conformity and Divergence in Interactions, Groups, and Culture», en *The Oxford Handbook of Social Influence*, ed. Stephen G. Harkins, Kipling D. Williams y Jerry M. Burger, Oxford University Press, Nueva York, 2017, pp. 87-105; Tatsuya Kameda, Masanori Takezawa y

Reid Hastie, «The Logic of Social Sharing: An Evolutionary Game Analysis of Adaptive Norm Development», *Personality and Social Psychology Review*, 7, n.º 1, 2003, pp. 2-19, <https://doi.org/10.1207/s15327957pspr0701_1>; Theriault, Young y Barrett, «The Sense of Should».

13. Shahrzad Goudarzi *et al.*, «Economic System Justification Predicts Muted Emotional Responses to Inequality», *Nature Communication*, 11, n.º 1, 2019, pp. 1-9, <https://doi.org/10.31219/osf.io/up8ay>.

14. Scott Eidelman y Christian S. Crandall, «Bias in Favor of the Status Quo», *Social and Personality Psychology Compass*, 6, n.º 3, 2012, pp. 270-281, https://doi.org/10.1111/j.1751-9004.2012.00427.x; Scott Eidelman, Christian S. Crandall y Jennifer Pattershall, «The Existence Bias», *Journal of Personality and Social Psychology*, 97, n.º 5, 2009, pp. 765-775, <https://doi.org/10.1037/a0017058>.

15. Scott Eidelman, Jennifer Pattershall y Christian S. Crandall, «Longer Is Better», *Journal of Experimental Social Psychology*, 46, n.º 6, 2010, pp. 993-998, https://doi.org/10.1016/j.jesp.2010.07.008>.

16. Eidelman, Pattershall y Crandall, «Longer Is Better».

17. Christian S. Crandall *et al.*, «Status Quo Framing Increases Support for Torture», *Social Influence*, 4, n.º 1, 2009, pp. 1-10.

18. Kristin Laurin, «Inaugurating Rationalization: Three Field Studies Find Increased Rationalization When Anticipated Realities Become Current», *Psychological Science*, 29, n.º 4, 2018, pp. 483-495, <https://doi.org/10.1177/0956797617738814>.

19. Herbert C. Kelman, «Reflections on Social and Psychological Processes of Legitimization and Delegitimization», en *Psychology of Legitimacy*, ed. John T. Jost y Brenda Major, Cambridge University Press, Cambridge (Reino Unido), 2001, pp. 54-76.

20. Equipo del *Washington Post*, «Full Text: Donald Trump Announces a Presidential Bid», *Washington Post*, 16 de junio de 2015, <https://www.washingtonpost.com/news/post-politics/wp/2015/06/16/full-text-donald-trump-announces-a-presidential-bid/>.

21. Luis Noe-Bustamante, Antonio Flores y Sono Shah, «Facts on Hispanics of Mexican Origin in the United States, 2017», Pew Research Center, 16 de septiembre de 2019, <https://www.pewresearch.org/hispanic/fact-sheet/u-s-hispanics-facts-on-mexican-origin-latinos/#:~:text=Mexicans%20are%20the%20largest%20population,36.6%20million%20over%20the%20period>.

22. Juliana Menasce Horowitz, Anna Brown y Kiana Cox, «2. Views of Racial Inequality», Pew Research Center, 9 de abril de 2019, <https://www.pewsocialtrends.org/2019/04/09/views-of-racial-inequality/>.

23. Jennifer Bronson y E. Ann Carson, «Prisoners in 2017», Bureau of Justice Statistics, 25 de abril de 2019, <https://www.bjs.gov/index.cfm?ty=pbdetail&iid=6546>; «COVID-19 Spurs 25% Drop in Inmates Held in Local Jails», Bureau of Justice Statistics, junio de 2019-junio de 2020, <https://www.bjs.gov/index.cfm?%20ty=pbdetail&iid=6546>.

24. Frank Newport, Jack Ludwig y Sheila Kearney, «Black-White Relations in the United States, 2001 Update», Gallup Poll Social Audit, 10 de julio de 2001, <https://media.gallup.com/GPTB/specialReports/sr010711.PDF>.

25. Las encuestas que realizó Gallup entre el 8 de junio y el 24 de julio de 2020 muestran que una de cada tres personas negras creen ser tratadas igual o mejor que los blancos. Véase Megan Brenan, «New Highs Say Black People Treated Less Fairly in Daily Life», Gallup, 19 de agosto de 2020, <https://news.gallup.com/poll/317564/new-highs-say-black-people-treated-less-fairly-daily-life.aspx>.

26. Hay quienes podrían interpretar mi argumento en el sentido de que las personas negras no entienden los problemas generales e incorregibles del sistema de justicia penal, o que no son narradores fiables de su propia experiencia. No quiero destacar a la población negra ni a ningún otro grupo minoritario. Simplemente presento estos datos para explicar cómo los humanos de diferentes perfiles demográficos son ajenos a los sesgos del *statu quo* vigente y, como resultado, tienden a priorizar la estabilidad al cambio social.

27. John T. Jost y Mahzarin R. Banaji, «The Role of Stereotyping in System-Justification and the Production of False Consciousness», *British Journal of Social Psychology*, 33, n.º 1, 1994, pp. 1-27, <https://doi.org/10.1111/j.2044-8309.1994.tb01008.x>; John T. Jost, Mahzarin R. Banaji y Brian A. Nosek, «A Decade of System Justification Theory: Accumulated Evidence of Conscious and Unconscious Bolstering of the Status Quo», *Political Psychology*, 25, n.º 6, 2016, pp. 881-919, <https://doi.org/10.31234/osf.io/6ue35>.

28. Chuma Kevin Owuamalam, Mark Rubin y Russell Spears, «Addressing Evidential and Theoretical Inconsistencies in System-Justification Theory with a Social Identity Model of System Attitudes», *Current Directions in Psychological Science*, 27, n.º 2, 2018, pp. 91-96, <https://doi.org/10.1177/0963721417737136>.

29. Justin P. Friesen *et al.*, «System Justification: Experimental Evidence, Its Contextual Nature, and Implications for Social Change», *British Journal of Social Psychology*, 58, n.º 2, 2018, pp. 315-339, https://doi.org/10.1111/bjso.12278; John T. Jost, «A Quarter Century of System Justification Theory: Questions, Answers, Criticisms, and Societal Applications», *British Journal of Social Psychology*, 58, n.º 2, 2018, pp. 263-314, https://doi.org/10.1111/bjso.12297; Chuma Kevin Owuamalam, Mark Rubin y Russell Spears, «Revisiting 25 Years of

System Motivation Explanation for System Justification from the Perspective of Social Identity Model of System Attitudes», *Journal of Social Psychology*, 58, n.º 2, 2018, pp. 362-381, <https://doi.org/10.31234/osf.io/y29xq>.

30. Aaron C. Kay *et al.*, «Panglossian Ideology in the Service of System Justification: How Complementary Stereotypes Help Us to Rationalize Inequality», *Advances in Experimental Social Psychology*, 39, 2007, pp. 305-358, <https://doi.org/10.1016/S0065-2601(06)39006-5>.

31. Bastiaan T. Rutjens, Frenk van Harreveld y Joop van der Pligt, «Yes We Can: Belief in Progress as Compensatory Control», *Social Psychological and Personality Science*, 1, n.º 3, 2010, pp. 246-252, <https://doi.org/10.1177/1948550610361782>; Bastiaan T. Rutjens et al., «Steps, Stages, and Structure: Finding Compensatory Order in Scientific Theories», *Journal of Experimental Psychology: General*, 142, n.º 2, 2013, pp. 313-318, <https://doi.org/10.1037/a0028716>.

32. Steven Shepherd *et al.*, «Evidence for the Specificity of Control Motivations in Worldview Defense: Distinguishing Compensatory Control from Uncertainty Management and Terror Management Processes», *Journal of Experimental Social Psychology*, 47, n.º 5, 2011, pp. 949-958, <https://doi.org/10.1016/j.jesp.2011.03.026>.

33. David W. Moore, «Bush Job Approval Highest In Gallup History», Gallup, 24 de septiembre de 2001, <https://news.gallup.com/poll/4924/bush-job-approval-highest-gallup-history.aspx>.

34. «Presidential Approval Rating—George W. Bush», Gallup, última modificación del 11 de enero de 2009, <https://news.gallup.com/poll/116500/Presidential-Approval-Ratings-George-Bush.aspx>. Para un estudio que detalla los mecanismos psicológicos para dar cuenta de los diferen-

tes índices de aprobación del presidente Bush, véase Mark J. Landau *et al.*, «Deliver Us from Evil: The Effects of Mortality Salience and Reminders of 9/11 on Support for President George W. Bush», *Personality and Social Psychology Bulletin*, 30, n.º 9, 2004, pp. 1136-1150, <https://doi.org/10.1177/0146167204267988>; Thomas A. Pyszczynski, Sheldon Solomon y Jeff Greenberg, *In the Wake of 9/11: The Psychology of Terror*, APA Press, Washington, 2003.

35. Tom Douglas, *Scapegoats: Transferring Blame*, Routledge Press, Nueva York, 1995; Mark J. Landau *et al.*, «Deriving Solace from a Nemesis: Having Scapegoats and Enemies Buffers the Threat of Meaninglessness», en *Meaning, Mortality, and Choice: The Social Psychology of Existential Concerns*, ed. Phillip R. Shaver y Mario Mikulincer, APA Press, Washington, 2012, pp. 183-202; Daniel Sullivan, Mark J. Landau y Zachary K. Rothschild, «An Existential Function of Enemyship: Evidence That People Attribute Influence to Personal and Political Enemies to Compensate for Threats to Control», *Journal of Personality and Social Psychology*, 98, n.º 3, 2010, pp. 434-449, <https://doi.org/10.1037/a0017457>.

36. Steven Shepherd, Richard P. Eibach y Aaron C. Kay, «"One Nation Under God": The System Justifying Function of Symbolically Aligning God and Government», *Political Psychology*, 38, n.º 5, 2017, pp. 703-720, <https://doi.org/10.1111/pops.12353>.

37. Keisha M. Cutright *et al.*, «When Your World Must Be Defended: Choosing Products to Justify the System», *Journal of Consumer Research*, 38, n.º 1, 2011, pp. 62-77, <https://doi.org/10.1086/658469>.

38. David Skarbek, «Prison Gangs, Norms, and Organizations», *Journal of Economic Behavior & Organization*, 82, n.º 1, 2012, pp. 96-109, <https://doi.org/10.1016/ j.jebo.2012.01.002>.

39. Aaron C. Kay *et al.*, «Inequality, Discrimination, and the Power of the Status Quo: Direct Evidence for a Motivation to See the Way Things Are as the Way They Should Be», *Journal of Personality and Social Psychology*, 97, n.º 3, 2009, pp. 421-434, <https://doi.org/10.1037/a0015997>; Jojanneke van der Toorn *et al.*, «A Sense of Powerlessness Fosters System Justification: Implications for the Legitimation of Authority, Hierarchy, and Government», *Political Psychology*, 36, n.º 1, 2014, pp. 93-110, <https://doi.org/10.1111/pops.12183>; Jojanneke van der Toorn, Tom R. Tyler y John T. Jost, «More than Fair: Outcome Dependence, System Justification, and the Perceived Legitimacy of Authority Figures», *Journal of Experimental Social Psychology*, 47, n.º 1, 2011, pp. 127-138, <https://doi.org/10.1016/j.jesp.2010.09.003>.

40. Chuma Kevin Owuamalam y Russell Spears, «Do Humans Possess an Autonomous System Justification Motivation? A Pupillometric Test of the Strong System Justification Thesis», *Journal of Experimental Social Psychology*, 86, 2020, <https://doi.org/10.31219/osf.io/jx7rs>.

41. Experimentos 1 y 2. Véase Kristin Laurin, Steven Shepherd y Aaron C. Kay, «Restricted Emigration, System Inescapability, and Defense of the Status Quo», *Psychological Science*, 21, n.º 8, 2010, pp. 1075-1082, <https://doi.org/10.1177/0956797610375448>.

42. Experimento 3. Véase Laurin, Shepherd y Kay, «Restricted Emigration».

43. Kay *et al.*, «Inequality, Discrimination, and the Power of the Status Quo».

44. Chuma Kevin Owuamalam, Mark Rubin y Christian Issmer, «Reactions to Group Devaluation and Social Inequality: A Comparison of Social Identity and System Justification Predictions», *Cogent Psychology*, 3, n.º 1, 2016, 1188442, <https://doi.org/10.1080/23311908.2016.1188442>.

45. Luca Caricati y Chuma Kevin Owuamalam, «System Justification Among the Disadvantaged: A Triadic Social Stratification Perspective», *Frontiers in Psychology*, 11, 2020, p. 40, <https://doi.org/10.3389/fpsyg.2020.00040>.

46. Chuma Kevin Owuamalam *et al.*, «Why Do People from Low-Status Groups Support Class Systems That Disadvantage Them? A Test of Two Mainstream Explanations in Malaysia and Australia», *Journal of Social Issues*, 73, n.º 1, 2017, pp. 80-98, <https://doi.org/10.1111/josi.12205>.

47. Angela L. Duckworth *et al.*, «Cognitive and Noncognitive Predictors of Success», *Proceedings of the National Academy of Sciences*, 116, n.º 47, 2019, pp. 23499-23504, https://doi.org/10.1073/pnas.1910510116; Angela Duckworth y James J. Gross, «Self-Control and Grit: Related but Separable Determinants of Success», *Current Directions in Psychological Science*, 23, n.º 5, 2014, pp. 319-325, <https://doi.org/10.1177/0963721414541462>.

48. Estas siete afirmaciones se extraen directamente de los doce puntos que conforman la Escala del John Henryismo para el Afrontamiento Activo. Véase Sherman A. James, «John Henryism and the Health of African-Americans», *Culture, Medicine and Psychiatry*, 18, n.º 2, 1994, pp. 163-182, <https://doi.org/10.1007/bf01379448>.

49. James, «John Henryism and the Health of African-Americans».

50. Emiliano Albanese *et al.*, «Hostile Attitudes and Effortful Coping in Young Adulthood Predict Cognition 25 Years Later», *Neurology*, 86, n.º 13, 2016, pp. 1227-1234, <https://doi.org/10.1212/wnl.0000000000002517>.

51. Aaron C. Kay y Justin Friesen, «On Social Stability and Social Change: Understanding When System Justification Does and Does Not Occur», *Current Directions in Psychological Science*, 20, n.º 6, 2011, pp. 360-364, <https://

doi.org/10.1177/0963721411422059>; Owuamalam, Rubin y Spears, «Addressing Evidential and Theoretical Inconsistencies».

3. Los renegados son geniales

1. La gran experta actual en la investigación de su vida es Katherine Perrotta, de la Universidad Estatal de Kennesaw. He aquí una muestra de su obra: Katherine Perrotta, «A Century Apart: An Evaluation of Historical Comparisons between Elizabeth Jennings and Rosa Parks in Narratives of the Black Freedom Movement», *American Educational History Journal*, 44, n.º 1, 2017, pp. 33-48; Katherine Perrotta y Chara Haeussler Bohan, «Nineteenth Century Rosa Parks? Assessing Elizabeth Jennings' Legacy as a Teacher and Civil Rights Pioneer in Antebellum America», *Vitae Scholasticae: The Journal of Educational Biography*, 30, n.º 2, 2013, pp. 5-23.

2. John H. Hewitt, «The Search for Elizabeth Jennings, Heroine of a Sunday Afternoon in New York City», *New York History*, 71, n.º 4, 1990, pp. 386-415; Jerry Mikorenda, *America's First Freedom Rider: Elizabeth Jennings, Chester A. Arthur, and the Early Fight for Civil Rights*, Lyons Press, Guilford (Connecticut), 2020.

3. Crónica publicada en marzo de 1855 en el *Anti-Slavery Bugle* de New Lisbon (Ohio). Véase «Anti-Slavery Bugle», Biblioteca del Congreso, «Chronicling America: Historic American Newspapers», 10 de marzo de 1855, <https://chroniclingamerica.loc.gov/lccn/sn83035487/1855-03-10/ed-1/seq-3/>.

4. G. Clay Whittaker, «A History of West Wing Whiskers», *Men's Journal*, 13 de noviembre de 2014,

<https://www.mensjournal.com/style/a-history-of-west-wing-whiskers-20141113/james-garfield/>.

5. Rhoda Golden Freeman, «The Free Negro in New York City in the Era before the Civil War», tesis doctoral, Universidad de Columbia, 1966; Hewitt, «The Search for Elizabeth Jennings».

6. Anne Farrow, Joel Lang y Jenifer Frank, *Complicity: How the North Promoted, Prolonged, and Profited from Slavery*, Ballantine Books, Nueva York, 2006; Leslie M. Harris, *In the Shadow of Slavery: African Americans in New York City, 1626-1863*, University of Chicago Press, Chicago, 2004; Mikorenda, *America's First Freedom Rider*.

7. Joyce A. Hanson, *Rosa Parks: A Biography*, Greenwood Biographies, Santa Barbara (California), 2011.

8. Bill Clinton, «Hillary Clinton and the Changing Political Landscape: The Daily Show», entrevista de Trevor Noah, *The Daily Show*, 15 de septiembre de 2016, 9:34, <https://www.youtube.com/watch?v=h-H1LddWxo8&feature=youtube>.

9. Evan Andrews, «7 Unusual Ancient Medical Techniques», *History*, última modificación del 22 de agosto de 2018, <https://www.history.com/news/7-unusual-ancient-medical-techniques>.

10. Juan Escrivá Gracia, Ricardo Brage Serrano y Julio Fernández Garrido, «Medication Errors and Drug Knowledge Gaps among Critical-Care Nurses: A Mixed Multi-Method Study», *BMC Health Services Research*, 19, n.º 640 (2019), https://doi.org/10.1186/s12913-019-4481-7; Ghadah Asaad Assiri et al., «What Is the Epidemiology of Medication Errors, Error-Related Adverse Events and Risk Factors for Errors in Adults Managed in Community Care Contexts? A Systematic Review of the International Literature», *BMJ Open*, 9, n.º 5, 2018, <https://doi.org/10.1136/bmjopen-2017-019101>;

Gili Kadmon *et al.*, «Case Not Closed: Prescription Errors 12 Years after Computerized Physician Order Entry Implementation», *Journal of Pediatrics*, 190, 2017, pp. 236-240, <https://doi.org/10.1016/j.jpeds.2017.08.013>; Institute of Medicine (EUA), Comité sobre la Calidad de la Sanidad en Estados Unidos, *To Err Is Human: Building a Safer Health System*, ed. Linda T. Kohn, Janet M. Corrigan y Molla S. Donaldson, National Academies Press, Washington, 2000.

11. Adam G. Riess *et al.*, «Large Magellanic Cloud Cepheid Standards Provide a 1% Foundation for the Determination of the Hubble Constant and Stronger Evidence for Physics beyond ΛCDM», *Astrophysical Journal*, 876, n.º 1, 2019, p. 85, <https://doi.org/10.3847/1538-4357/ab1422>; Corey S. Powell, «The Universe May Be a Billion Years Older than We Thought. Scientists Are Scrambling to Figure Out Why», *NBC News*, 18 de mayo de 2019, <https://www.nbcnews.com/mach/science/universe-may-be-billion-years-younger-we-thought-scientists-are-ncna1005541>.

12. Thomas D. Snyder, ed., *120 Years of American Education: A Statistical Portrait*, Departamento de Educación de EUA, Washington, enero de 1993.

13. «Americans' Civics Knowledge Increases but Still Has a Long Way to Go», Annenberg Public Policy Center, 12 de septiembre de 2019, <https://www.annenbergpublicpolicycenter.org/americans-civics-knowledge-increases-2019-survey/>.

14. John Cawley, Chad Meyerhoefer y David Newhouse, «The Impact of State Physical Education Requirements on Youth Physical Activity and Overweight», *Health Economics*, 16, n.º 12, 2007, pp. 1287-1301, <https://doi.org/10.1002/hec.1218>; John Cawley, Chad Meyerhoefer y David Newhouse, «Not Your Father's PE: Obesity, Exercise, and the Role of Schools», *Education Next*, 6, n.º 4, 2006, pp. 61-

66; «Teens Only Active in Gym Class for 16 Minutes», *NBC News*, 19 de septiembre de 2006, <https://www.nbcnews.com/health/health-news/teens-only-active-gym-class-16-minutes-flna1C9438469>.

15. «PoliceOne's 2013 Gun Policy & Law Enforcement Survey Results: Executive Summary», *PoliceOne*, 8 de abril de 2013, <https://www.policeone.com/police-products/firearms/accessories/articles/policeones-2013-gun-policy-law-enforcement-survey-results-executive-summary-x02GJHRSJXGbGwH9/>.

16. Bernard D. Rostker *et al.*, *Evaluation of the New York City Police Department Firearm Training and Firearm-Discharge Review Process*, RAND Center on Quality Policing, RAND Corporation, Santa Monica (California), 2008, <http://www.nyc.gov/html/nypd/downloads/pdf/public_information/RAND_FirearmEvaluation.pdf>.

17. Bret Sanner y J. Stuart Bunderson, «When Feeling Safe Isn't Enough: Contextualizing Models of Safety and Learning in Teams», *Organizational Psychology Review*, 5, n.º 3, 2015, pp. 224-243, <https://doi.org/10.1177/2041386614565145>.

18. Bernard A. Nijstad, Floor Berger-Selman y Carsten K. W. de Dreu, «Innovation in Top Management Teams: Minority Dissent, Transformational Leadership, and Radical Innovations», *European Journal of Work and Organizational Psychology*, 23, n.º 2, 2012, pp. 310-322, <https://doi.org/10.1080/1359432x.2012.734038>; Carsten K. W. de Dreu y Michael A. West, «Minority Dissent and Team Innovation: The Importance of Participation in Decision Making», *Journal of Applied Psychology*, 86, n.º 6, 2001, pp. 1191-1201, <https://doi.org/10.1037/0021-9010.86.6.1191>; Carsten K. W. de Dreu, «Team Innovation and Team Effectiveness: The Importance of Minority Dissent and Reflexivity», *European Journal of*

Work and Organizational Psychology, 11, n.º 3, 2002, pp. 285-298, <https://doi.org/10.1080/13594320244000175>.

19. Katherine J. Klein y David A. Harrison, «On the Diversity of Diversity: Tidy Logic, Messier Realities», *Academy of Management Perspectives*, 21, n.º 4, 2007, pp. 26-33, <https://doi.org/10.5465/amp.2007.27895337>.

20. Michael A. Hogg, «Social Identity Theory», en *Contemporary Social Psychological Theories*, ed. Peter James Burke, Stanford University Press, Palo Alto (California), 2006, pp. 111-136; Matthew J. Hornsey, «Social Identity Theory and Self-Categorization Theory: A Historical Review», *Social and Personality Psychology Compass*, 2, n.º 1, 2008, pp. 204-222, <https://doi.org/10.1111/j.1751-9004.2007.00066.x>; Henri Tajfel y John C. Turner, «The Social Identity Theory of Intergroup Behavior», en *Political Psychology, Key Readings in Social Psychology*, ed. John T. Jost y Jim Sidanius, Psychology Press, Hove (Reino Unido), 2004, pp. 276-293.

21. Cory J. Clark y Bo M. Winegard, «Tribalism in War and Peace: The Nature and Evolution of Ideological Epistemology and Its Significance for Modern Social Science», *Psychological Inquiry*, 31, n.º 1, 2020, pp. 1-22, <https://doi.org/10.1080/1047840x.2020.1721233>.

22. Muchas investigaciones sugieren que nuestras opiniones se radicalizan cuando vivimos en grupos formados por personas que piensan de forma parecida. Para un análisis clásico, véase Helmut Lamm y David G. Myers, «Group-Induced Polarization of Attitudes and Behavior», en *Advances in Experimental Social Psychology*, vol. 11, ed. Leonard Berkowitz, Academic Press, San Diego (California), 1978, pp. 145-195.

23. Stefan Schulz-Hardt, Marc Jochims y Dieter Frey, «Productive Conflict in Group Decision Making: Genuine and Contrived Dissent as Strategies to Counteract Biased Information Seeking», *Organizational Behavior and Human*

Decision Processes, 88, n.º 2, 2002, pp. 563-586, <https://doi.org/10.1016/s0749-5978(02)00001-8>. Vale la pena mencionar un último hallazgo de este cuerpo de trabajo: la auténtica disidencia era mucho más beneficiosa que enseñar a alguien a ser el hipócrita abogado del diablo del grupo, pues reducía los prejuicios y mejoraba la toma de decisiones. En estudios posteriores, los investigadores descubrieron que en los grupos con disidentes anidaba un menor sesgo de confirmación. Esta mejora a la hora de recabar información y querer tolerar conversaciones difíciles se traducía en mejores soluciones y decisiones (mucho mejores que en los grupos homogéneos). Véase Stefan Schulz-Hardt *et al.*, «Group Decision Making in Hidden Profile Situations: Dissent as a Facilitator for Decision Quality», *Journal of Personality and Social Psychology*, 91, n.º 6, 2006, pp. 1080-1093, <https://doi.org/10.1037/0022-3514.91.6.1080>.

24. Robert S. Dooley y Gerald E. Fryxell, «Attaining Decision Quality and Commitment from Dissent: The Moderating Effects of Loyalty and Competence in Strategic Decision-Making Teams», *Academy of Management Journal*, 42, n.º 4, 1999, pp. 389-402, <https://doi.org/10.5465/257010>; Charlan Nemeth, «Interactions Between Jurors as a Function of Majority vs. Unanimity Decision Rules», *Journal of Applied Social Psychology*, 7, n.º 1, 1977, pp. 38-56, <https://doi.org/10.1111/j.1559-1816.1977.tb02416.x>; Elizabeth Levy Paluck, Hana Shepherd y Peter M. Aronow, «Changing Climates of Conflict: A Social Network Experiment in 56 Schools», *Proceedings of the National Academy of Sciences*, 113, n.º 3, 2016, pp. 566-571, <https://doi:10.1073/pnas.1514483113>; Floor Rink *et al.*, «Team Receptivity to Newcomers: Five Decades of Evidence and Future Research Themes», *Academy of Management Annals*, 7, n.º 1, 2013, pp. 247-293, <https://doi.org/10.5465/19416520.2013.766405>.

25. Mark A. Runco *et al.*, «Torrance Tests of Creative Thinking as Predictors of Personal and Public Achievement: A Fifty-Year Follow-Up», *Creativity Research Journal*, 22, n.º 4, 2010, pp. 361-368, <https://doi.org/10.1080/10400419.2010.523393>.

26. Linn Van Dyne y Richard Saavedra, «A Naturalistic Minority Influence Experiment: Effects on Divergent Thinking, Conflict and Originality in Work-Groups», *British Journal of Social Psychology*, 35, n.º 1, 1996, pp. 151-167, <https://doi.org/10.1111/j.2044-8309.1996.tb01089.x>.

27. Charlan Nemeth y Cynthia Chiles, «Modelling Courage: The Role of Dissent in Fostering Independence», *European Journal of Social Psychology*, 18, n.º 3, 1988, pp. 275-280, https://doi.org/10.1002/ejsp.2420180306. Vale la pena señalar que se trata de una replicación y ampliación del estudio seminal que descubrió que ser testigos de la disidencia libera la mente, en especial a los que en un principio no están de acuerdo con nosotros. Véase Serge Moscovici, Elisabeth Lage y Martine Naffréchoux, «Influence of a Consistent Minority on the Responses of a Majority in a Color Perception Task», *Sociometry*, 32, n.º 4, 1969, pp. 365-380, <https://doi.org/10.2307/2786541>.

28. Anne Maass, S. G. West y Robert B. Cialdini, «Minority Influence and Conversion», en *Group Processes: Review of Personality and Social Psychology*, vol. 8, ed. Clyde A. Hendrick, Sage, Newbury Park (California), 1987, pp. 55-79.

PARTE II. EL RECETARIO DEL INCONFORMISTA

4. Habla con persuasión

1. El acrónimo desgranado significa «Fucked Up Got Ambushed Zipped In» (en castellano, «jodido, víctima de una emboscada y muerto»). El término plasma las amenazas diarias que afrontaban los veteranos en la guerra de Vietnam. Como se ve, el nombre de la banda irradiaba subversión política. Véase «Fugaze/Fugazi», Urban Dictionary, 7 de junio de 2018, <https://www.urbandictionary.com/define.php?term=Fugaze%2FFugazi>; Mark Baker, *Nam: The Vietnam War in the Words of the Men and Women Who Fought There*, Berkley, Nueva York, 1981.

2. Vincent Caruso, «30 Years Ago: Fugazi Is Born», *Diffuser*, 31 de mayo de 2017, https://diffuser.fm/fugazi-formed/.

3. Algunos libros sobre Fugazi son: Michael Azzerad, *Our Band Could Be Your Life: Scenes from the American Indie Underground, 1981-1991*, Back Bay, Boston, 2001; Daniel Sinker, *We Owe You Nothing, Punk Planet: The Collected Interviews*, Akashic Books, Nueva York, 2007. Para entrevistas con miembros de Fugazi, véase Ian MacKaye, «Ian MacKaye Doesn't Do Many Interviews, but This Is One of His Most Enlightening», entrevista de Daniel Dylan Wray, *Loud and Quiet*, 26 de mayo de 2015, <https://www.loudandquiet.com/interview/ian-mackaye-dischord/>; Ian MacKaye, «Special Guest: Ian MacKaye of Dischord Records, Fugazi, & Much More», entrevistado por Brian Nelson-Palmer, *DC Music Rocks*, 6 de febrero de 2018, <https://www.dcmusicrocks.com/episodes/2018-02-06-special-guest-ian-mackaye-of-dischord-records-fugazi-and-more>. Para artículos sobre Fugazi, véase Anthony Pappalardo, «Why Fugazi Are Still the Best Punk Band in the World—an Op-Ed», *Alternative Press*,

20 de noviembre de 2014, <https://www.altpress.com/features/fugazi_are_the_best_punk_band_in_the_world/>; Andrea Kurland, «Getting Deep with Ian MacKaye, the Godfather of DIY Culture», *Huck*, 27 de mayo de 2020, <https://www.huckmag.com/art-and-culture/ian-mackaye-survival-issue-interview/>; Eric Brace, «Punk Lives! Washington's Fugazi Claims It's Just a Band. So Why Do So Many Kids Think It's God?», *Washington Post*, 1 de agosto de 1993, <https://www.washingtonpost.com/archive/lifestyle/style/1993/08/01/punk-lives-washingtons-fugazi-claims-its-just-a-band-so-why-do-so-many-kids-think-its-god/6c56fef5-780a-4a6e-8411-8c6b407e1eed/?noredirect=on&utm_term=.8b4b5f2e0312>; Greg Kot, «Fugazi Making Punk Rock Relevant Again», *Chicago Tribune*, 10 de agosto de 1991, <https://www.chicagotribune.com/news/ct-xpm-1991-08-10-9103270453-story.html>; Karen Bliss, «Pearl Jam's Eddie Vedder Talks Surfing, Story behind "Jeremy" in Rediscovered 1991 Interview», *Billboard*, 6 de abril de 2017, <https://www.billboard.com/articles/columns/rock/7751635/pearl-jam-eddie-vedder-1991-interview-vintage>; Paul Brannigan, «Ian MacKaye on Minor Threat, Fugazi and the Power of Punk Rock», *Louder*, 16 de abril de 2014, <https://www.loudersound.com/features/ian-mackaye-on-minor-threat-fugazi-and-the-power-of-punk-rock>; Ryan Reft, «Musical Fugazi: Politics, Post Punk, and Reevaluating D.C.'s Most Famous Rock Band 25 Years Later», *Tropics of Meta*, 13 de mayo de 2015, <https://tropicsofmeta.com/2015/05/13/musical-fugazi-politics-post-punk-and-reevaluating-d-c-s-most-famous-rock-band-25-years-later/>.

4. «Fugazi», Spotify, acceso el 19 de febrero de 2020, <https://open.spotify.com/artist/62sC6lUEWRjbFqXpMmOk4G>; «Fugazi», last.fm, acceso el 19 de febrero de 2020, <https://www.last.fm/music/Fugazi>; «Fugazi—Topic», ca-

nal de YouTube, acceso el 19 de febrero de 2020, <https://www.youtube.com/channel/UC2cjwtJB5rzpMetjDlnjGHg>; «Fugazi», Pandora, acceso el 19 de febrero de 2020, <https://www.pandora.com/artist/full-bio/fugazi/ARP5Kb9dKXPZvxm>; «Fugazi», deezer, acceso el 19 de febrero de 2020, <https://www.deezer.com/us/artist/2873>.

5. Para una lista de actuaciones y conductas que prueban su influencia, véase Brendan Kelly, «Forget Nirvana, Pearl Jam Was the Most Influential Band of the 90s», Vice, 29 de octubre de 2015, <https://www.vice.com/en_us/article/6vgpn9/pearl-jam-vs-nirvana-as-the-most-influential-90s-band>. Para ejemplos de entrevistas en las que se hace mención expresa y deliberada de Fugazi, e incluso para tendencias de grabar el nombre de la banda en sus cuerpos y prendas de ropa, véase Bliss, «Pearl Jam's Eddie Vedder»; Lauren Spencer, «Nirvana: The 1992 "Nevermind" Cover Story, "Heaven Can't Wait"», *Spin*, 1 de enero de 1992, <https://www.spin.com/1992/01/nirvana-cover-1992-kurt-cobain-heaven-cant-wait/>; Raul Rossell II, «Why Did Kurt Cobain Write Fuhgawz on His Shoe???», feelnumb, 13 de octubre de 2009, <http://www.feelnumb.com/2009/10/13/why-did-kurt-cobain-wrote-fuhgawz-on-his-shoe/>.

6. Serge Moscovici, «Toward a Theory of Conversion Behavior», en *Advances in Experimental Social Psychology*, vol. 13, ed. Leonard Berkowitz, Academic Press, San Diego (California), 1980, pp. 209-239.

7. Juan Antonio Pérez y Gabriel Mugny, «The Conflict Elaboration Theory of Social Influence», en *Understanding Group Behavior: Small Group Processes and Interpersonal Relations*, vol. 2, ed. Erich H. Witte y James H. Davis, Erlbaum, Mahwah (Nueva Jersey), 1996, pp. 191-210.

8. William D. Crano, «Social Influence, Social Identity, and Ingroup Leniency», en *Group Consensus and Minority In-*

fluence: Implications for Innovation, ed. Carsten K. W. de Dreu y Nanne K. de Vries, Blackwell, Oxford (Reino Unido), 2001, pp. 122-143.

9. Robin Martin y Miles Hewstone, «Majority versus Minority Influence, Message Processing, and Attitude Change: The Source-Context-Elaboration Model», en *Advances in Experimental Social Psychology*, vol. 40, ed. Mark P. Zanna, Elsevier, San Diego (California), 2008, pp. 237-326.

10. Richard E. Petty y Duane T. Wegener, «The Elaboration Likelihood Model: Current Status and Controversies», en *Dual Process Theories in Social Psychology*, ed. Shelley Chaiken y Yaacov Trope, Guilford Press, Nueva York, 1999, pp. 41-72.

11. Una excepción: cuando los intrusos están especializados y tienen habilidades excepcionales, los miembros del grupo son más proclives a escuchar sus mensajes. Véase Ben Goldacre, *Mala ciencia: no te dejes engañar por curanderos, charlatanes y otros farsantes*, Paidós, Barcelona, 2011; Michael Shermer, *Por qué creemos en cosas raras: pseudociencia, superstición y otras confusiones de nuestro tiempo*, Alba Editorial, Barcelona, 2008.

12. Noga Arikha, *Passions and Tempers: A History of the Humours*, Harper Perennial, Nueva York, 2007.

13. Nicholas Kadar, Roberto Romero y Zoltán Papp, «Ignaz Semmelweis: The "Savior of Mothers": On the 200th Anniversary of His Birth», *American Journal of Obstetrics & Gynecology*, 219, n.º 6, 2018, pp. 519-522; Ignaz P. S. Semmelweis, *The Etiology, Concept, and Prophylaxis of Childbed Fever*, trad. K. Codell Carter, 1859, University of Wisconsin Press, Madison (Wisconsin), 1983.

14. Theodore G. Obenchain, *Genius Belabored: Childbed Fever and the Tragic Life of Ignaz Semmelweis*, University of Alabama Press, Tuscaloosa (Alabama), 2016; Cailin O'Con-

nor y James Owen Weatherall, *The Misinformation Age: How False Beliefs Spread*, Yale University Press, New Haven (Connecticut), 2019.

15. Organización Mundial de la Salud, *Directrices de la OMS sobre higiene de las manos en la atención sanitaria*, Organización Mundial de la Salud, Ginebra (Suiza), 2009.

16. Ignaz P. S. Semmelweis, «Open Letters to Sundry Professors of Obstetrics», 1861; Irvine Loudon, «Semmelweis and His Thesis», *Journal of the Royal Society of Medicine*, 98, n.º 12, 2005, p. 555.

17. Robin Martin y Miles Hewstone, «Majority versus Minority Influence: When, Not Whether, Source Status Instigates Heuristic or Systematic Processing», *European Journal of Social Psychology*, 33, n.º 3, 2003, pp. 313-330.

18. Wood *et al.*, «Minority Influence», pp. 323-345.

19. Daniel W. Gorenflo y William D. Crano, «Judgmental Subjectivity/Objectivity and Locus of Choice in Social Comparison», *Journal of Personality and Social Psychology*, 57, n.º 4, 1989: p. 605; Gerd Bohner *et al.*, «Framing of Majority and Minority Source Information in Persuasion: When and How Consensus Implies Correctness», *Social Psychology*, 39, n.º 2, 2008, pp. 108-116; William D. Crano y Katherine A. Hannula-Bral, «Context/Categorization Model of Social Influence: Minority and Majority Influence in the Formation of a Novel Response Norm», *Journal of Experimental Social Psychology*, 30, n.º 3, 1994, pp. 247-276.

20. Andrew J. Elliot y Todd M. Thrash, «Approach-Avoidance Motivation in Personality: Approach and Avoidance Temperaments and Goals», *Journal of Personality and Social Psychology*, 82, n.º 5, 2002, p. 804; Judith M. Harackiewicz *et al.*, «Revision of Achievement Goal Theory: Necessary and Illuminating», *Journal of Educational Psychology*, 94, 2002, pp. 638-645.

21. Robert S. Baron y S. Beth Bellman, «No Guts, No Glory: Courage, Harassment and Minority Influence», *European Journal of Social Psychology*, 37, n.º 1, 2007, pp. 101-124.

22. Richard E. Petty *et al.*, «Individual versus Group Interest Violation: Surprise as a Determinant of Argument Scrutiny and Persuasion», *Social Cognition*, 19, n.º 4, 2001, pp. 418-442.

23. Leaf Van Boven, George Loewenstein y David Dunning, «The Illusion of Courage in Social Predictions: Underestimating the Impact of Fear of Embarrassment on Other People», *Organizational Behavior and Human Decision Processes*, 96, n.º 2, 2005, pp. 130-141.

24. Wood *et al.*, «Minority Influence», pp. 323-345.

25. Cuando los últimos minutos de un encuentro se tiñen de respeto mutuo, este punto final influye en la opinión general de la gente sobre lo conveniente que resulta cambiar. Véase Daniel Kahneman, «Evaluation by Moments: Past and Future», en *Choices, Values, and Frames*, ed. Daniel Kahneman y Amos Tversky, Cambridge University Press, Nueva York, 2000, pp. 693-708; Daniel Kahneman, «A Perspective on Judgment and Choice: Mapping Bounded Rationality», *American Psychologist*, 58, n.º 9, 2003, pp. 697-720.

26. Angelica Mucchi-Faina y Stefano Pagliaro, «Minority Influence: The Role of Ambivalence toward the Source», *European Journal of Social Psychology*, 38, n.º 4, 2008, pp. 612-623.

27. El dolor por no haber actuado es mucho más intenso y duradero que el arrepentimiento por haberse arriesgado y constatar que te has equivocado. Véase Thomas Gilovich, Victoria Husted Medvec y Daniel Kahneman, «Varieties of Regret: A Debate and Partial Resolution», *Psychological Review*, 105, n.º 3, 1998, p. 602. El dolor particular asociado con el arrepentimiento por la inacción no es exclusivo de Estados Unidos: Thomas Gilovich *et al.*, «Regrets of Action and In-

action across Cultures», *Journal of Cross-Cultural Psychology*, 34, n.º 1, 2003, pp. 61-71.

28. G. Tarcan Kumkale y Dolores Albarracín, «The Sleeper Effect in Persuasion: A Meta-Analytic Review», *Psychological Bulletin*, 130, n.º 1, 2004, p. 143.

29. Para leer acerca de ocho estudios sobre la cuestión, véase Laura E. Wallace *et al.*, «Perceived Knowledge Moderates the Relation between Subjective Ambivalence and the "Impact" of Attitudes: An Attitude Strength Perspective», *Personality and Social Psychology Bulletin*, 46, n.º 5, 2020, pp. 709-722.

30. Wallace *et al.*, «Perceived Knowledge».

31. Barbara David y John C. Turner, «Studies in Self-Categorization and Minority Conversion: The In-Group Minority in Intragroup and Intergroup Contexts», *British Journal of Social Psychology*, 38, n.º 2, 1999, pp. 115-134.

5. Atrae a gente que te cubra la espalda

1. Dennis R. Proffitt *et al.*, «Perceiving Geographical Slant», *Psychonomic Bulletin and Review*, 2, n.º 4, 1995, pp. 409-428.

2. Dennis R. Proffitt *et al.*, «The Role of Effort in Perceiving Distance», *Psychological Science*, 14, n.º 2, 2003, pp. 106-112.

3. Mukul Bhalla y Dennis R. Proffitt, «Visual–Motor Recalibration in Geographical Slant Perception», *Journal of Experimental Psychology: Human Perception and Performance*, 25, n.º 4, 1999, pp. 1076-1096.

4. Simone Schnall *et al.*, «Social Support and the Perception of Geographical Slant», *Journal of Experimental Social Psychology*, 44, n.º 5, 2008, pp. 1246-1255.

5. Daniel M. T. Fessler y Colin Holbrook, «Friends Shrink Foes: The Presence of Comrades Decreases the Envisioned Physical Formidability of an Opponent», *Psychological Science*, 24, n.º 5, 2013, pp. 797-802.

6. Lane Beckes y James A. Coan, «Social Baseline Theory: The Role of Social Proximity in Emotion and Economy of Action», *Social and Personality Psychology Compass*, 5, n.º 12, 2011, pp. 976-988; James A. Coan, Casey L. Brown y Lane Beckes, «Our Social Baseline: The Role of Social Proximity in Economy of Action», en *Nature and Formation of Social Connections: From Brain to Group*, ed. Mario Mikulincer y Phillip R. Shaver, APA Press, Washington, 2014, pp. 89-104; James A. Coan y David A. Sbarra, «Social Baseline Theory: The Social Regulation of Risk and Effort», *Current Opinion in Psychology*, 1, 2015, pp. 87-91.

7. Julia L. Briskin *et al.*, «For Better or for Worse? Outsourcing Self-Regulation and Goal Pursuit», *Social Psychological and Personality Science*, 10, n.º 2, 2019, pp. 181-192; Gráinne M. Fitzsimons y Eli J. Finkel, «Outsourcing Self-Regulation», *Psychological Science*, 22, n.º 3, 2011, pp. 369-375; Hans IJzerman *et al.*, «The Human Penguin Project: Climate, Social Integration, and Core Body Temperature», *Collabra: Psychology*, 4, n.º 1, 2018, p. 37.

8. Theriault, Young y Barrett, «The Sense of Should».

9. Erica J. Boothby *et al.*, «The World Looks Better Together: How Close Others Enhance Our Visual Experiences», *Personal Relationships*, 24, n.º 3, 2017, pp. 694-714; David S. Lee *et al.*, «I-Through-We: How Supportive Social Relationships Facilitate Personal Growth», *Personality and Social Psychology Bulletin*, 44, n.º 1, 2018, pp. 37-48; Shigehiro Oishi, Jamie Schiller y E. Blair Gross, «Felt Understanding and Misunderstanding Affect the Perception of Pain, Slant, and Distance», *Social Psychological and Personality*

Science, 4, n.º 3, 2013, pp. 259-266; Dean Keith Simonton, «The Social Context of Career Success and Course for 2,026 Scientists and Inventors», *Personality and Social Psychology Bulletin*, 18, n.º 4, 1992, pp. 452-463.

10. Anita Williams Woolley, «Evidence for a Collective Intelligence Factor in the Performance of Human Groups», *Science*, 330, n.º 6004, 2010, pp. 686-688; Wendy M. Williams y Robert J. Sternberg, «Group Intelligence: Why Some Groups Are Better Than Others», *Intelligence*, 12, n.º 4, 1988, pp. 351-377.

11. Gordon Hodson *et al.*, «Intergroup Contact as an Agent of Cognitive Liberalization», *Perspectives on Psychological Science*, 13, n.º 5, 2018, pp. 523-548; Elizabeth Mannix y Margaret A. Neale, «What Differences Make a Difference? The Promise and Reality of Diverse Teams in Organizations», *Psychological Science in the Public Interest*, 6, n.º 2, 2005, pp. 31-55.

12. Si buscas un buen libro, estos son los que más aconsejo de la última década: Todd B. Kashdan, «10 Books to Ramp Up Your Intellect», *Psychology Today*, 9 de diciembre de 2019, <https://www.psychologytoday.com/us/blog/curious/201912/10-books-ramp-your-intellect>.

13. Chelsea Duff, «Breaking Down "The Imposter", the True Crime Documentary That's Creepy AF», *In Touch Weekly*, 13 de junio de 2018, <https://www.intouchweekly.com/posts/the-imposter-documentary-155882/>.

14. Amy Crawford, «Thirteen Years Later, Did Spellbound Show Us the Power or the Myth of the American Dream?», *Smithsonian Magazine*, 28 de mayo de 2015, <https://www.smithsonianmag.com/arts-culture/thirteen-years-later-did-spellbound-show-us-power-or-myth-ameri can-dream-180955434/>.

15. Terrence McCoy, «The Incredible Story Behind "Searching for Sugar Man"», *Washington Post*, 14 de mayo

de 2014, <https://www.washingtonpost.com/news/morning-mix/wp/2014/05/14/the-incredible-story-behind-searching-for-sugar-man/>.

16. Arthur Aron, Elaine N. Aron y Christina Norman, «Self-Expansion Model of Motivation and Cognition in Close Relationships and Beyond», en *Blackwell Handbook of Social Psychology Interpersonal Processes*, ed. Garth J. O. Fletcher y Margaret S. Clark, Blackwell Publishers, Malden (Massachusetts), 2001, pp. 478-501.

17. Elaine O. Cheung, Wendi L. Gardner y Jason F. Anderson, «Emotionships: Examining People's Emotion-Regulation Relationships and Their Consequences for Well-Being», *Social Psychological and Personality Science*, 6, n.º 4, 2015, pp. 407-414.

18. Kim S. Cameron, *Positive Leadership: Strategies for Extraordinary Performance*, BerrettKoehler, San Francisco (California), 2008; Bradley P. Owens *et al.*, «Relational Energy at Work: Implications for Job Engagement and Job Performance», *Journal of Applied Psychology*, 101, n.º 1, 2016, pp. 35-49.

19. Arthur Aron *et al.*, «When Similars Do Not Attract: Tests of a Prediction from the Self-Expansion Model», *Personal Relationships*, 13, n.º 4, 2006, pp. 387-396.

20. Todd B. Kashdan, Justin W. Weeks y Antonina A. Savostyanova, «Whether, How, and When Social Anxiety Shapes Positive Experiences and Events: A Self-Regulatory Framework and Treatment Implications», *Clinical Psychology Review*, 31, n.º 5, 2011, pp. 786-799; David A. Moscovitch, «What Is the Core Fear in Social Phobia? A New Model to Facilitate Individualized Case Conceptualization and Treatment», *Cognitive and Behavioral Practice*, 16, n.º 2, 2009, pp. 123-134.

21. Los investigadores descubrieron que después de leer un mensaje autoexpansivo, los adultos blancos no buscaban

estabilidad, sino que preferían interactuar con personas de una raza que no fuera la suya. Las implicaciones prácticas son obvias. Estar cerca de gente que no comparte nuestros valores, habilidades y perspectivas puede ser tenso y difícil; y sin embargo, al abandonar la seguridad de nuestro endogrupo crecemos más deprisa y ampliamos horizontes. Es más fácil vencer la atracción de los círculos seguros y conocidos reflexionando cinco minutos sobre los beneficios de la autoexpansión. Véase Odilia Dys-Steenbergen, Stephen C. Wright y Arthur Aron, «Self-Expansion Motivation Improves Cross-Group Interactions and Enhances Self-Growth», *Group Processes and Intergroup Relations*, 19, n.º 1, 2016, pp. 60-71; Stefania Paolini *et al.*, «Self-Expansion and Intergroup Contact: Expectancies and Motives to Self-Expand Lead to Greater Interest in Outgroup Contact and More Positive Intergroup Relations», *Journal of Social Issues*, 72, n.º 3, 2016, pp. 450-471.

22. Mitch Prinstein, *Popular: The Power of Likability in a Status-Obsessed World*, Viking, Nueva York, 2017.

23. Michael Argyle y Monika Henderson, «The Rules of Friendship», *Journal of Social and Personal Relationships*, 1, n.º 2, 1984, pp. 211-237. Aunque no se ha prestado apenas atención a este artículo, las reglas que contempla se han confirmado mediante otros estudios. Véase Brooke C. Feeney y Nancy L. Collins, «A New Look at Social Support: A Theoretical Perspective on Thriving through Relationships», *Personality and Social Psychology Review*, 19, n.º 2, 2015, pp. 113-147; Jeffrey A. Hall, «Sex Differences in Friendship Expectations: A Meta-Analysis», *Journal of Social and Personal Relationships*, 28, n.º 6, 2011, pp. 723-747; Lukasz D. Kaczmarek *et al.*, «Give and Take: The Role of Reciprocity in Capitalization», *Journal of Positive Psychology*, 2021, <https://doi.org/10.1080/17439760.2021.1885054>; Brett J. Peters, Harry T. Reis y Shelly L. Gable, «Making the Good Even Better: A Review

and Theoretical Model of Interpersonal Capitalization», *Social and Personality Psychology Compass*, 12, n.º 7, 2018, e12407.

24. Lane Beckes, James A. Coan y Karen Hasselmo, «Familiarity Promotes the Blurring of Self and Other in the Neural Representation of Threat», *Social Cognitive and Affective Neuroscience*, 8, n.º 6, 2013, pp. 670-677. Para descubrimientos similares, véase Sören Krach et al., «Your Flaws Are My Pain: Linking Empathy to Vicarious Embarrassment», *PloS One*, 6, n.º 4, 2011, e18675.

25. Simone McKnight, Patrick E. McKnight, Todd B. Kashdan, L. Alexander, E. J. de Visser y James A. Coan, «The Psychology of Trust: A Review and Reconceptualization», redacción en curso.

26. Brock Bastian, Jolanda Jetten y Laura J. Ferris, «Pain as Social Glue: Shared Pain Increases Cooperation», *Psychological Science*, 25, n.º 11, 2014, pp. 2079-2085.

27. Brock Bastian *et al.*, «Shared Adversity Increases Team Creativity through Fostering Supportive Interaction», *Frontiers in Psychology*, 9, 2018, <https://doi.org/10.3389/fpsyg.2018.02309>.

28. Martin P. Paulus *et al.*, «A Neuroscience Approach to Optimizing Brain Resources for Human Performance in Extreme Environments», *Neuroscience and Biobehavioral Reviews*, 33, n.º 7, 2009, pp. 1080-1088.

29. Alain de Botton, *The School of Life: An Emotional Education*, School of Life Press, Londres, 2019.

30. La teoría de la distintividad óptima aborda las motivaciones contradictorias que deben resolver las personas para funcionar correctamente en sociedad. Véase Marilynn B. Brewer, «The Social Self: On Being the Same and Different at the Same Time», *Personality and Social Psychology Bulletin*, 17, n.º 5, 1991, pp. 475-482; Marilynn B. Brewer, «The Role of Distinctiveness in Social Identity and Group Behaviour», en *Group*

Motivation: Social Psychological Perspectives, ed. Michael Hoff y Dominic Abrams, Harvester Wheatsheaf, Hemel Hempstead (Reino Unido), 1993, pp. 1-16; Marilynn B. Brewer y Cynthia L. Pickett, «Distinctiveness Motives as a Source of the Social Self», en *The Psychology of the Social Self*, ed. Tom R. Tyler, Roderick M. Kramer y Oliver P. John, Lawrence Erlbaum, Hillsdale (Nueva Jersey), 1999, pp. 71-87.

31. Brewer y Pickett, «Distinctiveness Motives as a Source of the Social Self».

32. Encuesta YouGov de 2019 a 1.254 adultos. Véase «Friendship», YouGov RealTime, datos recabados entre el 3 y el 5 de julio de 2019, <https://d25d2506sfb94s.cloudfront.net/cumulus_uploads/document/m97e4vdjnu/Results%20for%20YouGov%20RealTime%20(Friendship)%20164%205.7.2019.xlsx%20%20[Group].pdf>.

33. Para esta encuesta de Cigna de 2018 a 20.096 adultos mayores de dieciocho años, véase «New Cigna Study Reveals Loneliness at Epidemic Levels in America», Cigna's U.S. Loneliness Index, 1 de mayo de 2018, <https://www.multivu.com/players/English/829445-cigna-us-loneliness-survey/>.

34. Davy Vancampfort *et al.*, «Leisure-Time Sedentary Behavior and Loneliness among 148,045 Adolescents Aged 12–15 Years from 52 Low- and Middle-Income Countries», *Journal of Affective Disorders*, 251, 2019, pp. 149-155.

35. Cuando dejé el trabajo en la Bolsa de Nueva York y el mundo de las finanzas para dedicarme a la psicología, empecé en un puesto no retribuido como ayudante de investigación del doctor Arthur Aron, de la Universidad Estatal de Nueva York en Stony Brook. Arthur empezó a probar y probar un nuevo método para crear intimidad entre desconocidos en cuarenta y cinco minutos o menos. Su trabajo dio lugar a este artículo de investigación tantas veces citado: Arthur Aron *et al.*, «The Experimental Generation of Interpersonal Closeness: A

Procedure and Some Preliminary Findings», *Personality and Social Psychology Bulletin*, 23, n.º 4, 1997, pp. 363-377. Yo mismo he usado este método en mis investigaciones, incluyendo mi trabajo final de maestría: Todd B. Kashdan y John E. Roberts, «Social Anxiety's Impact on Affect, Curiosity, and Social Self-Efficacy during a High Self-Focus Social Threat Situation», *Cognitive Therapy and Research*, 28, n.º 1, 2004, pp. 119-141. Algunas de las preguntas que se presentan en el texto son variantes de esta investigación. Léanse los artículos científicos para encontrar una lista completa de las preguntas originales.

36. Para un compendio fantástico de grandes preguntas, véase Michael Bungay Stanier, *The Coaching Habit*, Arpa Editores, Barcelona, 2019.

37. No obstante, otros estudios apuntan a un enfoque paradójico, según el cual pensar en cuánto nos parecemos a otras personas nos impele a querer acabar con esa similitud y ser más originales. Véase Kimberly Rios y Zhuoren Chen, «Experimental Evidence for Minorities' Hesitancy in Reporting Their Opinions: The Roles of Optimal Distinctiveness Needs and Normative Influence», *Personality and Social Psychology Bulletin*, 40, n.º 7, 2014, pp. 872-883.

38. Michael Lynn y Charles Snyder, «Uniqueness Seeking», en *Handbook of Positive Psychology*, ed. Charles. R. Snyder y Shane J. Lopez, Oxford University Press, Londres, 2002, pp. 395-410.

39. Silvia Bellezza, Francesca Gino y Anat Keinan, «The Red Sneakers Effect: Inferring Status and Competence from Signals of Nonconformity», *Journal of Consumer Research*, 41, n.º 1, 2014, pp. 35-54.

40. Nichelle Nichols, «A Conversation with Nichelle Nichols», entrevista de Neil deGrasse Tyson, pódcast StarTalk, 11 de julio de 2011, <https://www.startalkradio.net/show/a-conversation-with-nichelle-nichols/>.

6. Genera entereza mental

1. En 1974 Kilpatrick inauguró el primer centro de atención a las víctimas de agresión sexual del estado de Carolina del Sur junto con otras seis mujeres. Dean Kilpatrick, comunicación personal con el autor de mayo de 2020.

2. Organización Mundial de la Salud, «3. Service Provision for Victims of Sexual Violence», en *Guidelines for Medio-Legal Care for Victims of Sexual Violence*, 2003, <https://www.who.int/violence_injury_prevention/resources/publications/en/guidelines_chap3.pdf>.

3. Betty Greudenheim, «Chicago Hospitals Are Using New Kit to Help Rape Victims Collect Evidence», *New York Times*, 2 de diciembre de 1978, <https://www.nytimes.com/1978/12/02/archives/chicago-hospitals-are-using-new-kit-to-help-rape-victims-collect.html>.

4. Martha Goddard, «Marty Goddard Interview Transcript», entrevista de Anne Seymour, *An Oral History of the Crime Victim Assistance Field*, Universidad de Akron, 26 de febrero de 2003.

5. Jay D. Aronson, *Genetic Witness: Science, Law and Controversy in the Making of DNA Profiling*, Rutgers University Press, Piscataway (Nueva Jersey), 2007; Patricia Yancey Martin *et al.*, «Controversies Surrounding the Rape Kit Exam in the 1980s: Issues and Alternatives», *Crime and Delinquency*, 31, n.º 2, 1985, pp. 223-246.

6. Dean Kilpatrick, comunicación personal.

7. Lisa Anderson, «Why Are We So Bad at Prosecuting Sexual Assault?», *Dallas Morning News*, 15 de septiembre 2019, <https://www.dallasnews.com/opinion/commentary/2019/09/15/why-are-we-so-bad-at-prosecuting-sexual-assault/>.

8. Shirley Feldman-Summers y Gayle C. Palmer, «Rape

as Viewed by Judges, Prosecutors, and Police Officers», *Criminal Justice and Behavior*, 7, n.º 1, 1980, pp. 19-40.

9. Steven C. Hayes *et al.*, «Acceptance and Commitment Therapy: Model, Processes and Outcomes», *Behaviour Research and Therapy*, 44, n.º 1, 2006, pp. 1-25; Steven C. Hayes, Kirk D. Strosahl y Kelly G. Wilson, *Terapia de aceptación y compromiso: proceso y práctica del cambio consciente (Mindfulness)*, Desclée de Brouwer, Bilbao, 2014; Steven C. Hayes *et al.*, «Experiential Avoidance and Behavioral Disorders: A Functional Dimensional Approach to Diagnosis and Treatment», *Journal of Consulting and Clinical Psychology*, 64, n.º 6, 1996, pp. 1152-1168.

10. Todd B. Kashdan y Jonathan Rottenberg, «Psychological Flexibility as a Fundamental Aspect of Health», *Clinical Psychology Review*, 30, n.º 7, 2010, pp. 865-878.

11. Se trata de una versión de algo que crearon algunos de mis colegas: la Matriz de la ACT (terapia de la aceptación y el compromiso): Kevin L. Polk *et al.*, *The Essential Guide to the ACT Matrix: A Step-by-Step Approach to Using the ACT Matrix Model in Clinical Practice*, New Harbinger Publications, Oakland (California), 2016; Kevin L. Polk y Benjamin Schoendorff, *The ACT Matrix: A New Approach to Building Psychological Flexibility across Settings and Populations*, New Harbinger Publications, Oakland (California), 2014. Otros colegas idearon el «Marco del Punto de Elección»: Joseph Ciarrochi *et al.*, «Measures That Make a Difference: A Functional Contextualistic Approach to Optimizing Psychological Measurement in Clinical Research and Practice», en *The Wiley Handbook of Contextual Behavioral Science*, ed. Robert D. Zettle *et al.*, Wiley, Chichester (Reino Unido), 2016, pp. 320-346; Russ Harris, *ACT Made Simple: An Easy-to-Read Primer on Acceptance and Commitment Therapy*, New Harbinger Publications, Oakland (California), 2019. Mis colegas crearon es-

tos modelos pensando en los terapeutas y profesionales de la salud. Mi objetivo es describir este modelo para que la gente inexperta lo pueda usar libremente.

12. Yoona Kang *et al.*, «Purpose in Life and Conflict-Related Neural Responses during Health Decision-Making», *Health Psychology*, 38, n.º 6, 2019, pp. 545-552; Patrick E. McKnight y Todd B. Kashdan, «Purpose in Life as a System That Creates and Sustains Health and Well-Being: An Integrative, Testable Theory», *Review of General Psychology*, 13, n.º 3, 2009, pp. 242-251.

13. Anthony L. Burrow y Nicolette Rainone, «How Many Likes Did I Get?: Purpose Moderates Links between Positive Social Media Feedback and Self-Esteem», *Journal of Experimental Social Psychology*, 69, 2017, pp. 232-236.

14. Brian J. Cox, Norman S. Endler y Richard P. Swinson, «Anxiety Sensitivity and Panic Attack Symptomatology», *Behaviour Research and Therapy*, 33, n.º 7, 1995, pp. 833-836.

15. Extraído del Museo Público de Chandler (Arizona), Programa Histórico sobre Mujeres Líderes y Activistas.

16. Jennifer Crocker, Yu Niiya y Dominik Mischkowski, «Why Does Writing about Important Values Reduce Defensiveness? Self-Affirmation and the Role of Positive Other-Directed Feelings», *Psychological Science*, 19, n.º 7, 2008, pp. 740-747; Amber S. Emanuel *et al.*, «Spontaneous Self-Affirmation Is Associated with Psychological Well-Being: Evidence from a US National Adult Survey Sample», *Journal of Health Psychology*, 23, n.º 1, 2018, pp. 95-102; Rebecca A. Ferrer y Geoffrey L. Cohen, «Reconceptualizing Self-Affirmation with the Trigger and Channel Framework: Lessons from the Health Domain», *Personality and Social Psychology Review*, 23, n.º 3, 2019, pp. 285-304; Philine S. Harris, Peter R. Harris y Eleanor Miles, «Self-Affirmation Improves Performance on Tasks Related to Executive Functioning»,

Journal of Experimental Social Psychology, 70, 2017, pp. 281-285; Kristin Layous *et al.*, «Feeling Left Out, but Affirmed: Protecting against the Negative Effects of Low Belonging in College», *Journal of Experimental Social Psychology*, 69, 2017, pp. 227-231.

17. Las preguntas 1 y 2, así como las versiones de la 3 y la 9, se han extraído de una actividad del siguiente estudio: Virginia R. Hash, «An Evaluation of a Values Clarification Seminar in the Preservice Education of Teachers», tesis doctoral, Universidad Estatal de Iowa, 1975.

18. He aquí algunos análisis de estudios empíricos que detallan la importancia de identificar las propias experiencias como un primer paso para poder autorregularse de forma saludable (la capacidad de uno para alterar lo que sucederá a continuación): Pablo Briñol y Kenneth G. DeMarree, «Social Metacognition: Thinking about Thinking in Social Psychology», en *Frontiers of Social Psychology: Social Metacognition*, ed. Pablo Briñol y Kenneth G. DeMarree, Psychology Press, Nueva York, 2012; Brett Q. Ford y James J. Gross, «Emotion Regulation: Why Beliefs Matter», *Canadian Psychology/Psychologie Canadienne*, 59, n.º 1, 2018, pp. 1-14; Richard G. Tedeschi y Lawrence G. Calhoun, «Posttraumatic Growth: Conceptual Foundations and Empirical Evidence», *Psychological Inquiry*, 15, n.º 1, 2004, pp. 1-18.

19. Todd B. Kashdan, Lisa Feldman Barrett y Patrick E. McKnight, «Unpacking Emotion Differentiation: Transforming Unpleasant Experience by Perceiving Distinctions in Negativity», *Current Directions in Psychological Science*, 24, n.º 1, 2015, pp. 10-16.

20. Todd B. Kashdan *et al.*, «Emotion Differentiation as Resilience against Excessive Alcohol Use: An Ecological Momentary Assessment in Underage Social Drinkers», *Psychological Science*, 21, n.º 9, 2010, pp. 1341-1347.

21. Richard S. Pond *et al.*, «Emotion Differentiation Buffers Aggressive Behavior in Angered People: A Daily Diary Analysis», *Emotion*, 12, n.º 2, 2011, pp. 326-337.

22. Todd B. Kashdan *et al.*, «Who Is Most Vulnerable to Social Rejection? The Toxic Combination of Low Self-Esteem and Lack of Negative Emotion Differentiation on Neural Responses to Rejection», *PLoS One*, 9, n.º 3, 2014, e90651.

23. Brad A. Brown *et al.*, «Does Negative Emotion Differentiation Influence Daily Self-Regulation after Stressful Events? A 4-Year Daily Diary Study», *Emotion* (publicación inminente).

24. Katharina Kircanski, Matthew D. Lieberman y Michelle G. Craske, «Feelings into Words: Contributions of Language to Exposure Therapy», *Psychological Science*, 23, n.º 10, 2012, pp. 1086-1091.

25. Todd B. Kashdan, William E. Breen y Terri Julian, «Everyday Strivings in War Veterans with Posttraumatic Stress Disorder: Suffering from a Hyper-Focus on Avoidance and Emotion Regulation», *Behavior Therapy*, 41, n.º 3, 2010, pp. 350-363. Para una ampliación de esta obra con adultos que padecen trastorno de ansiedad social, véase Fallon R. Goodman *et al.*, «Personal Strivings to Understand Anxiety Disorders: Social Anxiety as an Exemplar», *Clinical Psychological Science*, 7, n.º 2, 2019, pp. 283-301.

26. Extraído de múltiples fuentes: Robert Plutchik, *Emotions and Life: Perspectives from Psychology, Biology, and Evolution*, APA Press, Washington, 2003; Phillip Shaver *et al.*, «Emotion Knowledge: Further Exploration of a Prototype Approach», *Journal of Personality and Social Psychology*, 52, n.º 6, 1987, 1061-1086.

27. Steven C. Hayes, Kirk D. Strosahl y Kenneth G. Wilson, *Review of Acceptance and Commitment Therapy: An Ex-*

periential Approach to Behavior Change, Guilford Press, Nueva York, 2002.

28. Pablo Briñol *et al.*, «Treating Thoughts as Material Objects Can Increase or Decrease Their Impact on Evaluation», *Psychological Science*, 24, n.º 1, 2013, pp. 41-47.

29. Akihiko Masuda *et al.*, «The Effects of Cognitive Defusion and Thought Distraction on Emotional Discomfort and Believability of Negative Self-Referential Thoughts», *Journal of Behavior Therapy and Experimental Psychiatry*, 41, n.º 1, 2010, pp. 11-17. Para replicaciones y ampliaciones, véase Chloe Brandrick *et al.*, «A Comparison of Ultra-Brief Cognitive Defusion and Positive Affirmation Interventions on the Reduction of Public Speaking Anxiety», *Psychological Record*, 2020, pp. 1-9; Brett J. Deacon, «Cognitive Defusion versus Cognitive Restructuring in the Treatment of Negative Self-Referential Thoughts: An Investigation of Process and Outcome», *Journal of Cognitive Psychotherapy*, 25, n.º 3, 2011, pp. 218-232; Maria Karekla *et al.*, «Cognitive Restructuring vs. Defusion: Impact on Craving, Healthy and Unhealthy Food Intake», *Eating Behaviors*, 37, 2020, <https://doi.org/10.1016/j.eatbeh.2020.101385>.

30. Muchos son variaciones de ejercicios creados por especialistas en flexibilidad psicológica. Véase George H. Eifert y John P. Forsyth, *La terapia de aceptación y compromiso para trastornos de ansiedad*, Mensajero, Bilbao, 2014; Hayes, Strosahl y Wilson, *Review of Acceptance and Commitment Therapy*; Russ Harris, *La trampa de la felicidad*, Booket, Barcelona, 2017.

31. Rollo May, *Freedom and Responsibility Re-Examined*, Bureau of Publications, Columbia University, Nueva York, 1963, pp. 101-102. Es probable que esta afirmación inspirara la archiconocida cita atribuida al superviviente del Holocausto Viktor Frankl: «Entre estímulo y respuesta hay un espa-

cio. En ese espacio estriba nuestro poder para elegir cómo responder. Y en nuestra respuesta estriba el crecimiento y la libertad». Curiosamente, mucha gente cita esta supuesta frase de Viktor Frankl sin mencionar la referencia o la fuente. No está claro quién inventó estas palabras. Las palabras de Rollo May son igual de profundas, si no más.

32. Goddard, «Marty Goddard Interview Transcript».

33. Estos últimos siete años he llevado un diario de los tres momentos más destacados de cada día. El tres es un número asequible. Los momentos destacados pueden ser positivos, negativos o simplemente interesantes. Si alguien dice algo memorable, introduzco la cita textualmente. Solemos olvidar muchos de los mejores momentos de la vida porque son efímeros. Anotándolos, voy dejando constancia de lo que me inspira, me influye, me hace reír y llorar, y de los momentos que me conmueven, me cambian o me dejan impasible. En realidad, tu vida no es más que un tapiz de momentos. Si no los atrapas, dejas de vivir. Robert Biswas-Diener, una persona con quien he colaborado en muchas ocasiones, lo plasma bellamente en una charla TEDx de 2014 titulada «Your Happiest Days Are Behind You» [Tus días más felices ya han pasado]. Todo esto es relevante para los insubordinados honestos, pues es fácil que se olviden de saborear sus hazañas mientras piensan erróneamente en la presunta irreversibilidad de su misión (que casi nunca sucede, como se detalla en el séptimo capítulo). Véase Robert Biswas-Diener, «Your Happiest Days Are Behind You», TEDxUNLV, Las Vegas, 11 de abril de 2014, 13:18, <https://www.youtube.com/watch?v=-QTVv9tAlIE>.

34. Esta idea de que todos nos dedicamos sistemáticamente a actuar delante de otros, tanto si es en persona como *online* o cuando estamos solos, temiendo lo que opinarán los demás, es parte de una metáfora teatral para la vida humana.

Véase Erving Goffman, *Presentación de la persona en la vida cotidiana*, Amorrortu, Madrid, 2009.

35. Brian R. Little, «The Integrative Challenge in Personality Science: Personal Projects as Units of Analysis», *Journal of Research in Personality*, 56, 2015, pp. 93-101; Dan P. McAdams, «Personality, Modernity, and the Storied Self: A Contemporary Framework for Studying Persons», *Psychological Inquiry*, 7, n.º 4, 1996, pp. 295-321.

36. Para dos relatos modernos y exhaustivos sobre los rasgos de la personalidad, véase Colin G. DeYoung, «Cybernetic Big Five Theory», *Journal of Research in Personality*, 56, 2015, pp. 33-58; William Fleeson y Eranda Jayawickreme, «Whole Trait Theory», *Journal of Research in Personality*, 56, 2015, pp. 82-92.

37. Robert A. Emmons, «Personal Strivings: An Approach to Personality and Subjective Well-Being», *Journal of Personality and Social Psychology*, 51, n.º 5, 1986, pp. 1058-1068; Brian R. Little, Katariina Salmela-Aro y Susan D. Phillips, eds., *Personal Project Pursuit: Goals, Action, and Human Flourishing*, Erlbaum, Mahwah (Nueva Jersey), 2007.

38. Todd B. Kashdan y Patrick E. McKnight, «Commitment to a Purpose in Life: An Antidote to the Suffering by Individuals with Social Anxiety Disorder», *Emotion*, 13, n.º 6, 2013, pp. 1150-1159.

39. Caroline R. Richardson *et al.*, «An Online Community Improves Adherence in an Internet-Mediated Walking Program. Part 1: Results of a Randomized Controlled Trial», *Journal of Medical Internet Research*, 12, n.º 4, 2010, e71. He aquí algunos ejemplos más de los beneficios de compartir objetivos con otras personas como estrategia para elevar el compromiso y el esfuerzo: Lorraine R. Buis *et al.*, «Evaluating Active U: An Internet-Mediated Physical Activity Program», *BMC Public Health*, 9, n.º 331, 2009, <https://

doi.org/10.1186/1471-2458-9-331>; Paul J. Resnick *et al.*, «Adding an Online Community to an Internet-Mediated Walking Program. Part 2: Strategies for Encouraging Community Participation», *Journal of Medical Internet Research*, 12, n.º 4, 2010, e72.

40. Véanse los detalles metodológicos de los cuatro estudios en: Howard J. Klein *et al.*, «When Goals Are Known: The Effects of Audience Relative Status on Goal Commitment and Performance», *Journal of Applied Psychology*, 105, n.º 4, 2020, pp. 372-389.

41. Klein *et al.*, «When Goals Are Known».

42. Ahmet Altan, *Nunca volveré a ver el mundo*, Debate, Madrid, 2018.

43. Marco Aurelio, *Meditaciones*, Alianza Editorial, Madrid, 2014.

44. C. Richard Snyder, «Hope Theory: Rainbows in the Mind», *Psychological Inquiry*, 13, n.º 4, 2002, 249-275.

45. Julie K. Norem, «Defensive Pessimism, Anxiety, and the Complexity of Evaluating Self-Regulation», *Social and Personality Psychology Compass*, 2, n.º 1, 2008, pp. 121-134; Julie K. Norem, «Defensive Pessimism as a Positive Self-Critical Tool», en *Self-Criticism and Self-Enhancement: Theory, Research, and Clinical Implications*, ed. Edward C. Chang, APA Press, Washington, 2008, pp. 89-104.

46. James D. Doorley *et al.*, «Psychological Flexibility: What We Know, What We Do Not Know, and What We Think We Know», *Social and Personality Psychology Compass*, 14, n.º 12, 2020, pp. 1-11.

47. Todd B. Kashdan *et al.*, «Understanding Psychological Flexibility: A Multimethod Exploration of Pursuing Valued Goals despite the Presence of Distress», *Psychological Assessment*, 32, n.º 9, 2020, pp. 829-850; Kashdan y Rottenberg, «Psychological Flexibility as a Fundamental Aspect of Health».

7. Gana con responsabilidad

1. La coca es el principal ingrediente de la cocaína, y de ahí la polémica sobre la conveniencia de prohibir la planta y criminalizar su cultivo. Véase Martín Sivak, *Jefazo*, Debate, Madrid, 2014. Para consultar las propiedades medicinales de la coca, véase Douglas H. Boucher, «Cocaine and the Coca Plant», *BioScience*, 41, n.º 2, 1991, pp. 72-76.

2. Drugs and Democracy, «Human Rights Violations Stemming from the "War on Drugs" in Bolivia», Transnational Institute, 23 de diciembre de 2005, <https://www.tni.org/es/node/12035>.

3. Isabella Gomez Sarmiento, «How Evo Morales Made Bolivia a Better Place... Before He Fled the Country», NPR, 26 de noviembre de 2019, <https://www.npr.org/sections/goatsandsoda/2019/11/26/781199250/how-evo-morales-made-bolivia-a-better-place-before-he-was-forced-to-flee>; «Bolivia», Social Security Programs Throughout the World: The Americas, 2011, Social Security Administration, <https://www.ssa.gov/policy/docs/progdesc/ssptw/2010-2011/americas/bolivia.html>.

4. Stansfield Smith, «Eleven Years of the "Process of Change" in Evo Morales' Bolivia», Council on Hemispheric Affairs, 3 de enero de 2018, <http://www.coha.org/eleven-years-of-the-process-of-change-in-evo-morales-bolivia/>.

5. José Miguel Vivanco, «Bolivia: Letter to President Evo Morales on Human Rights Legislation», Human Rights Watch, 15 de diciembre de 2014, <https://www.hrw.org/news/2014/12/15/bolivia-letter-president-evo-morales-human-rights-legislation#_ftn3>.

6. Mariano Castillo, «Bolivian Journalist's Family Wants to Know Who Was behind Attack», CNN, 1 de noviembre de 2012, <https://www.cnn.com/2012/11/01/world/

americas/bolivia-journalist-attacked/index.html>; John Otis, «Forced Out of Jobs and Sidelined, Bolivia's Independent Journalists See Their Audience Slipping Away», Committee to Protect Journalists, 10 de octubre de 2019, <https://cpj.org/blog/2019/10/forced-out-of-jobs-and-sidelined-bolivias-independ.php>.

7. Jon Lee Anderson, «The Fall of Evo Morales», *New Yorker*, 23 de marzo de 2020, <https://www.newyorker.com/magazine/2020/03/23/the-fall-of-evo-morales>.

8. Emily Achtenberg, «Police Attack on Tipnis Marches Roils Bolivia», North American Congress on Latin America, 28 de septiembre de 2011, https://nacla.org/blog/2011/9/28/police-attack-tipnis-marchers-roils-bolivia.

9. Jim Shultz, «The Rise and Fall of Evo Morales», *New York Review of Books*, 21 de noviembre de 2019, <https://www.nybooks.com/daily/2019/11/21/the-rise-and-fall-of-evo-morales/>.

10. Marilynn B. Brewer, «The Social Psychology of Intergroup Relations: Social Categorization, Ingroup Bias, and Outgroup Prejudice», en *Social Psychology: Handbook of Basic Principles*, ed. Arie W. Kruglanski y E. Tory Higgins, Guilford Press, Nueva York, 2007, pp. 695-715; Henri Tajfel, «Social Psychology of Intergroup Relations», *Annual Review of Psychology*, 33, n.º 1, 1982, pp. 1-39; Henri Tajfel y John C. Turner, «An Integrative Theory of Intergroup Conflict», en *The Social Psychology of Intergroup Relations*, ed. William G. Austin y Stephen Worchel, Brooks/Cole, Monterrey (California), 1979, pp. 33-47.

11. Marilynn B. Brewer, «The Psychology of Prejudice: Ingroup Love and Outgroup Hate?», *Journal of Social Issues*, 55, n.º 3, 1999, pp. 429-444. Para un reciente estudio limitado a los deportes, véase Charles E. Hoogland *et al.*, «The Joy of Pain and the Pain of Joy: In-Group Identification Predicts Schaden-

freude and Gluckschmerz Following Rival Groups' Fortunes», *Motivation and Emotion*, 39, n.º 2, 2015, pp. 260-281.

12. Rachael Goodwin, Jesse Graham y Kristina A. Diekmann, «Good Intentions Aren't Good Enough: Moral Courage in Opposing Sexual Harassment», *Journal of Experimental Social Psychology*, 86, 2020, 103894; Aaron C. Weidman *et al.*, «Punish or Protect? How Close Relationships Shape Responses to Moral Violations», *Personality and Social Psychology Bulletin*, 46, n.º 5, 2020, pp. 693-708.

13. Es habitual que los grupos se definan en relación con un antagonista. Pensemos en los demócratas y en su oposición a los republicanos, o en los veganos, que asumen la suya como la alternativa saludable y ética, en oposición a los carnívoros desalmados. Identificar una némesis es una estrategia psicológicamente fiable de conectar como tribu, porque la presencia de un enemigo motiva a la tribu a construir, crear y sostener un sentido claro de lo que es y de lo que no, de lo que defiende como gran familia y de aquello por lo que está dispuesta a luchar. En contra de lo que dice el saber popular, un archienemigo no solo es una mina de tramas adictivas para cómics de superhéroes. La ciencia demuestra que en ciertas situaciones, como el desempleo a largo plazo o la pérdida de un compañero sentimental, la gente se vacuna contra la peor parte de su dolor culpando a otra persona o cosa. Los chivos expiatorios ayudan a la gente a recuperar el control y la confianza. Por desgracia, al aprovecharte de esos beneficios psicológicos, se inicia un conflicto innecesario que deja tras de sí un reguero de víctimas. Sin darte cuenta, has justificado a tu némesis para que vaya por ti en el futuro. Véase Douglas, *Scapegoats*; Landau *et al.*, «Deriving Solace from a Nemesis»; Sullivan, Landau y Rothschild, «An Existential Function of Enemyship».

14. Nigel P. Field y George A. Bonanno, «The Role of Blame in Adaptation in the First 5 Years Following the Death

of a Spouse», *American Behavioral Scientist*, 44, n.º 5, 2001, pp. 764-781; Michael V. Miller y Sue Keir Hoppe, «Attributions for Job Termination and Psychological Distress», *Human Relations*, 47, n.º 3, 1994, pp. 307-327.

15. Martin Luther King, *El clarín de la conciencia*, Ayma, Barcelona, 1968.

16. Me parece increíble que sus grandes artículos empíricos sobre el cambio en la composición de las mayorías y minorías grupales se hayan citado menos de setenta y cinco veces en los últimos veinte años (según datos de Google Scholar del 30 de marzo de 2021). Más aún cuando Prislin publicó su trabajo en la revista de psicología social más prestigiosa que existe: la *Journal of Personality and Social Psychology*. Espero que mi discusión sobre sus descubrimientos e implicaciones atraiga más atención a esta infravalorada y eminente académica. Véase «Radmila Prislin, Ph.D.», Universidad Estatal de San Diego, <https://psychology.sdsu.edu/people/radmila-prislin/>.

17. Los estudios difieren en otros elementos de diseño. Por ejemplo, Prislin suele manipular otro rasgo del grupo. A veces las reacciones de los demás miembros del grupo se hacen públicas inmediatamente para que el participante sepa exactamente quién ha dicho qué. A veces se expone a los participantes las razones por las que la gente apoyó o rebatió su posición. Las razones pueden ser superficiales y no tener nada que ver con los argumentos aducidos («Lo único que quería era zanjarlo»), o reflejar un respaldo genuino («Me han hecho "replantearme mi posición"»). A veces hay otra tarea después del debate o la campaña y hay la opción, o bien de seguir colaborando con las mismas personas del grupo, o bien de irse a trabajar con desconocidos. A veces la nueva mayoría tiene la ocasión de diseñar las reglas para una segunda tarea y puede mostrar favoritismo por sus partidarios, creando reglas que

perjudican a los oponentes. A veces hay una presión social de los actores para ser amables u hostiles con las facciones del grupo, o para ser equitativos. A veces el grupo interactúa más de una vez, en el decurso de días o semanas. Como he dicho, es una científica creativa que está intentando imitar lo que lleva a la gente a comportarse de diferentes formas.

18. Radmila Prislin y P. Niels Christensen, «The Effects of Social Change within a Group on Membership Preferences: To Leave or Not to Leave?», *Personality and Social Psychology Bulletin*, 31, n.º 5, 2005, pp. 595-609.

19. Radmila Prislin y P. Niels Christensen, «The Effects of Social Change». Puede hallarse un compendio de sus hallazgos aquí: Radmila Prislin and P. Niels Christensen, «Social Change in the Aftermath of Successful Minority Influence», *European Review of Social Psychology*, 16, n.º 1, 2005, pp. 43-73.

20. Andy Mulvihill, con Jake Rossen, *Action Park: Fast Times, Wild Rides, and the Untold Story of America's Most Dangerous Amusement Park*, Penguin, Nueva York, 2020.

21. Martin Luther King, *El clarín de la conciencia*.

22. Para un archivo de documentos sobre el quincuagésimo aniversario del ingreso de las mujeres en Yale, véase «History of Women at Yale», Universidad Yale, https://celebratewomen.yale.edu/history-women-yale.

23. En «First-Person Stories: Yale Men», *Yale Alumni Magazine*, septiembre/octubre de 2019, <https://yalealumnimagazine.com/articles/4967-first-person-stories-yale-men>, hay entrevistas a la primera promoción de mujeres de Yale, que narran su experiencia en primera persona. Revísenlas. Encontrarán recuerdos de todo tipo sobre su experiencia como alumnas de Yale: negativos, positivos, ambivalentes y neutros. Véase Anne Gardiner Perkins, *Yale Needs Women: How the First Group of Girls Rewrote the Rules of an Ivy League Giant*, Sourcebooks, Naperville (Illinois), 2019.

24. Radmila Prislin, Wendy M. Limbert y Evamarie Bauer, «From Majority to Minority and Vice Versa: The Asymmetrical Effects of Losing and Gaining Majority Position within a Group», *Journal of Personality and Social Psychology*, 79, n.º 3, 2000, pp. 385-397.

25. Anne Gardiner Perkins, «Unescorted Guests: Yale's First Women Undergraduates and the Quest for Equity, 1969–1973», tesis doctoral, Universidad de Massachusetts Boston, 2018, <https://scholarworks.umb.edu/doctoral_dissertations /389/>.

26. Perkins, «Unescorted Guests».

27. Prislin y Christensen, «The Effects of Social Change».

28. No hay recuentos oficiales, pero estas parecen ser las cifras mínimas confirmadas por una amplia mayoría de asesores y expertos de la *Encyclopaedia Britannica* (1998): The Editors of Encyclopaedia Britannica, «Reign of Terror», *Encyclopaedia Britannica*, acceso el 8 de mayo de 2020, <https://www.britannica.com/event/Reign-of-Terror>.

29. Maximilien Robespierre, «On the Death Penalty», 22 de junio de 1791, trad. al inglés por Mitch Abidor, <https://www.marxists.org/history/france/revolution/robespierre/1791/death-penalty.htm>.

30. Rebecca Abrams, «The Monstrous Puzzle of the Revolution», *Guardian*, 19 de mayo de 2006, <https://www.theguardian.com/books/2006/may/20/featuresreviews.guardianreview4>.

31. John Kekes, «Why Robespierre Chose Terror: The Lessons of the First Totalitarian Revolution», *City Journal*, primavera de 2006, <https://www.city-journal.org/html/why-robespierre-chose-terror-12935.html>.

32. Kekes, «Why Robespierre Chose Terror».

33. Kekes, «Why Robespierre Chose Terror».

34. Radmila Prislin, Vanessa Sawicki y Kipling Williams, «New Majorities' Abuse of Power: Effects of Perceived Control and Social Support», *Group Processes and Intergroup Relations*, 14, n.º 4, 2011, pp. 489-504.

35. Prislin, Sawicki y Williams, «New Majorities' Abuse of Power». Para una replicación y ampliación, véase Radmila Prislin, John M. Levine y P. Niels Christensen, «When Reasons Matter: Quality of Support Affects Reactions to Increasing and Consistent Agreement», *Journal of Experimental Social Psychology*, 42, n.º 5, 2006, pp. 593-601.

36. George Bernard Shaw, *Hombre y superhombre*, M. Aguilar, Madrid, sin fecha.

37. Maureen A. Craig, Julian M. Rucker y Jennifer A. Richeson, «Racial and Political Dynamics of an Approaching "Majority-Minority" United States», *ANNALS of the American Academy of Political and Social Science*, 677, n.º 1, 2018, pp. 204-214.

38. Chris Churchill, «Churchill: At Skidmore, Curiosity Might Get You Canceled», *Times Union*, 10 de septiembre de 2020, <https://www.timesunion.com/news/article/Churchill-At-Skidmore-curiosity-might-get-you-15553968.php>.

39. Samantha Sasenarine, «The Petersons & "Blue Lives Matter": Students Reveal a Pattern of Racism among Skidmore Faculty and Staff», *Skidmore News*, 31 de agosto de 2020, <http://skidmorenews.com/new-blog/2020/8/31/opinion-the-petersons-amp-blue-lives-matter-students-reveal-a-pattern-of-racism-among-skidmore-faculty-and-staff>.

40. Chris Cillizza, «This Is the Most Controversial Speech at the Correspondents' Dinner Ever. But Nobody Knew It at the Time», *Washington Post*, 24 de abril de 2015, <https://www.washingtonpost.com/news/the-fix/wp/2015/04/24/this-is-the-most-controversial-speech-ever-at-the-correspondents-dinner-and-i-was-there/>.

41. Jacques Steinberg, «After Press Dinner, the Blogosphere Is Alive with the Sound of Colbert Chatter», *New York Times*, 3 de mayo de 2006, <https://www.nytimes.com/2006/05/03/arts/03colb.html>.

42. Portada de 13 de marzo de 2014 de la revista *Time*, Keegan-Michael Key y Jordan Peele, «Make Fun of Everything», *Time*, 13 de marzo de 2014, <https://time.com/22993/key-and-peele-make-fun-of-everything/>.

43. *Bill Burr: Paper Tiger*, dirigido por Mike Binder, escrito y protagonizado por Bill Burr, emitido el 10 de septiembre de 2019 en Netflix, <https://www.netflix.com/title/81060174>.

44. Estas palabras se extraen de un famoso discurso del presidente Theodore Roosevelt. Pronunciado el 23 de abril de 1910, se le ha bautizado popularmente como «The Man in the Arena». Creo que Roosevelt estaría orgulloso de que su discurso inspirara tanto a Brené Brown que esta decidiera hacer honor al mismo con el título de su libro *Daring Greatly: How the Courage to Be Vulnerable Transforms the Way We Live, Love, Parent, and Lead*, Avery, Nueva York, 2012. Lo que no está tan claro es lo que opinaría el presidente si supiera que Miley Cyrus se ha tatuado un pasaje incompleto de su discurso en el brazo y su expareja, el actor Liam Hemsworth, tiene la parte que falta en su propio brazo. Ahora que han cortado, en vez de borrarse la tinta cada uno puede buscar una nueva pareja que tenga tatuado el resto de la frase en el brazo. Quizás a Roosevelt le habría perturbado más la referencia que hace a su perla de la oratoria el anuncio televisivo de coches Cadillac. Véase *US Weekly Staff*, «Liam Hemsworth Gets Tattoo to Match Miley Cyrus' Theodore Roosevelt Quote!», *US Weekly*, 12 de octubre de 2012, <https://www.usmagazine.com/celebrity-news/news/liam-hemsworth-gets-tattoo-to-match-miley-cyrus-theodore-roosevelt-

quote-20121210/>; David Gianatasio, «Ad of the Day: Cadillac's "Dare Greatly" Launch Spot Has Teddy Roosevelt but No Car», *Adweek*, 18 de febrero de 2015, <https://www.adweek.com/brand-marketing/ad-day-cadillacs-dare-greatly-launch-spot-has-teddy-roosevelt-no-car-163017/>. La admiración por Theodore Roosevelt nos animó a Robert Biswas-Diener y a mí a escribir una oda a las raras virtudes de su personalidad en nuestro anterior libro *The Upside of Your Dark Side: Why Being Your Whole Self—Not Just Your «Good» Self—Drives Success and Fulfillment*, Avery, Nueva York, 2014, véase el sexto capítulo, «The Teddy Effect».

PARTE III. CÓMO SACAR PROVECHO DE LA DESOBEDIENCIA

8. No des la espalda a lo que te escandalice

1. Colaboré con Fals-Stewart en varios proyectos, dos de los cuales acabaron apareciendo en publicaciones científicas. Véase William Fals-Stewart *et al.*, «Behavioral Couples Therapy for Drug-Abusing Patients: Effects on Partner Violence», *Journal of Substance Abuse Treatment*, 22, n.º 2, 2002, pp. 87-96. El otro artículo de investigación que escribí con él es: William Fals-Stewart *et al.*, «An Examination of Indirect Risk of Exposure to HIV among Wives of Substance-Abusing Men», *Drug and Alcohol Dependence*, 70, n.º 1, 2003, pp. 65-76. Uno de nuestros estudios se planteaba qué intervención prevenía mejor la agresión física de los hombres drogadictos a sus parejas sentimentales: la terapia de pareja o la terapia individual. Nuestra tímida respuesta es que la primera. La tacho de tímida porque la historia que narro a continuación siembra dudas acerca de la integridad de nuestra investigación.

2. Cheryl Kennedy, entrevista telefónica con el autor del 22 de julio de 2019; Cheryl Kennedy, conversación por correo electrónico con el autor de 22-23 de julio de 2020.

3. Dan Herbeck, «Researcher Accused of Using Actors at Hearing Testimony at UB Led to Misconduct Acquittal», *Buffalo News*, 17 de febrero de 2010, <https://buffalonews.com/2010/02/16/researcher-accused-of-using-actors-at-hearing-testimony-at-ub-led-to-misconduct-acquittal/>; «AG Charges Ex-UB Researcher in Fraud», *Business Journals*, 16 de febrero de 2010, <https://www.bizjournals.com/buffalo/stories/2010/02/15/daily10.html>.

4. Jan-Willem van Prooijen y André P. M. Krouwel, «Psychological Features of Extreme Political Ideologies», *Current Directions in Psychological Science*, 28, n.º 2, 2019, pp. 159-163.

5. Un mensaje que coincide con el que manda la obra de mi brillante colega, Susan David: Susan David, *Agilidad emocional*, Sirio, Málaga, 2018.

6. Young Soo Lee, Jae Yoon Chang y Jin Nam Choi, «Why Reject Creative Ideas? Fear as a Driver of Implicit Bias against Creativity», *Creativity Research Journal*, 29, n.º 3, 2017, pp. 225-235; Jennifer S. Mueller, Shimul Melwani y Jack A. Goncalo, «The Bias against Creativity: Why People Desire but Reject Creative Ideas», *Psychological Science*, 23, n.º 1, 2012, pp. 13-17.

7. Ellis Paul Torrance, «The Creative Personality and the Ideal Pupil», *Teachers College Record*, 65, 1963, pp. 220-226; Erik L. Westby y V. L. Dawson, «Creativity: Asset or Burden in the Classroom?», *Creativity Research Journal*, 8, n.º 1, 1995, pp. 1-10.

8. Ethan Kross y Özlem Ayduk, «Self-Distancing: Theory, Research, and Current Directions», en *Advances*

in Experimental Social Psychology, vol. 55, ed. James M. Olson, Academic Press, Cambridge (Massachusetts), 2017, pp. 81-136.

9. Steven C. Hayes y Stefan G. Hofmann, *Process-Based CBT: The Science and Core Clinical Competencies of Cognitive Behavioral Therapy*, New Harbinger, Oakland (California), 2018; Steven C. Hayes y Stefan G. Hofmann, «The Future of Intervention Science: Process-Based Therapy», *Clinical Psychological Science*, 7, n.º 1, 2019, pp. 37-50; Michael E. Levin *et al.*, «The Impact of Treatment Components Suggested by the Psychological Flexibility Model: A Meta-Analysis of Laboratory-Based Component Studies», *Behavior Therapy*, 43, n.º 4, 2012, pp. 741-756.

10. Igor Grossmann, «Wisdom in Context», *Perspectives on Psychological Science*, 12, n.º 2, 2017, pp. 233-257; Ethan Kross y Özlem Ayduk, «Making Meaning Out of Negative Experiences by Self-Distancing», *Current Directions in Psychological Science*, 20, n.º 3, 2011, pp. 187-191.

11. A Kanye West, el multimillonario cantante de *hip-hop*, se le da de maravilla hacerlo en las entrevistas con periodistas. He aquí algunos fragmentos: «Seguro que hasta Steve Jobs ha cedido. Incluso Rick Owens ha cedido. Vamos, hasta alguien como Kanye West ha cedido. [...] La idea de Kanye y la vanidad son... no sé, sinónimos. [...] Creo que Kanye West acabará significando algo parecido a lo que significa Steve Jobs». Véase Jon Caramanica, «Behind Kanye's Mask», *New York Times*, 11 de junio de 2013, <https://www.nytimes.com/2013/06/16/arts/music/kanye-west-talks-about-his-career-and-album-yeezus.html>.

12. Modificación y ampliación de las instrucciones de amplio uso en Ethan Kross *et al.*, «Self-Talk as a Regulatory Mechanism: How You Do It Matters», *Journal of Personality and Social Psychology*, 106, n.º 2, 2014, pp. 304-324.

13. Igor Grossmann y Ethan Kross, «Exploring Solomon's Paradox: Self-Distancing Eliminates the Self-Other Asymmetry in Wise Reasoning about Close Relationships in Younger and Older Adults», *Psychological Science*, 25, n.º 8, 2014, pp. 1571-1580. Cabe destacar que varios científicos han podido replicar estos resultados. Véase Alex C. Huynh *et al.*, «The Wisdom in Virtue: Pursuit of Virtue Predicts Wise Reasoning about Personal Conflicts», *Psychological Science*, 28, n.º 12, 2017, pp. 1848-1856.

14. Eli J. Finkel *et al.*, «A Brief Intervention to Promote Conflict Reappraisal Preserves Marital Quality over Time», *Psychological Science*, 24, n.º 8, 2013, pp. 1595-1601.

15. Un teniente general que desea mantener el anonimato, en comunicaciones personales con el autor entre julio de 2019 y mayo de 2020. Es habitual que los equipos se rían durante los AAR (siglas en inglés de «análisis tras operación militar»). Con la práctica, se vuelven un hábito arraigado. La incomodidad y la eficiencia son una combinación que une a oficiales y soldados rasos.

16. Para una versión alternativa y una ampliación de las instrucciones de amplio uso en la literatura de distanciamiento psicológico, véase Emma Bruehlman-Senecal, Özlem Ayduk y Oliver P. John, «Taking the Long View: Implications of Individual Differences in Temporal Distancing for Affect, Stress Reactivity, and Well-Being», *Journal of Personality and Social Psychology*, 111, n.º 4, 2016, pp. 610-635.

17. Ariana Orvell *et al.*, «Linguistic Shifts: A Relatively Effortless Route to Emotion Regulation?», *Current Directions in Psychological Science*, 28, n.º 6, 2019, pp. 567-573.

18. He aquí una muestra de estudios que respaldan estas declaraciones: Özlem Ayduk y Ethan Kross, «From a Distance: Implications of Spontaneous Self-Distancing for Adaptive Self-Reflection», *Journal of Personality and Social Psychology*, 98,

n.º 5, 2010, pp. 809-829; Özlem Ayduk y Ethan Kross, «Enhancing the Pace of Recovery: Self-Distanced Analysis of Negative Experiences Reduces Blood Pressure Reactivity», *Psychological Science*, 19, n.º 3, 2008, pp. 229-231; Anna Dorfman *et al.*, «Self-Distancing Promotes Positive Emotional Change after Adversity: Evidence from a MicroLongitudinal Field Experiment», *Journal of Personality*, 89, n.º 1, 2021, pp. 132-144; Ethan Kross, Özlem Ayduk y Walter Mischel, «When Asking "Why" Does Not Hurt Distinguishing Rumination from Reflective Processing of Negative Emotions», *Psychological Science*, 16, n.º 9, 2005, pp. 709-715; Jason S. Moser *et al.*, «Third-Person Self-Talk Facilitates Emotion Regulation without Engaging Cognitive Control: Converging Evidence from ERP and fMRI», *Scientific Reports*, 7, n.º 1, 2017, pp. 1-9.

19. Ethan Kross e Igor Grossmann, «Boosting Wisdom: Distance from the Self Enhances Wise Reasoning, Attitudes, and Behavior», *Journal of Experimental Psychology: General*, 141, n.º 1, 2012, pp. 43-48.

20. Izzy Gainsburg y Ethan Kross, «Distanced Self-Talk Changes How People Conceptualize the Self», *Journal of Experimental Social Psychology*, 88, 2020, 103969, <https://doi.org/10.1016/j.jesp.2020.103969>.

21. Ethan Zell y Zlatan Krizan, «Do People Have Insight into Their Abilities? A Metasynthesis», *Perspectives on Psychological Science*, 9, n.º 2, 2014, pp. 111-125.

22. Dan M. Kahan *et al.*, «Motivated Numeracy and Enlightened Self-Government», *Behavioural Public Policy*, 1, n.º 1, 2017, pp. 54-86.

23. Ian G. Anson, «Partisanship, Political Knowledge, and the Dunning-Kruger Effect», *Political Psychology*, 39, n.º 5, 2018, pp. 1173-1192.

24. David Dunning, «The Dunning–Kruger Effect: On Being Ignorant of One's Own Ignorance», en *Advances in Ex-*

perimental Social Psychology, vol. 44, ed. Mark Zanna y James Olson, Elsevier, San Diego (California), 2011, pp. 247-296; Joyce Ehrlinger *et al.*, «Why the Unskilled Are Unaware: Further Explorations of (Absent) Self-Insight among the Incompetent», *Organizational Behavior and Human Decision Processes*, 105, n.º 1, 2008, pp. 98-121.

25. Rachit Dubey y Thomas L. Griffiths, «Reconciling Novelty and Complexity through a Rational Analysis of Curiosity», *Psychological Review*, 127, n.º 3, 2020, pp. 455-476; Todd B. Kashdan *et al.*, «The Five-Dimensional Curiosity Scale Revised (5DCR): Briefer Subscales While Separating Overt and Covert Social Curiosity», *Personality and Individual Differences*, 157, 2020, 109836, https://doi.org/10.31219/osf.io/pu8f3; Todd B. Kashdan y Paul J. Silvia, «Curiosity and Interest: The Benefits of Thriving on Novelty and Challenge», en *Handbook of Positive Psychology*, vol. 2, ed. Charles R. Synder y Shane J. Lopez, Oxford University Press, Nueva York, 2009, pp. 367-374; Todd B. Kashdan *et al.*, «The Five-Dimensional Curiosity Scale: Capturing the Bandwidth of Curiosity and Identifying Four Unique Subgroups of Curious People», *Journal of Research in Personality*, 73, 2018, pp. 130-149; Celeste Kidd y Benjamin Y. Hayden, «The Psychology and Neuroscience of Curiosity», *Neuron*, 88, n.º 3, 2015, pp. 449-460.

26. Este descubrimiento es paradójico: ser curiosos exige un esfuerzo y una gran concentración, pero nos sentimos con más energía después de hacer ese esfuerzo. En esto de insuflarnos energía, los intensos accesos de optimismo no ayudan ni de lejos tanto como los momentos de curiosidad. La idea de fondo es que, si quieres animarte, muestra curiosidad. Véase Dustin B. Thoman, Jessi L. Smith y Paul J. Silvia, «The Resource Replenishment Function of Interest», *Social Psychological and Personality Science*, 2, n.º 6, 2011, pp. 592-599.

27. Julia A. Minson, Varda Liberman y Lee Ross, «Two to Tango: Effects of Collaboration and Disagreement on Dyadic Judgment», *Personality and Social Psychology Bulletin*, 37, n.º 10, 2011, pp. 1325-1338.

28. Philip M. Fernbach *et al.*, «Explanation Fiends and Foes: How Mechanistic Detail Determines Understanding and Preference», *Journal of Consumer Research*, 39, n.º 5, 2013, pp. 1115-1131.

29. Alain de Botton, *The School of Life*.

30. Frances S. Chen, Julia A. Minson y Zakary L. Tormala, «Tell Me More: The Effects of Expressed Interest on Receptiveness during Dialog», *Journal of Experimental Social Psychology*, 46, n.º 5, 2010, pp. 850-853.

31. Hanne Collins *et al.*, «Why Won't You Learn about Me? Self-Other Differences in Conversational Goals», presentación del congreso virtual de la Society for Personality and Social Psychology, *online*, 9 de febrero de 2021.

32. Collins *et al.*, «Why Won't You Learn about Me?».

33. Karen Huang *et al.*, «It Doesn't Hurt to Ask: Question-Asking Increases Liking», *Journal of Personality and Social Psychology*, 113, n.º 3, 2017, pp. 430-452.

34. Un libro maravilloso sobre el arte de hacer preguntas de uno de mis maestros favoritos: Stanier, *The Coaching Habit*.

35. Oficina del fiscal general del estado de Nueva York, comunicado de prensa, «The New York State Attorney General Andrew M. Cuomo Announces Charges against Former UB Researcher for Hiring Actors to Testify during Misconduct Hearing and Attempting to Siphon $4 Million in Taxpayer Funds», 16 de febrero de 2010, <https://ag.ny.gov/press-release/2010/new-york-state-attorney-general-andrew-m-cuomo-announces-charges-against-former>.

36. Un concepto que muchísimos afroamericanos son consustancialmente incapaces de aceptar. Véase Renée Graham,

«Memo to Black Men: Stop Voting Republican», *Boston Globe*, 8 de noviembre de 2018, <https://www.bostonglobe.com/opinion/2018/11/08/memo-black-men-stop-voting-republican/v9kJPzVMQcdroszp78gumJ/story.html>; Vanessa Williams, «What's Up with All Those Black Men Who Voted for the Republican in the Georgia Governor's Race?», *Washington Post*, 23 de noviembre de 2018, <https://www.washingtonpost.com/politics/2018/11/23/whats-up-with-all-those-black-men-who-voted-republican-georgia-governors-race/>; Kenya Evelyn, «How Black Republicans Are Debunking the Myth of a Voter Monolith», *Guardian*, 12 de marzo de 2020, <https://www.theguardian.com/us-news/2020/mar/12/black-republicans-african-american-voters>.

37. Maggie Astor, «Trump Pushes Young Republicans Away. Abortion Pulls Them Back», *New York Times*, 6 de mayo de 2020, <https://www.nytimes.com/2020/05/06/us/politics/young-republicans-trump.html>.

38. Kashdan *et al.*, «The Five-Dimensional Curiosity Scale»; Todd B. Kashdan, «The Five Dimensions of Curiosity», *Harvard Business Review*, septiembre-octubre de 2018, pp. 47-61; Todd B. Kashdan *et al.*, «Curiosity Has Comprehensive Benefits in the Workplace: Developing and Validating a Multidimensional Workplace Curiosity Scale in United States and German Employees», *Personality and Individual Differences*, 155, 2020, 109717, <https://doi.org/10.1016/j.paid.2019.109717>.

39. Todd B. Kashdan *et al.*, «How Are Curious People Viewed and How Do They Behave in Social Situations? From the Perspectives of Self, Friends, Parents, and Unacquainted Observers», *Journal of Personality*, 81, n.º 2, 2013, pp. 142-154.

40. Benoît Monin, Pamela J. Sawyer y Matthew J. Marquez, «The Rejection of Moral Rebels: Resenting Those

Who Do the Right Thing», *Journal of Personality and Social Psychology*, 95, n.º 1, 2008, pp. 76-93. Para una replicación de este estudio, véase Kieran O'Connor y Benoît Monin, «When Principled Deviance Becomes Moral Threat: Testing Alternative Mechanisms for the Rejection of Moral Rebels», *Group Processes and Intergroup Relations*, 19, n.º 5, 2016, pp. 676-693.

41. Monin, Sawyer y Marquez, «The Rejection of Moral Rebels».

42. Para definiciones sobre la humildad intelectual, véase Elizabeth J. Krumrei-Mancuso y Steven V. Rouse, «The Development and Validation of the Comprehensive Intellectual Humility Scale», *Journal of Personality Assessment*, 98, n.º 2, 2016, pp. 209-221; Mark R. Leary et al., «Cognitive and Interpersonal Features of Intellectual Humility», *Personality and Social Psychology Bulletin*, 43, n.º 6, 2017, pp. 793-813; Benjamin R. Meagher *et al.*, «Contrasting Self-Report and Consensus Ratings of Intellectual Humility and Arrogance», *Journal of Research in Personality*, 58, 2015, pp. 35-45; Stacey E. McElroy-Heltzel *et al.*, «Embarrassment of Riches in the Measurement of Humility: A Critical Review of 22 Measures», *Journal of Positive Psychology*, 14, n.º 3, 2019, pp. 393-404.

43. Grossmann, «Wisdom in Context»; Henri C. Santos, Alex C. Huynh e Igor Grossmann, «Wisdom in a Complex World: A Situated Account of Wise Reasoning and Its Development», *Social and Personality Psychology Compass*, 11, n.º 10, 2017, e12341, <https://doi.org/10.1111/spc3.12341>.

44. Extraído del manual PROVE, que ha demostrado ser una intervención eficaz. PROVE es el acrónimo en inglés de cinco pasos: primero, *Pick* («elige») un instante en que mostraste falta de humildad. Luego, *Remember* («acuérdate») de contextualizar tu conocimiento, tus habilidades y logros; no eres tan importante o relevante como creías. Tercero, *Open*

(«ábrete») a la sabiduría de estar cerca de personas que piensan diferente y sé flexible, sustituyendo métodos corroborados y trillados por otros cuando sea conveniente. Cuatro, *Value* («valora») lo que suceda y que no te incumba directamente a ti. Y por último, *Examine* («estudia») tus limitaciones y procura comunicarte con humildad con los demás. Véase Caroline R. Lavelock *et al.*, «The Quiet Virtue Speaks: An Intervention to Promote Humility», *Journal of Psychology and Theology*, 42, n.º 1, 2014, pp. 99-110.

45. Se han ampliado y replicado los hallazgos de Lavelock *et al.*, «The Quiet Virtue Speaks». Véase Caroline R. Lavelock *et al.*, «Still Waters Run Deep: Humility as a Master Virtue», *Journal of Psychology and Theology*, 45, n.º 4, 2017, pp. 286-303. Se han hecho descubrimientos similares al intentar aumentar la humildad intelectual cuando hay un conflicto entre dos grupos con creencias culturales distintas. Véase Benjamin R. Meagher *et al.*, «An Intellectually Humbling Experience: Changes in Interpersonal Perception and Cultural Reasoning across a Five-Week Course», *Journal of Psychology and Theology*, 47, n.º 3, 2019, pp. 217-229.

46. Elizabeth J. Krumrei-Mancuso *et al.*, «Links between Intellectual Humility and Acquiring Knowledge», *Journal of Positive Psychology*, 15, n.º 2, 2020, pp. 155-170.

9. Aprende de los excéntricos

1. Kristy N. Kamarck, *Women in Combat: Issues for Congress*, informe de investigación para los miembros y comités del Congreso, Washington, 13 de diciembre de 2016), <https://fas.org/sgp/crs/natsec/R42075.pdf>; Eric Schmitt, «Senate Votes to Remove Ban on Women as Combat Pilots», *New York Times*, 1 de agosto de 1991.

2. Victoria L. Sadler, «Military Reports and the Problem with Technological Agency», *Discourse and Writing/ Rédactologie*, 22, n.º 1, 2008, pp. 72-85.

3. Extraído de un caso de 2002 visto en el Tribunal del Distrito de Columbia, entre la demandante Carey Dunai LOHRENZ y Elaine DONNELLY *et al.*, demandados. Véase Royce C. Lamberth, «Lohrenz v. Donnelly, 223 F. Supp. 2d 25 (D.D.C. 2002)», *Court Listener*, 16 de agosto de 2002, <https://www.courtlistener.com/opinion/2345633/lohrenz-v-donnelly/>.

4. H. G. Reza, «Navy Pilot's Errors Contributed to Fatal Crash, Report Says», *Los Angeles Times*, 22 de marzo de 1995, <https://www.latimes.com/archives/la-xpm-1995-03-22-mn-45801-story.html>; Philip Kaplan, *Naval Air: Celebrating a Century of Naval Flying*, Pen and Sword, South Yorkshire (Reino Unido), 2013.

5. Center for Military Readiness, «Double Standards in Naval Aviation», informe CMR, junio de 1995, <https://www.cmrlink.org/data/Sites/85/CMRDocuments/CMR-RPT09-0695.pdf>; William H. McMichael, «A Question of Standards», *Daily Press*, 14 de diciembre de 1997, <https://www.dailypress.com/news/dp-xpm-19971214-1997-12-14-9712140060-story.html>.

6. Alice W. W. Parham, «The Quiet Revolution: Repeal of the Exclusionary Statutes in Combat Aviation—What We Have Learned from a Decade of Integration», *William & Mary Journal of Women and the Law*, 12, 2006, pp. 377-340.

7. NCD Risk Factor Collaboration, «A Century of Trends in Adult Human Height», *eLife*, 5, 2016, <https://doi.org/10.7554/eLife.13410>; Caroline Criado-Perez, *La mujer invisible*, Seix Barral, Barcelona, 2020; Todd Rose, *Se acabó el promedio*, HarperCollins, Madrid, 2017.

8. Michael Kirk, dir., «The Navy Blues», *Frontline*, *show* #1502, PBS, estrenado el 15 de octubre de 1996, transcripción, <https://www.pbs.org/wgbh/pages/frontline/shows/navy/script.html>.

9. New York Times News Service, «Female Combat Pilot's Death Sparks Debate», *Chicago Tribune*, 30 de octubre de 1994, <https://www.chicagotribune.com/news/ct-xpm-1994-10-30-9410300206-story.html>.

10. R. Greiner, «Navy Whistle-blower Leaked Records of Female-pilot Errors», 1997, <https://www.questia.com/read/1G1-20000517/navy-whistle-blower-leaked-records-of-female-pilot>.

11. Greiner, «Navy Whistle-blower Leaked».

12. Suzanne T. Bell *et al.*, «Getting Specific about Demographic Diversity Variable and Team Performance Relationships: A Meta-Analysis», *Journal of Management*, 37, n.º 3, 2011, pp. 709-743; Clint A. Bowers, James A. Pharmer y Eduardo Salas, «When Member Homogeneity Is Needed in Work Teams: A Meta-Analysis», *Small Group Research*, 31, n.º 3, 2000, pp. 305-327; Sujin K. Horwitz e Irwin B. Horwitz, «The Effects of Team Diversity on Team Outcomes: A Meta-Analytic Review of Team Demography», *Journal of Management*, 33, n.º 6, 2007, pp. 987-1015; Sheila Simsarian Webber y Lisa M. Donahue, «Impact of Highly and Less Job-Related Diversity on Work Group Cohesion and Performance: A Meta-Analysis», *Journal of Management*, 27, n.º 2, 2001, pp. 141-162.

13. Hans Van Dijk, Marloes L. Van Engen y Daan Van Knippenberg, «Defying Conventional Wisdom: A Meta-Analytical Examination of the Differences between Demographic and Job-Related Diversity Relationships with Performance», *Organizational Behavior and Human Decision Processes*, 119, n.º 1, 2012, pp. 38-53.

14. Dominic J. Packer, Christopher T. H. Miners y Nick D. Ungson, «Benefiting from Diversity: How Groups' Coordinating Mechanisms Affect Leadership Opportunities for Marginalized Individuals», *Journal of Social Issues*, 74, n.º 1, 2018, pp. 56-74.

15. Elizabeth Mannix y Margaret A. Neale, «What Differences Make a Difference», pp. 31-55.

16. Para el modelo Leading Diversity o LeaD, véase Astrid C. Homan *et al.*, «Leading Diversity: Towards a Theory of Functional Leadership in Diverse Teams», *Journal of Applied Psychology*, 105, n.º 10, 2020, pp. 1101-1128.

17. Estas ideas provienen del marco teórico intelectual de Patrick Mussel, que se sumerge en el proceso y la operación de la creatividad. El «proceso» es la parte motivacional del rendimiento creativo y pivota sobre dos componentes: la búsqueda y la conquista. La «búsqueda» se refiere a las emociones que surgen en situaciones intelectualmente complicadas, y la predisposición general a abordar estas situaciones, en vez de evitarlas. La «conquista» alude al esfuerzo y la perseverancia que hacen falta para superar la incertidumbre, la complejidad y las incongruencias para superar un desafío intelectual. La «operación» es la parte práctica del rendimiento creativo y está compuesta del «pensamiento» (razonar, resumir y extraer conclusiones), el «aprendizaje» (obtener información, hacer preguntas, probar hipótesis y llenar lagunas de conocimiento) y la «creación» (invertir todos estos procesos y habilidades para desarrollar nuevas ideas, estrategias y productos). Con este marco, es fácil defender los beneficios de que un equipo formado por personas con perfiles motivacionales y prácticos complementarios colabore en pos de un objetivo creativo común, a diferencia de un equipo que tenga perfiles generalmente idénticos. Véase Patrick Mussel, «Intellect: A Theoretical Framework for Personality Traits Re-

lated to Intellectual Achievements», *Journal of Personality and Social Psychology*, 104, n.º 5, 2013, pp. 885-906.

18. Carsten K. W. de Dreu *et al.*, «Group Creativity and Innovation: A Motivated Information Processing Perspective», *Psychology of Aesthetics, Creativity, and the Arts*, 5, n.º 1, 2011, pp. 81-89.

19. Véanse el estudio 1 y el estudio 2 para una replicación de las conclusiones, en Matthew J. Hornsey *et al.*, «The Impact of Individualist and Collectivist Group Norms on Evaluations of Dissenting Group Members», *Journal of Experimental Social Psychology*, 42, n.º 1, 2006, pp. 57-68.

20. Para hallazgos sobre el valor de interiorizar normas explícitas del grupo con el objetivo de pensar de forma independiente y crítica, véase Myriam N. Bechtoldt *et al.*, «Motivated Information Processing, Social Tuning, and Group Creativity», *Journal of Personality and Social Psychology*, 99, n.º 4, 2010, pp. 622-637; Jolanda Jetten, Tom Postmes y Brendan J. McAuliffe, «"We're All Individuals": Group Norms of Individualism and Collectivism, Levels of Identification and Identity Threat», *European Journal of Social Psychology*, 32, n.º 2, 2002, pp. 189-207; Brendan J. McAuliffe *et al.*, «Individualist and Collectivist Norms: When It's OK to Go Your Own Way», *European Journal of Social Psychology*, 33, n.º 1, 2003, pp. 57-70; Charlan J. Nemeth *et al.*, «The Liberating Role of Conflict in Group Creativity: A Study in Two Countries», *European Journal of Social Psychology*, 34, n.º 4, 2004, pp. 365-374; Tom Postmes, Russell Spears y Sezgin Cihangir, «Quality of Decision Making and Group Norms», *Journal of Personality and Social Psychology*, 80, n.º 6, 2001, pp. 918-930; Lotte Scholten *et al.*, «Motivated Information Processing and Group Decision-Making: Effects of Process Accountability on Information Processing and Decision Quality», *Journal of Experimental Social Psychology*, 43, n.º 4, 2007,

pp. 539-552; Mark D. Seery *et al.*, «Alone against the Group: A Unanimously Disagreeing Group Leads to Conformity, but Cardiovascular Threat Depends on One's Goals», *Psychophysiology*, 53, n.º 8, 2016, pp. 1263-1271.

21. Basadas en la tabla 1, extraída de Carsten K. W. de Dreu, Bernard A. Nijstad y Daan Van Knippenberg, «Motivated Information Processing in Group Judgment and Decision Making», *Personality and Social Psychology Review*, 12, n.º 1, 2008, pp. 22-49.

22. Susan Cain expone ideas parecidas cuando habla de las dificultades que afrontan los introvertidos en contextos monopolizados por individuos más asertivos, agresivos y necesitados de atención: Susan Cain, *El poder de los introvertidos*, RBA Libros, Barcelona, 2020. Véase también un estudio sobre las diferencias entre los introvertidos y los extrovertidos: Michael C. Ashton, Kibeom Lee y Sampo V. Paunonen, «What Is the Central Feature of Extraversion? Social Attention versus Reward Sensitivity», *Journal of Personality and Social Psychology*, 83, n.º 1, 2002, pp. 245-252.

23. Robert B. Cialdini y Noah J. Goldstein, «Social Influence: Compliance and Conformity», *Annual Review of Psychology*, 55, 2004, pp. 591-621.

24. Lauren E. Coursey *et al.*, «Linking the Divergent and Convergent Processes of Collaborative Creativity: The Impact of Expertise Levels and Elaboration Processes», *Frontiers in Psychology*, 10, 2019, p. 699.

25. Un grupo o una organización que favorece a los rebeldes honestos se rige por el fin o el resultado, no por el medio. Si la misión está clara, no importa a quién se le ocurran las mejores ideas. Cualquiera que haga preguntas, presente críticas y contraargumentos acertados y subraye las soluciones perdidas hará mejor al equipo. Si te importan más los medios, se te valorará por ser un buen soldado que cumple órdenes y

acata la cadena de mando; pero ambos actos son un parámetro erróneo a menos que te acerquen al objetivo último, en vez de alejarte de él. El problema con la mayoría de las iniciativas que promueven la diversidad es que ponen el acento en los medios, no en el fin. Descubre los detalles de por qué la diversidad es relevante para convencer a los incrédulos. Véase Packer, Miners y Ungson, «Benefiting from Diversity».

26. Bechtoldt *et al.*, «Motivated Information Processing».

27. Michelle Daniel *et al.*, «Cognitive Debiasing Strategies: A Faculty Development Workshop for Clinical Teachers in Emergency Medicine», *MedEdPORTAL*, 13, 2017.

28. Inga J. Hoever *et al.*, «Fostering Team Creativity: Perspective Taking as Key to Unlocking Diversity's Potential», *Journal of Applied Psychology*, 97, n.º 5, 2012, pp. 982-996.

29. Amit Goldenberg *et al.*, «Testing the Impact and Durability of a Group Malleability Intervention in the Context of the Israeli–Palestinian Conflict», *Proceedings of the National Academy of Sciences*, 115, n.º 4, 2018, pp. 696-701.

30. Mark Snyder y William B. Swann, «Hypothesis-Testing Processes in Social Interaction», *Journal of Personality and Social Psychology*, 36, n.º 11, 1978, pp. 1202-1212.

31. Anne-Laure Sellier, Irene Scopelliti y Carey K. Morewedge, «Debiasing Training Improves Decision Making in the Field», *Psychological Science*, 30, n.º 9, 2019, pp. 1371-1379.

32. A. V. Yader, «The Deadly Consequences of Feminist Propaganda in the US Navy», ensayo, *Return of Kings*, 11 de julio de 2014, <https://www.returnofkings.com/39218/the-deadly-consequences-of-feminist-propaganda-in-the-us-navy>.

33. «Talk: Kara Hultgreen», Wikiwand, Wikipedia: La enciclopedia libre, <https://www.wikiwand.com/en/Talk:Kara_Hultgreen#/%22she_crashed%22>.

34. Como se ha señalado en el tercer capítulo, uno de los muchos defectos lógicos que envenenan el razonamiento.

35. Eran Halperin *et al.*, «Can Emotion Regulation Change Political Attitudes in Intractable Conflicts? From the Laboratory to the Field», *Psychological Science*, 24, n.º 2, 2013, pp. 106-111.

10. Cómo criar a niños insubordinados

1. Madeline Holcombe, «Georgia Student Who Posted Photo of a Crowded School Hallway and Called It "Good and Necessary Trouble" Is No Longer Suspended, Her Mom Says», CNN, 7 de agosto de 2020, <https://www.cnn.com/2020/08/07/us/georgia-teen-photo-crowded-school-hallway-trnd/index.html>.

2. Lauren Strapagiel, «Two Students Say They Were Suspended from Their Georgia High School for Posting Photos of Crowded Hallways», *Buzzfeed News*, 6 de agosto de 2020, <https://www.buzzfeednews.com/article/laurenstrapagiel/north-paulding-high-school-suspensions-for-hallway-photos>.

3. Holcombe, «Georgia Student».

4. Holcombe, «Georgia Student».

5. Entre las cosas que deseamos los padres está que nuestros hijos sean felices e inteligentes, que tengan salud e independencia, además de un montón de virtudes. Quiero añadir un elemento normalmente olvidado de la lista: que mantengan su entereza y compromiso cuando estén en minoría. Queremos que los hijos tengan ganas de mejorar su vida y la vida de aquellos que los rodean. La conformidad tiene sentido cuando los grupos y la sociedad son funcionales. Pero también hay un momento y un lugar para el espíritu de la discrepancia.

6. Para un análisis, véase Geoffrey L. Cohen y David K. Sherman, «The Psychology of Change: Self-Affirmation and Social Psychological Intervention», *Annual Review of Psychology*, 65, 2014, pp. 333-371. Para un modelo conceptual, véase Gregory M. Walton y Timothy D. Wilson, «Wise Interventions: Psychological Remedies for Social and Personal Problems», *Psychological Review*, 125, n.º 5, 2018, pp. 617-655. Para un ejemplo de una intervención eficaz a la hora de mejorar el rendimiento, véase David Scott Yeager *et al.*, «Breaking the Cycle of Mistrust: Wise Interventions to Provide Critical Feedback across the Racial Divide», *Journal of Experimental Psychology: General*, 143, n.º 2, 2014, pp. 804-824.

7. Gregory M. Walton y Geoffrey L. Cohen, «A Question of Belonging: Race, Social Fit, and Achievement», *Journal of Personality and Social Psychology*, 92, n.º 1, 2007, pp. 82-96.

8. Mark R. Leary y Katrina P. Jongman-Sereno, «Social Anxiety as an Early Warning System: A Refinement and Extension of the Self-Presentation Theory of Social Anxiety», en *From Social Anxiety to Social Phobia: Multiple Perspectives*, ed. Stefan G. Hofmann y Patricia Marten DiBartolo, Allyn & Bacon, Boston, 2001, pp. 579-597; Mark R. Leary, «Sociometer Theory», en *Handbook of Theories of Social Psychology*, ed. Paul A. Van Lange, Arie M. Kruglanski y E. Tory Higgins, Sage, Thousand Oaks (California), 2012, pp. 141-159.

9. Gregory M. Walton y Shane T. Brady, «The Social-Belonging Intervention», en *Handbook of Wise Interventions: How Social Psychology Can Help People Change*, ed. Gregory M. Walton y Alia J. Crum, Guilford Press, Nueva York, 2020.

10. Roy F. Baumeister *et al.*, «Does High Self-Esteem Cause Better Performance, Interpersonal Success, Happiness, or Healthier Lifestyles?», *Psychological Science in the Public Interest*, 4, n.º 1, 2003, pp. 1-44.

11. Extraído de las múltiples entrevistas que mantuvo el autor con Mark Murphy entre 2019 y 2020, mientras colaboraba con él como coordinador de investigación de GripTape.

12. Como algunos jóvenes se bloquean cuando intentan articular por escrito sus pensamientos, hay la opción alternativa de enviar un video. Conversando con otros jóvenes que han participado en el programa (no con adultos), los solicitantes tienen otra oportunidad para expresarse de forma óptima.

13. Judith M. Harackiewicz, Jessi L. Smith y Stacy J. Priniski, «Interest Matters: The Importance of Promoting Interest in Education», *Policy Insights from the Behavioral and Brain Sciences*, 3, n.º 2, 2016, pp. 220-227; Chris S. Hulleman *et al.*, «Task Values, Achievement Goals, and Interest: An Integrative Analysis», *Journal of Educational Psychology*, 100, n.º 2, 2008, pp. 398-416; Jennifer Teramoto Pedrotti, Lisa M. Edwards y Shane J. Lopez, «Promoting Hope: Suggestions for School Counselors», *Professional School Counseling*, 12, n.º 2, 2008, pp. 100-107.

14. Maria Avetria *et al.*, «In the Driver's Seat: Learning Report», GripTape, Youth Driving Learning, diciembre de 2018, Nueva York, <https://griptape.org/wp-content/uploads/2018/12/2018-Learning-Report.pdf>. El informe se basa en encuestas y entrevistas a 450 jóvenes y sus padres residentes en treinta estados:

El 91 % de los jóvenes afirmaron que: «Mi experiencia ha cambiado la forma en que voy a abordar el aprendizaje en el futuro».

El 89 % de los jóvenes estaban muy de acuerdo con la siguiente afirmación: «Participar en el reto de GripTape me ha ayudado a descubrir mi propósito y rumbo en la vida».

Los jóvenes que sacaban malas calificaciones y que provenían de entornos desfavorecidos tenían las mismas probabilidades de completar el reto de aprendizaje de diez semanas que aquellos que sacaban buenas calificaciones.

El 98 % de ellos afirmaban rotundamente que sabían más sobre las áreas en que destacaban, e identificaban mejor en cuáles necesitaban seguir aprendiendo o mejorando.

El 97 % confiaban más en su capacidad para mejorar en los retos más complicados, siempre y cuando se esforzaran para ello.

El 81 % persuadieron a amigos o conocidos para que solicitaran plaza en el programa.

Con una sola intervención, los adolescentes cobran más conciencia de sus puntos fuertes, adoptan la curiosidad y la humildad intelectual y una predisposición vital para seguir aprendiendo, a la vez que encuentran un cierto propósito en la vida. A juzgar por las entrevistas celebradas entre seis meses y dos años después de acabar el proyecto, el 91 % siempre o casi siempre evaluaba la calidad de su trabajo y, si era pertinente, hacía mejoras. Además, el 89 % siempre o casi siempre adaptaba sus planes u objetivos en función de lo aprendido o lo vivido. Los adolescentes ganaban en autonomía y mostraban indicios de responder a los comentarios y los sinsabores con una mentalidad abierta. Los cambios no son solo a corto plazo.

15. Andrew J. Elliot y Harry T. Reis, «Attachment and Exploration in Adulthood», *Journal of Personality and Social Psychology*, 85, n.º 2, 2003, pp. 317-331; Jeffrey D. Green y W. Keith Campbell, «Attachment and Exploration in Adults: Chronic and Contextual Accessibility», *Personality and Social Psychology Bulletin*, 26, n.º 4, 2000, pp. 452-461; Mario Mikulincer, «Adult Attachment Style and Information Processing: Individual Differences in Curiosity and Cognitive Closure», *Journal of Personality and Social Psychology*, 72, nº. 5, 1997, pp. 1217-1230.

16. Evan M. Kleiman *et al.*, «Perceived Responsiveness during an Initial Social Interaction with a Stranger Predicts a Positive Memory Bias One Week Later», *Cognition and Emotion*, 29, n.º 2, 2015, pp. 332-341; Samuel S. Monfort *et al.*, «Capitalizing on the Success of Romantic Partners: A Laboratory Investigation on Subjective, Facial, and Physiological Emotional Processing», *Personality and Individual Differences*, 68, 2014, pp. 149-153.

17. Brooke C. Feeney y Nancy L. Collins, «A New Look at Social Support: A Theoretical Perspective on Thriving through Relationships», *Personality and Social Psychology Review*, 19, n.º 2, 2015, pp. 113-147; Shelly L. Gable y Harry T. Reis, «Good News! Capitalizing on Positive Events in an Interpersonal Context», en *Advances in Experimental Social Psychology*, vol. 42, ed. Mark Zanna, Academic Press, Cambridge (Reino Unido), 2010, pp. 195-257; Harry T. Reis, «The Interpersonal Process Model of Intimacy: Maintaining Intimacy Through Self-Disclosure and Responsiveness», en *Foundations for Couples' Therapy: Research for the Real World*, ed. J. Fitzgerald, Routledge, Nueva York, 2017, pp. 216-225.

18. Extraído de mis escritos previos sobre la cuestión: Todd B. Kashdan, «Six Ways for Parents to Cultivate Strong, Curious, Creative Children», *Huffington Post*, 3 de septiembre de 2009, <https://www.huffpost.com/entry/six-ways-for-parents-to-c_b_249031>.

19. Deena Skolnick Weisberg, Kathy Hirsh-Pasek y Roberta Michnick Golinkoff, «Guided Play: Where Curricular Goals Meet a Playful Pedagogy», *Mind, Brain, and Education*, 7, n.º 2, 2013, pp. 104-112.

20. Para un ejemplo de lo que sucede cuando el aprendizaje se produce sin ataduras (como son las órdenes y las expectativas de los adultos), véase Aiyana K. Willard *et al.*, «Explain This, Explore That: A Study of Parent–Child Inter-

action in a Children's Museum», *Child Development*, 90, n.º 5, 2019, pp. e598-e617. En el experimento, padres de niños de entre cuatro y seis años recibían instrucciones mínimas sobre cómo encauzar el aprendizaje de sus hijos con una máquina de engranajes expuesta en un museo local. Sobre una mesa yacían quince engranajes de diferentes tamaños. Los participantes tenían que colocarlos en una máquina de diferentes maneras a fin de activar ciertas funciones. Algunos padres recibían una simple ficha con instrucciones para controlar la experiencia de aprendizaje, como: «A ver si sabe explicar cómo funcionan los engranajes», o «Pregúntale por los engranajes o pídele que describa lo que pasa cuando se colocan los engranajes de distintas formas». Otros padres recibían una simple ficha con instrucciones para animarles a explorar con curiosidad, como: «Que intente cosas nuevas con los engranajes. Que juegue con ellos de diferentes formas. Sugiérele que descubra cómo funcionan los engranajes, o lo que pasará cuando se mueva uno de ellos. Que experimente con el funcionamiento de los engranajes». Los investigadores observaban a escondidas a niños y padres y documentaban su comportamiento y sus conversaciones. Cuando se les animaba a explorar, los niños hacían más preguntas, conectaban más los engranajes a las máquinas y descubrían cuándo los engranajes no giraban o se soltaban, y los padres los animaban más e invertían menos tiempo en decirles lo que tenían que hacer. En cambio, cuando se fomentaba el control paterno, los niños invertían seis veces más tiempo en hablar sobre máquinas, y los padres invertían cuatro veces más tiempo en probar formas de hacer funcionar la máquina. En esencia, los padres se arrogaban el descubrimiento y la resolución del problema de la muestra. Y lo más importante es que la conducta dominante de los padres no se traducía en un provecho educativo manifiesto: en ambas circunstancias los niños recordaban igual de bien lo que habían aprendido y extrapolaban su comprensión del funcionamiento de los engranajes cuando tenían que recrear una máquina totalmente nueva en otra sala. Véase Claire Cook, Noah D. Goodman y Laura E. Schulz, «Where Science Starts: Spontaneous Experiments in Preschoolers' Exploratory Play», *Cognition*, 120, n.º 3, 2011, pp. 341-349; Daniel L. Schwartz et al., «Practicing versus Inventing with Contrasting Cases: The Effects of Telling First on Learning and Transfer», *Journal of Educational Psychology*, 103, n.º 4, 2011, pp. 759-775; David Sobel y Jessica Sommerville, «The Importance of Discovery in Children's Causal Learning from Interventions», *Frontiers in Psychology*, 1, 2010, p. 176. Para un análisis, véase Tamara Spiewak Toub et al., «Guided Play: A Solution to the Play versus Discovery Learning Dichotomy», en *Evolutionary Perspectives on Education and Child Development*, ed. David C. Geary y Daniel B. Berch, Springer, Nueva York, 2016, pp. 117-141.

21. David Duran, «Learning-by-Teaching: Evidence and Implications as a Pedagogical Mechanism», *Innovations in Education and Teaching International*, 54, n.º 5, 2017, pp. 476-484; Logan Fiorella y Richard E. Mayer, «Eight Ways to Promote Generative Learning», *Educational Psychology Review*, 28, n.º 4, 2016, pp. 717-741; Logan Fiorella y Richard E. Mayer, «The Relative Benefits of Learning by Teaching and Teaching Expectancy», *Contemporary Educational Psychology*, 38, n.º 4, 2013, pp. 281-288.

22. Los investigadores han concluido que los comportamientos de adulto que aparecen en esta lista son los que guardan una relación más estrecha con la sensación de autonomía de niños y adolescentes durante la actividad de aprendizaje. Estos comportamientos también desembocaban en jóvenes más curiosos, atentos y perseverantes durante una actividad de aprendizaje; y en jóvenes que se esforzaban más, lo

pasaban bien y rendían mejor. Véase Johnmarshall Reeve y Hyungshim Jang, «What Teachers Say and Do to Support Students' Autonomy during a Learning Activity», *Journal of Educational Psychology*, 98, n.º 1, 2006, pp. 209-218. Es posible entrenar a los adultos para que inhiban su instinto de control y apoyen a las personas para que piensen y actúen de forma independiente. Véase Johnmarshall Reeve, «Autonomy Support as an Interpersonal Motivating Style: Is It Teachable?», *Contemporary Educational Psychology*, 23, n.º 3, 1998, pp. 312-330.

23. Estas preguntas modifican y adaptan al nivel de desarrollo pertinente los nueve «trucos para el pensamiento escéptico» que aparecen en el capítulo 12, «El sutil arte de detectar camelos», del libro de Carl Sagan y Ann Druyan, *El mundo y sus demonios: la ciencia como una luz en la oscuridad*, Planeta, Barcelona, 1997.

24. Steven J. Frenda *et al.*, «False Memories of Fabricated Political Events», *Journal of Experimental Social Psychology*, 49, n.º 2, 2013, pp. 280-286.

25. Yannis Hadzigeorgiou y Vassilios Garganourakis, «Using Nikola Tesla's Story and His Experiments as Presented in the Film "The Prestige" to Promote Scientific Inquiry: A Report of an Action Research Project», *Interchange*, 41 n.º 4, 2010, pp. 363-378; Yannis Hadzigeorgiou, Stephen Klassen y Cathrine Froese Klassen, «Encouraging a "Romantic Understanding" of Science: The Effect of the Nikola Tesla Story», *Science & Education*, 21, n.º 8, 2012, pp. 1111-1138.

26. Hadzigeorgiou, Klassen y Klassen, «Encouraging a "Romantic Understanding" of Science».

27. Katherine Perrotta, «Pedagogical Conditions That Promote Historical Empathy with "the Elizabeth Jennings Project"», *Social Studies Research and Practice*, 13, n.º 2, 2018, pp. 129-146.

28. Shane J. Lopez *et al.*, «Folk Conceptualizations of Courage», en *Psychology of Courage: Modern Research on an Ancient Virtue*, ed. Cynthia L. S. Pury y Shane J. Lopez, APA Press, Washington, 2010, pp. 23-45; Christopher R. Rate, «Implicit Theories of Courage», *Journal of Positive Psychology*, 2, n.º 2, 2007, pp. 80-98.

29. Cynthia L. S. Pury, Robin M. Kowalski y Jana Spearman, «Distinctions between General and Personal Courage», *Journal of Positive Psychology*, 2, n.º 2, 2007, pp. 99-114.

30. Stanley J. Rachman, «Fear and Courage», *Behavior Therapy*, 15, n.º 1, 1984, pp. 109-120; Cooper R. Woodard y Cynthia L. S. Pury, «The Construct of Courage: Categorization and Measurement», *Consulting Psychology Journal: Practice and Research*, 59, n.º 2, 2007, pp. 135-147.

31. La fórmula y las demás perspectivas se pueden hallar en esta subestimada joya: Robert Biswas-Diener, *The Courage Quotient: How Science Can Make You Braver*, John Wiley, Nueva York, 2012. En cuanto al denominador, el miedo es el único obstáculo mental que nos inhibe a la hora de denunciar o alzarnos en armas por una razón digna. Otros obstáculos mentales son la falta de energía mental o física, las dudas, el desconocimiento, el egoísmo y la falta de empatía con los demás. Esta lista incompleta de obstáculos mentales influye en nuestra percepción del riesgo y el peligro. El hecho de abordarlos puede animarnos a actuar a pesar del alto riesgo percibido y a pesar de la sensación de miedo.

32. James A. Dungan, Liane Young y Adam Waytz, «The Power of Moral Concerns in Predicting Whistleblowing Decisions», *Journal of Experimental Social Psychology*, 85, 2019, p. 103848.

33. Wanda Cassidy, Margaret Jackson y Karen N. Brown, «Sticks and Stones Can Break My Bones, but How Can Pi-

xels Hurt Me? Students' Experiences with CyberBullying», *School Psychology International*, 30, n.º 4, 2009, pp. 383-402.

34. Harris, *ACT Made Simple*.

35. Elisabeth K. Heiner, «Fostering Heroism in Fourth- and Fifth-Grade Students», *Journal of Humanistic Psychology*, 59, n.º 4, 2019, pp. 596-616.

36. Peter Fischer *et al.*, «The Bystander-Effect: A Meta-Analytic Review on Bystander Intervention in Dangerous and Non-Dangerous Emergencies», *Psychological Bulletin*, 137, n.º 4, 2011, pp. 517-537.

37. Stephane Bouchard *et al.*, «Considerations in the Use of Exposure with Children», *Cognitive and Behavioral Practice*, 11, n.º 1, 2004, pp. 56-65.

Epílogo. Tu próxima proeza rebelde

1. Kate Cavanagh *et al.*, «Can Mindfulness and Acceptance Be Learnt by Self-Help?: A Systematic Review and Meta-Analysis of Mindfulness and Acceptance-Based Self-Help Interventions», *Clinical Psychology Review*, 34, n.º 2, 2014, pp. 118-129; Thomas Haug *et al.*, «Self-Help Treatment of Anxiety Disorders: A Meta-Analysis and Meta-Regression of Effects and Potential Moderators», *Clinical Psychology Review*, 32, n.º 5, 2012, pp. 425-445.

ÍNDICE ANALÍTICO